红色
濉溪

HONG SE
SUI XI

政协濉溪县委员会 ◎ 编

中国文史出版社

图书在版编目（CIP）数据

红色濉溪 / 政协濉溪县委员会编 . -- 北京：中国文史
出版社，2022.12

ISBN 978-7-5205-3837-4

Ⅰ.①红… Ⅱ.①政… Ⅲ.①革命纪念地—介绍—濉
溪县 Ⅳ.① K878.2

中国版本图书馆 CIP 数据核字（2022）第 247113 号

责任编辑：程　凤

出版发行 **中国文史出版社**

社　　址：北京市海淀区西八里庄路 69 号　　邮编：100142
电　　话：010-81136606　81136602　81136603（发行部）
传　　真：010-81136655
印　　装：北京新华印刷有限公司
经　　销：全国新华书店
开　　本：1/16
印　　张：20.75
字　　数：308 千字
版　　次：2023 年 5 月北京第 1 版
印　　次：2023 年 5 月第 1 次印刷
定　　价：62.00 元

前言

学史明理，学史增信，学史崇德，学史力行。

党的历史是最生动、最有说服力的教科书。每一个历史事件、每一位革命英雄、每一种革命精神、每一件革命文物、每一处革命遗址，都代表着我们党走过的光辉历程，展现了我们党的梦想和追求、情怀和担当、奉献和牺牲，汇聚成我们党的红色血脉。红色资源是最宝贵的精神财富，红色血脉是新时代中国共产党人的精神力量源泉。"用好红色资源、赓续红色血脉"，方能继往开来，开拓前进，为此，政协濉溪县委员会组织编写了《红色濉溪》。

濉溪是一方红色热土。自五四运动以来，英勇的濉溪儿女积极融入中华民族伟大复兴的时代潮流。在党组织的领导下，进行了长期艰苦卓绝的斗争，浴血奋战、百折不挠；组织了许多轰轰烈烈的农民运动、工人运动；开展了许多激烈的军事斗争，特别是淮海战役大决战闻名中外；涌现出许多不怕牺牲、敢于斗争的中共党员，如1932年在雨花台英勇就义的中共长淮特委书记朱务平等，谱写出了感天动地的英雄壮歌。

《红色濉溪》概要介绍了党的创立、大革命、土地革命、抗日战争、解放战争几个历史时期濉溪党组织的发展脉络，进行的革命活动，以及涌现出的杰出人物。主要内容分为濉溪党史重大事件、重大活动、杰出人物、遗址遗迹四个部分。该书在总体构思上，注重在历史大势、历史大逻辑中审视、梳理、研究地方党史。一是注重从全国性党史背景出发，描述濉溪地方党史的发展；二是注重用濉溪地方党史去揭示中华民族宏大的历史发展规律；三是注重用地方党史的生动性、丰富性描述中国共产党艰苦奋斗的历程与辉煌。全书内容史实性强，文字通俗易懂，并配有历史照片。透过文字、图片，可以全面了解濉溪红色的革命历史，感受先辈坚定的理想信念、执着的精神追求、澎湃的革命激情，汲取党史中蕴含的真理和智慧。

铭记历史，担当使命，砥砺前行。期待《红色濉溪》的出版，能够成为全县党员干部、人民群众，特别是青少年接受革命传统教育和爱国主义教育的生动教材，做到在党史中汲取前进伟力、在奋斗中建设现代化美好濉溪。

目 录

濉溪党史上的重大事件   001

五四运动在濉溪   001

新文化的传播   002

马克思主义在濉溪的传播   003

宿县西南区小学教职员联合会和学生联合会的成立   004

濉溪青年社   005

青年进步组织：群化团   006

共青团组织的建立   007

中共濉溪支部成立   009

中共宿县（临涣）独立支部成立   009

濉溪工人联合会的成立   010

中共濉溪区委成立   011

中共濉溪中心区委成立   012

中共苏鲁豫皖边区特委领导党组织恢复   013

宿县抗敌救亡社成立   014

宿县抗日民众总动员委员会成立   015

抗日武装的组建   016

中共宿西县工委成立   019

豫皖苏边区抗日民主政权的建立   021

中共宿西秘密县委成立   021

宿西县恢复建制 024

宿怀、宿蒙县建立 026

新四军四师师部进驻濉溪口 027

中共华中八地委、八专署进驻濉溪口 028

中共濉溪市委、市政府成立 030

宿西县的恢复 031

濉溪全境解放 034

淮海战役总前委在濉溪 035

濉溪地区党政领导机构的建立 039

濉溪党史上的重大活动 041

声援"五卅"反帝爱国运动 041

国共合作首次建立 042

农民运动方兴未艾 046

工人运动蓬勃开展 049

妇女运动与时俱进 049

农协会组织开展抗烟捐斗争 050

组织农民斗地主恶霸 051

白沙暴动 052

胡楼、徐楼、叶刘湖暴动 052

党组织在"白色恐怖"下隐蔽坚持斗争 055

界沟集伏击日军 059

激战罗集 059

长丰庄遭遇战 060

联庄会打击日军 061

豫皖苏边抗日根据地的开辟 061

三汊沟伏击战 065

八里庙奇袭日军 066

夜袭南坪集日军据点 066

南坪集枪杀小野 067

临涣夜袭战 067

拔掉罗集伪据点 069

王六孜阻击战 069

根据地的建设 071

五铺战斗 075

独立团争取三铺伪军 076

大魏家伏击日军 076

围捕肖景凤 077

新四军东进伏击日军 077

洪河大队创建 078

新四军四师转战皖东北 079

陈政治设计灭顽敌 081

百善集速决战 083

南坪集奔袭战 084

宿南战役 085

解放濉溪口 089

解放区的练兵、减租和生产 092

燕头集突围战 094

淮北军民自卫反击 096

实施战略转移 098

打破三县"围剿" 100

新四军击垮"还乡团" 101

活捉国民党陈集副乡长张怀勤 102

独立旅攻占濉溪城 102

镇队武装突围 103

击毙匪首马连德 103

俘获敌队长魏怀玉 104

阻击"还乡团" 104

围歼贾芳谷战斗 105

土地改革运动 107

整顿党的队伍 111

解放区的建设 113

南坪集阻击战 117

双堆集歼灭战 119

濉溪人民支援淮海战役 122

恢复发展生产 129

贯彻中共七届二中全会精神 131

支援渡江战役 132

剿匪反霸 133

战胜自然灾害 135

濉溪人民迎接中华人民共和国成立 137

濉溪党史上的杰出人物 139

朱务平 139

郑子瑜 145

赵雪民 148

孙铁民 151

萧亚珍 155

赵皖江 158

陈文甫 161

丁茂修 164

谢箫九 169

马广才 172

刘之武 177

张华坤 184

徐凤笑 187

赵西凡 193

梁文焕 195

赵立汉 200

周龙凤 204

赵建五 208

杨履坤 217

李时庄 221

史广敬 229

韩庄 232

赵汇川 241

马德太 246

于敬山 249

朱明远 256

童立刚 261

出启松 263

李彦三 270

汪木兰 274

陈新民 280

王立辰 290

张玉新 292

谢子言 294

徐圣邦 303

濉溪党史上的红色印记

濉溪党史上的红色印记 309

中共濉溪支部陈列馆 309

朱务平烈士故居 309

朱务平烈士纪念馆 309

郑子瑜故居 310

叶刘湖农民武装暴动旧址 310

宿涡永边青年救国会旧址 311

新四军四师师部旧址 312

淮海战役总前委临涣旧址 312

淮海战役总前委小李家旧址 313

淮海战役双堆集烈士陵园 314

五铺烈士纪念碑 315

临涣烈士陵园 316

赵汇川将军事迹陈列馆 316

后　记 317

濉溪党史上的重大事件

五四运动在濉溪

1919年上半年，中国在巴黎和会上外交失败。巴黎和会不顾属于战胜国一方的中国的权益，规定将战败国德国在中国山东获得的一切特权转交给日本。消息传到国内，激起各阶层人民的强烈愤怒。5月4日，北京学生3000余人在天安门前集会，游行示威，掀起爱国风暴。北洋政府的严厉镇压激起全国人民的一致愤慨，声援斗争的烈火迅速蔓延全国。

五四运动的消息传到濉溪地区，广大学生、市民、商人纷纷举行集会和示威游行，声援北京学生的爱国行动。声援行动很快形成一股反帝爱国浪潮。

五四运动爆发

1919 年 5 月 7 日，宿县县立第二高等小学（校址在临涣）教师余松龄、邵剑南、王乔英、刘连芳和学生朱务平、刘之武、谢箫九、赵西凡、段紫亮等人，组织第二高等小学和临涣各国民小学的师生举行集会，余松龄在集会上发表演说，号召各界群众迅速行动起来，反对北洋政府的代表在巴黎和约上签字，取消袁世凯与日本签订的丧权辱国的"二十一条"，收回被日本霸占的原德国在山东的特权。5 月上旬，县立第三高等小学（校址在濉溪口）教师李雪梅，濉溪第四国民小学教师沈春徇和第三高等小学学生郑子瑜、王建东、文天情、丁茂修等人，在第四国民小学召开会议，支持北京学生的反帝爱国斗争。第三高等小学和各国民小学罢课 3 天，各校师生联合举行集会和示威游行。5 月中旬，濉溪各校师生在第三高等小学操场集会，要求北洋政府的代表拒绝在巴黎和约上签字，严惩卖国贼曹汝霖、陆宗舆、章宗祥，会后举行了示威游行。

5 月下旬，县立第七高等小学（校址在古饶）的师生和各界群众千余人在第七高等小学集会，声援北京学生的反帝爱国行动。古饶的工人、学生、商民举行罢工、罢课、罢市，声援北京学生的反帝爱国行动。

新文化的传播

在五四运动的影响下，濉溪地区的进步师生高举民主与科学的旗帜，向封建传统的思想、道德和文化宣战，掀起了思想解放的浪潮。

1920 年 2 月，陈海仙担任宿县县立第二高等小学（校址在临涣）校长，他赞同和支持新文化运动的观点，提倡新道德、反对旧道德，提倡新文学、反对旧文学，尊重民主与科学。他要求全校师生用白话文写作，批判陈腐的孔学。进步教师孙树勋、刘连芳、王乔英、余松龄都推崇新文化和新思想。第二高等小学购买、订阅了《独秀文存》《胡适文存》《科学与人生》《新青年》等进步书刊，供广大师生阅读。他们还公开发表文章，反对林纾等用文言文翻译小说，欢迎新的创作和用白话文写文章。濉溪国民小学教师文词林（文陶生）带头冲破封建婚姻制度，反对父母包办婚姻，与高姓女子公开自由恋爱，最终结为美满姻缘。

1920 年春，以丁晓、杨梓宜、徐仙舟为主，组织成立新剧社，排演《八国联军进北京》《安南亡国惨》《孔雀东南飞》等剧目，在城镇和广大农村向群众宣传坚持爱国主义，反对帝国主义、封建主义的思想。1923 年寒假，郑子瑜、王建东回到濉溪，与同学一起组建了濉溪旅外学生会，并开展新文化运动的宣传。一些地区为宣传新文化还开办书社，向外借阅或出售进步书刊，在广大青年学生中产生了较大影响。

新文化运动，动摇了封建正统思想的统治地位，在社会上掀起了一股生气勃勃的思想解放潮流，为新思潮，特别是马克思主义在濉溪的传播，创造了有利的条件。

马克思主义在濉溪的传播

在濉溪地区，马克思主义首先是通过进步书刊传播开来的。早在十月革命前后，濉溪口有《新青年》等进步刊物传播。五四运动后，随着新文化运动的深入开展，马克思主义以高度的科学性和革命性吸引了越来越多的进步青年，研究、宣传马克思主义迅速成为一股时代潮流。

马克思主义首先在学校传播开来。宿县县立第二、第三、第七高等小学的学生毕业后，纷纷到外地求学。他们在求学期间，逐渐接受了马克思主义。假期，他们把《共产党宣言》《共产主义 ABC》《马列主义与宗教》等书籍，以及《新青年》《每周评论》《劳动者》《觉悟》等进步刊物带回母校，在广大师生中广为传阅。学校很快成了宣传马克思主义的主要阵地。师生们在接受马克思主义后，又通过多种方法和途径在社会上广为宣传。

五四运动促进了马克思主义、新文化思想的广泛传播，提高了人民的思想觉悟和革命积极性，为中国共产党在濉溪地区的建立和发展提供了思想和组织基础。

| 《共产党宣言》中译本 | 《新青年》 |

宿县西南区小学教职员联合会和学生联合会的成立

在五四运动的影响下，1919年6月下旬，朱务平、郑子瑜等一批进步青年学生，冲破封建势力的阻挠，在县立第二高等小学和县立第三高等小学组建学生会。朱务平、刘之武、谢箫九、张继光、单士英等人当选为第二高等小学学生会的执行委员。郑子瑜、王建东等人当选为第三高等小学学生会的执行委员。接着，县立第五、第七高等小学和濉溪、临涣、百善、童亭、韩村、海孜、白沙等地的国民小学也先后成立学生会。

为了更好地组织和领导宿县西南地区的反帝反封建斗争，1920年暑

临涣码头桥（1922年）

假，第二高等小学学生会和教职员积极联络童亭、韩村等地的学生会和教职员，分别组织成立宿县西南区小学教职员联合会和学生联合会，徐凤笑、张继光分别担任委员长。学生联合会和教职员联合会分别于1920年9月组织学生、手工业者和商民开展反对贪官污吏及抗税的示威游行。1920年冬，组织开展反对吴雨樵、赵军九贿选省议员的斗争。

濉溪青年社

1919年7月，郑子瑜、王建东、文天情等进步青年，在濉溪口创建了青年社，这是一个进步的青年组织。

该社广泛吸收进步青年入社，一度发展到数百人。社内设有图书馆，购买了一批进步书刊供广大青年阅读。为便于广大青年、进步人士相互联系和交流，社内还设立俱乐部，开展丰富多彩的文化娱乐活动。他们经常以青年社的名义组织演讲，聘请社会进步人士郑灿章、陈省三、李雪梅、周功斧、文陶生等讲解国内外大事，介绍俄国十月革命的成功经验和重要的历史意义。

郑子瑜等人还在社内开办夜校，吸收工人和城市贫民到校学习，并自编了适合工人和贫民学习的课本，扩大宣传。

濉溪青年社旧址——濉溪老城基督教堂

青年进步组织：群化团

1922 年 1 月，在外地读书的朱务平、刘之武、徐风笑、赵西凡、张华坤等返回家乡，总结反封建斗争的经验教训，在临涣创建了以"求得真知识，改造恶环境，推翻旧制度，实现真人生"为奋斗目标的青年进步组织——群化团。推举朱务平、徐风笑、刘之武、赵西凡、张华坤、谢箫九、陈文甫、段紫亮等为执行委员。

群化团总部旧址——临涣城隍庙

群化团成立以后，在报上公开发表《群化团宣言》，并制作了一面红色大旗，全文写在上面，悬挂在临涣城隍庙的大门外。《群化团宣言》对现实社会进行了认真剖析，指出了造成畸形社会的根源，提出了改造现实社会的具体办法，要求"大家联合起来，推翻旧的社会制度，共建人类美好社会"，实现人们"物质、社会、精神"的理想生活。

1922 年暑假，朱务平在临涣召开群化团执委会议。会后，群化团一方面扩大发展对象和地区，从青年学生向工农群众中广泛发展，使群化团成为各界进步青年都能参加的开放组织。另一方面加强对外宣传和群化团员的培训。群化团订阅了《新青年》《觉悟》等进步刊物，供团员和广大青年阅读。开办了各种学习班和补习班，让广大青年学习文化，并向他们宣传马克思主义和进步思想，很快成为传播马克思主义的重要阵地。群化团迅速发展起来，活动范围由临涣向周围的百善、徐楼、海孜、童亭、韩村、五铺等地扩展，然后向宿城、东三铺、水池铺、夹沟等地延伸。

同时，在徐州、济南、南京等地读书的朱务平、刘之武、沈慈之、沈维干、李照奎等人，在同学之间发展群化团员，建立群化团组织。各地群化团建立后，积极参加当地的社会活动。1923 年秋，济南群化团参加了济南市的人民大会，在育英中学参加纪念俄国十月社会主义革命胜利 6 周年活动；1924 年 9 月 7 日，参加了济南反帝大会等。南京的群化团在建团时，把建团纲领归纳为十条，因此又被称为十化团。

鼎盛时期，群化团发展到 1000 多人，成为在皖、苏、鲁三省有较大影响的青年进步组织。

共青团组织的建立

五四运动促进了马列主义在中国的传播，为中国共产党的诞生做了思想上、组织上的准备。

1921 年 7 月，中国共产党成立。一批在外地求学的濉溪地区的学生，如朱务平、赵西凡、张华坤、谢箫九、段紫亮、刘之武、李众华、沈维干等人，分别在芜湖、徐州、济南和南京等地加入中国社会主义青年团（1925 年 1 月更名为中国共产主义青年团）或中国共产党。他们于寒暑假回到家乡，在青年中传播先进思想，并在先进青年中物色、发展团员。1923 年暑假，赵西凡、张华坤等回到临涣，组建社会主义青年团组织，开展了团组织的实际活动。

1924 年 5 月下旬，朱务平领导徐州培心中学学生反对基督教会学校实行奴化教育的斗争，被培心中学开除，并遭到反动军警的追捕。为躲避追捕，他返回临涣，继续开展革命活动，并先后介绍群化团的主要领导人和骨干分子徐风笑、陈文甫、吴醉松等加入中国社会主义青年团。7 月中旬，朱务平、徐风笑将在外地读书返乡和本地的青年团员召集在一起，研究并正式成立中国社会主义青年团临涣支部，推举朱务平为书记。

1925 年 2 月，中国社会主义青年团临涣支部改为中国共产主义青年团临涣支部，有共青团员 10 余人，书记张继光。1925 年 8 月，共青团临涣支部改为共青团临涣特别支部。1926 年上半年，共青团临涣特别支部中的党员组建了中共临涣特别支部，共青团临涣特别支部改成共青团小组。5 月，团员发展到 10 余人，经请示共青团中央，又成立了共青团临涣特别支部。

濉溪地区团组织成立后，积极组织领导一系列反帝反封建斗争，革命力量进一步壮大。1924 年秋，朱务平联合各乡村农民协会，组成了临涣区农民协会。年底，江善夫、孔禾青、李一庄、王建东发起成立宿县国民会议促成会。1927 年 2 月中旬，共青团童韩支部号召农民群众起来反对苛捐杂税，反对剥削压迫。要求农民团结起来，壮大反封建斗争的力量，并喊出了"打倒土豪劣绅""打倒恶霸地主"等口号。

在领导反帝反封建斗争的同时，青年团积极组织开展反对洋教的斗争。1924 年 1 月，在徐州培心中学读书的朱务平回到家乡，主持成立临涣区非基督教同盟。1924 年暑假，郑子瑜、王建东等也在濉溪成立非基督教同盟和旅外学生会，积极开展反洋教斗争。临涣地区反洋教的斗争最为突出。1924 年 4 月 19 日，临涣区非基督教同盟组织近 400 名群众到临涣天主教堂门前集会，驳斥洋教所宣传的麻痹中国人民的谬论，揭露教会充当帝国主义侵华工具的丑恶面目，在群众中产生了积极影响。朱务平在中共中央机关刊物《向导》周报上发表《徐州教会学生的奋斗经过》一文，揭露帝国主义利用教会办学，对中国学生进行奴化教育，麻痹中国人民意志的罪行，号召"全国教会学校的同学，群起破坏教会学校"，要求"非教会学校的同学，群起帮助教会学校的同学"。这场争夺人权和教育权的斗争，很快得到上级的支持，团中央执行委员会常务委员恽代英用"但一"的笔名，撰写了《徐州教会学生的奋斗》一文，刊登在《中国青年》上。

中国社会主义青年团临涣支部旧址

中共濉溪支部成立

"五卅"运动后，在中国共产党的领导下，革命力量迅速发展，各种群众组织不断壮大，全国掀起了反帝反封建的群众斗争高潮。濉溪地区共产主义青年团组织在斗争中逐步成熟，马克思主义进一步传播，中国共产党的影响愈益广泛。

从1923年到1925年，在外地读书的朱务平、丁景吉、郑子瑜、赵皖江、王建东、赵西凡、黄化育等人相继由共青团员转为中国共产党员或直接入党。他们利用假期，在家乡发展中共党员，建立中共地方组织，有的在外地从事建立、发展党组织的活动。

1925年初，郑子瑜、王建东从济南回到濉溪，介绍梁宗尧、文天情、刘景春加入中国共产党，成立了中共濉溪临时小组。后来，又先后发展张灿五、苏少立、王友石、余亚仙、丁

苏少立

茂修、张协五、萧亚珍等人加入中国共产党，同年8月，组建成立中共濉溪支部，有党员12人，苏少立任书记。支部下辖中共濉溪小组、刁山小组和濉溪通讯小组。支部利用《皖邮之光》开展宣传工作。

郑子瑜前赴上海，向中共中央汇报了中共濉溪支部的组建情况，要求把中共濉溪支部置于中共中央的直接领导之下，得到中共中央的批准。1926年7月以后，中共濉溪支部改属中共宿县（临涣）独立支部领导。

中共宿县（临涣）独立支部成立

1925年春，朱务平、赵西凡介绍陈钦盘、陈文甫加入中国共产党，组成中共百善小组。朱务平又介绍徐风笑、刘之武、谢箫九、张继光、刘敬秋等加入中国共产党，并组成中共临涣小组。夏末，中共临涣小组改建

为中共临涣支部，书记徐风笑。中共临涣支部属中共徐州特别支部领导。1926 年 3 月中旬，增加到 12 人。朱务平即在原中共临涣支部的基础上，组成中共临涣特别支部，朱务平任主任（书记），属中共南京地委领导。7 月，与中共上海（江浙）区委联系，中共临涣特别支部更名为中共宿县（临涣）独立支部，主任（书记）朱务平，直属中共上海区委领导，统辖宿县各地党组织。8 月，共青团宿县特别支部要求把中共宿县（临涣）独立支部迁到宿城。

中共临涣支部（特别支部、独立支部）旧址

濉溪县临涣镇临涣集文昌街

朱务平经请示中共上海（江浙）区委，即到宿城组建了中共宿城临时支部，朱务平任书记。中共宿县（临涣）独立支部主任（书记）由徐风笑代理。10 月，徐风笑被党组织调到宿城，中共宿县（临涣）独立支部也随之迁到宿城，朱务平仍担任独支书记。11 月，中共宿县（临涣）独立支部改建为中共宿县地方执行委员会，书记朱务平。

中共宿县（临涣）独立支部成立后，便大力发展党员，建立党的组织。到 1926 年底，全县党员人数发展到 33 人，先后建立了临涣、濉溪、百善、古饶、徐楼、刁山、童韩、宿城东关私立高小，宿县安徽省立第四农业学校等中共支部。1927 年 8 月，中共宿县临时委员会成立，中共宿县地方执行委员会撤销。

濉溪工人联合会的成立

1926 年 7 月，濉溪镇酒业工会、搬运工会相继成立，萧亚珍、丁茂修、王建东为酒业工会负责人，李景福为搬运工会负责人。

为加强对工人运动的领导，中共地方党团组织积极在工人中开展宣传活动，发展党团员，把各业工人联合起来。1927年5月，国民革命军进抵濉溪口，群众革命热情高涨，工人运动蓬勃开展。当月，中共濉溪支部决定吸收顾效成、李景福、沈计龙、沈计凤等工人加入中国共产党。支部还动员各业工人、店员、学徒工等加入工会组织，并以酒业工会和搬运工会为基础，组织成立濉溪工人联合会，萧亚珍任委员长，丁茂修、余亚仙、梁光甫、丁仲选、顾效成、李景福、顾汉卿、沈计龙、沈计凤为委员。工人联合会成立后，即组织发动各业工人开展增加工资、改善生活条件的斗争，并取得胜利。

濉溪工人联合会旧址——濉溪老城南阁巷武营

中共濉溪区委成立

1927年9月，中共濉溪区委成立，丁茂修、王建东、梁宗尧、穆祥曾先后任书记，委员有张灿五、苏少立、张协五、萧亚珍等。中共濉溪区委先后隶属于中共宿县临委、中共宿县县委领导，下辖中共濉溪、刁山、刁山股河东、刁山股河西等支部。区委领导的群团组织有：共青团濉溪区委，陈龙桂、穆祥曾、周从裕先后任书记；濉溪区工人联合会，萧亚珍、

中共濉溪区委旧址（1929 年）

杨履坤先后任委员长；濉溪区农民协会，委员长张协五；濉溪区妇女协会，委员长仲兰亭；濉溪镇商民协会，委员长陈一峰。

1928 年 7 月，中共濉溪区委书记王建东被国民党反动政府逮捕，梁宗尧接任区委书记。1928 年底，房树桐（房华岩）回到濉溪，与中共濉溪区委接上关系。房树桐通过关系当上国民党濉溪区区长，背叛了中共组织，1929 年 2 月 6 日，向国民党宿县县党部提供了濉溪 17 名共产党员的名单。县党部派骑兵包围逮捕了中共濉溪支部书记张丽春和共产党员梁宗尧、张灿五。其他大多数党员被迫外出避难，少数党员继续坚持隐蔽斗争。

中共濉溪区委遭到破坏以后，1929 年 3 月，中共宿县县委决定将原属区委领导的夹沟地区的党组织另行组织中共夹沟区委，并恢复中共濉溪区委，任命穆祥曾为中共濉溪区委书记兼中共濉溪支部书记。11 月，李时庄接替穆祥曾，任中共濉溪区委书记兼中共濉溪支部书记。

中共濉溪中心区委成立

1930 年初，濉溪地区的农民运动有了新的发展，党的队伍扩大。5 月，中共宿县县委负责人张文生，到濉溪传达县委批准成立中共濉溪中心区委的决定。当月，中心区委成立，李时庄任书记，陈龙德、张布恩、徐成书、周从裕为委员。中心区委下辖中共濉溪、黄里、濉西、戴圩孜、李桥孜、陈庄等支部。共青团濉溪区委改为共青团濉溪中心区委，周从裕任书记。

1930 年 7 月，中共濉溪中心区委改为濉溪中心区土地革命行动委员会，李时庄任书记兼指挥。10 月，中共濉溪中心区委恢复，书记李时庄，委员陈龙德、张布恩、徐成书、周从裕，辖中共濉溪支部，李时庄兼任支部书记及宣传干事，陈龙德、张布恩分别兼任支部组织干事和军事干事。11月，中共濉溪中心区委书记李时庄兼任中共烈山煤矿特支书记。

　　1931年初，经中共濉溪中心区委批准，先后恢复成立了中共濉西、黄里、李桥孜、戴圩孜、陈庄等支部，全区共有党员45人。1931年11月，中共宿县中心县委及基层组织遭受较大破坏。古饶抗烟捐暴动失败后，中共濉溪中心区委书记李时庄被通缉，遂到上海隐蔽。1933年4月，李时庄从上海返回濉溪，与中共宿县县委（1932年6月，中共宿县中心县委改为中共宿县县委）取得联系后，恢复了中共濉溪中心区委，李时庄仍任书记，并同所属支部取得联系，要求党团员振奋精神，积极开展革命斗争。

　　1933年7月，中共宿县县委被破坏以后，中共濉溪中心区委与上级失去联系。12月，中心区委书记李时庄在濉溪城隍庙召开全体党团员会议，宣布与上级党组织取得联系的努力已经失败，要求党团员分散隐蔽，并做好长期潜伏的打算。区委坚持活动到年底，以后只剩下少数党团员秘密活动，一直坚持到1938年。

中共苏鲁豫皖边区特委领导党组织恢复

　　1937年8月，中共中央政治局在陕北洛川举行扩大会议。会议通过《关于目前形势与党的任务的决定》和《中国共产党抗日救国十大纲领》。会议决定，必须坚持统一战线中无产阶级的领导权；在敌人后方放手发动独立自主的山地游击战争，使游击战争担负配合正面战场、开辟敌后战场、建立敌后抗日根据地的战略任务；在国民党统治区放手发动抗日群众运动，争取全国人民应有的政治经济权利；以减租减息作为抗日战争时期解决农民问题的基本政策。洛川会议精神体现了党的全面抗战路线、正确方针，指明了坚持抗战、争取最后胜利的具体道路。

　　豫皖苏三省交界地区历来是兵家必争之地，既是联系华中与华北的纽带之一，又是发展华中敌后抗战，向东挺进苏北，向南连接鄂豫皖的前沿阵地，战略地位十分重要。抗日战争爆发后，属中共河南省委领导的中共苏鲁豫皖边区特委着手在其所领导的地区进行党组织的恢复工作。

1937年2月，中共苏鲁边区特委书记郭子化在延安汇报工作，并参加了中央白区工作会议。11月，从延安返回徐州。

11月，中共苏鲁豫皖边区特委在黄口附近的孙庙召开扩大会议。特委书记郭子化在会上传达了中共中央洛川会议精神，分析了苏鲁豫皖边区的形势。会议着重强调坚持抗日民族统一战线，广泛开展敌后游击战争。会议决定，以徐州为中心，以陇海、津浦铁路交叉为界，将特委所辖地区划分为徐（州）东南、徐西南、徐东北、徐西北4个工作区，建立区委，恢复建立各县党组织。特委书记郭子化负责全面工作，兼管徐州及其东南区的苏皖边区各县以及西南区的豫皖边区各县工作。其中，宿县由戴蕴山（戴晓东、戴瑞璞、徐卫华）负责，萧县由李忠道（李砥平）负责。

宿县抗敌救亡社成立

抗战初期，国共实现合作，国民党释放"政治犯"。1937年8月，原中共徐州特委组织委员孔子寿获释出狱。他从南京回到宿县，找到戴晓东，商量开展抗日救亡工作。

1937年10月，戴晓东、孔子寿、匡亚明、赵一鸣、陈凤阳、李时庄、王香圃、董畏民、赵汇川、陈粹吾等人，积极开展抗日救亡运动，成立抗日

各界群众游行集会要求抗日

救亡组织——宿县抗敌救亡社，推举孔子寿为主任。救亡社根据中国共产党提出的《中国共产党抗日救国十大纲领》积极开展工作。他们召集民众，以组织集会、演讲抗日道理等多种形式，宣传发动群众，增强群众的抗战意识。

为发动群众迅速投入抗日救亡运动，救亡社决定创办油印刊物《救亡呼声》。救亡社的主要成员亲自撰写稿件。《救亡呼声》共出版 6 期，大力宣传党的抗日救国主张。这些运动得到了广大人民群众和爱国青年的热烈响应，纷纷踊跃参加。到 1937 年底，很多地方建立了分社，发展社员 700 余人，成员大多是大革命时期的党员、爱国青年和进步人士。其中，李时庄任宿县抗敌救亡社组织部部长，同时兼任濉溪区抗敌救亡社主任。李秉枢、杨履坤、周从裕、丁茂修、王恩甫、邵式和、蒋子英、王建东都是濉溪区抗敌救亡社的成员。

救亡社在当时尚未恢复建立党组织的情况下，团结各界进步人士积极开展抗日救亡运动，成为推动抗日救亡运动的核心力量。

宿县抗日民众总动员委员会成立

1937 年 10 月，国民党第五战区在徐州成立，同时成立了第五战区抗日民众总动员委员会，战区司令官李宗仁兼任主任委员。在国共合作全民抗战的大形势下，国民党允许各界各阶层人士开展抗日救亡运动。

利用统战关系，中共苏鲁豫皖边区特委书记郭子化参加了抗日民众总动员委员会（以下简称总动委会）并任委员，共产党员郭影秋担任总动委会组织部总干事。李宗仁规定，凡所辖地区自发组织的抗日团体，都要向战区总动委会备案，否则，不承认为合法组织。为了取得合法地位，孔子寿代表宿县抗敌救亡社于 1937 年 12 月到徐州总动委会备案。郭子化、郭影秋

郭子化

指示孔子寿回去后，"抓紧成立县、区动委会，利用这个合法组织，积极发动群众，开展抗日运动"。

孔子寿回到宿县后，于当月成立了宿县动委会。国民党县长王燮亚兼任主任，委员熊训，实际工作由孔子寿负责。董畏民、孔笑三、陈粹吾、丁茂修、王吴山等任动委会各部的干事，共产党人和进步人士在其中占主导地位，积极参与和领导动委会的抗战工作。

宿县动委会成立后，很快选任了各个区动委会的负责人，到1938年5月，津浦路以西地区建立了濉溪、百善、临涣、古饶等4个区的动委会。动委会的成员深入城乡大小集镇、田间地头，宣传党的《中国共产党抗日救国十大纲领》，教唱抗日救亡歌曲，提高人民对抗日救国的认识，增强抗战胜利的信心。

在农村的动委会成员，针对社会秩序混乱、兵灾匪患严重、人心惶惶的局势，利用联庄会的形式，把青壮年组织起来，以村为小队，保为分队，乡为大队，"联庄自保，抗日保家"。抗日救亡运动空前高涨。

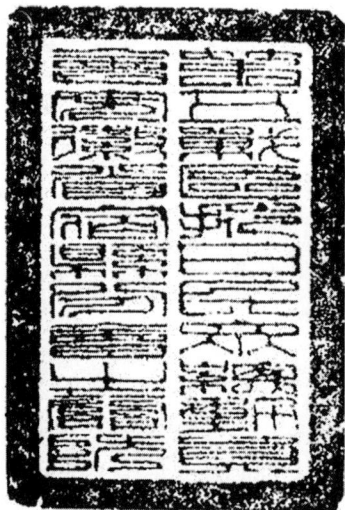

第五战区抗日民众总动员委员会安徽省宿县分会之官印

抗日武装的组建

1938年5月19日，徐州、宿县相继沦陷，国民党政权随之瓦解。5月22日，中共中央书记处发出《关于徐州失守后华中工作的指示》指出，华中工作的中心任务是动员平汉、陇海线上所有中心城市的大批学生、工人、革命分子到乡村中去，组织与领导群众，发动游击战争，组建地方游击队，建立游击区。

根据指示精神，濉溪地方党组织迅速深入农村，发动与组织群众，组建地方抗日武装，开展对敌斗争，拉开了敌后武装斗争的序幕。

1938 年 6 月，宿县党组织领导的救亡社和动委会，先后把抗日人民自卫队集中起来，组成抗日队伍，袭击日军，打击汉奸、土匪。

6 月，在津浦铁路以西，吕子荣、赵汇川率领刚刚组建的抗日游击队，在西二铺伏击从永城方向过来的日军，消灭敌人 10 多人，打响了宿西地区人民抗日斗争的第一枪，吕子荣等 5 人在战斗中英勇牺牲。

同年 8 月，来自津浦路东和路西的数支抗日游击队会集到古饶乔店孜，在此联合组成宿县抗日游击总队，司令周龙凤，副司令赵汇川，参谋长丁茂修，政治部主任先后为孔子寿、李时庄，下辖 8 个大队，共 1000 人。8 月，宿县抗日游击总队绕宿县县城一周，沿途宣传抗日救国主张，秋毫无犯，受到群众的拥护，扩大了影响。

宿县抗日游击总队成立地旧址

1939 年 2 月，在中共地方组织的领导下，把萧县的部分抗日武装和宿西逢源乡（今淮北市曲阳街道）部分武装组织起来，组建萧宿大队。大队长丁茂修，指导员于铁民。萧宿大队活跃在萧宿永边界地区，队伍逐步扩大，不久被改编为八路军苏鲁豫支队独立营。丁茂修任营长，于铁民任教导员，陈文甫任副营长。全营有 4 个连，每个连建立党支部，营部建立党总支，于铁民兼党总支书记。同年 8 月，该营和宿西另一些游击队合编为八路军宿西独立大队，共约 800 人。12 月，宿西独立大队编为新四军游击支队第三总队八团，团长李时庄，副团长陈文甫。

为便于统一指挥，打破敌人对萧永边地区的"扫荡"，1939 年 3 月，中共地方组织发动群众，在濉溪区农民救国会和各联保武装的基础上，合编成立相山游击大队。全队400多人枪，辖3个连。李秉枢任大队长，周从裕任教导员。6月的一天，宿县日军出动7辆汽车，满载敌人，向宿永边突然袭击。相山游击大队驻石羊孙。日军的汽车开到石羊孙村庄前停下，敌人纷纷从车上跳下来。李秉枢当即指挥开火，打得敌人顾不得搬下汽车上的迫击炮和重机枪，急急溃逃到村庄的房子里。战斗从中午持续到晚上7时多。7月，相山游击大队和萧县武装合编为萧宿永游击支队第三营，后编为八路军第四纵队六旅十八团三营。

新四军游击支队组建一、二团

10月，抗日武装宿永大队在宿永边区成立，大队长杨励军，教导员徐爱民。宿永大队规定了三项具体任务：一是在宿西扩军，二是搜集临涣日军的情报，三是筹款、打汉奸。为完成任务，这个大队专门成立了便衣队，队长徐清泉，副队长郭宜振。1940年4月，新四军六支队二团在王六孜遭到日伪军的三面包围，敌人妄图消灭二团主力。在宿永大队的配合下，经过激烈的战斗，保卫了主力部队顺利突围。

11月，在南股、浍北、百善西3支游击队的基础上，党领导组建了隋堤游击大队，全队约350人枪，下编3个中队。

1939年，赵杰民、郭占峦领导的濉南游击队有100多人。赵铁成、凌开林等组织的洪河大队，活动在五铺、四铺、常山一带。

这些抗日武装一经建立，如雨后春笋，迅速成长，积极投身敌后抗日战场。

中共宿西县工委成立

1938 年 1 月初，原中共宿县县委委员戴晓东到徐州，和中共苏鲁豫皖边区特委书记郭子化取得联系。郭子化指示他在宿县恢复和发展党组织，发动群众，宣传贯彻党的抗日政策。戴晓东回到宿县，恢复和发展了一批党员。同年 6 月，中共宿县特别支部成立，戴晓东任书记。

宿县党组织以抗敌救亡社为基地，利用抗日民众动员委员会的合法地位，组织干部深入农村发动群众，宣传党的《中国共产党抗日救国十大纲领》，成立联庄会和抗日人民自卫队，准备在敌后开展游击战争。宿县抗敌救亡社举办了抗日训练班，为抗日队伍培训骨干。

徐州沦陷后，1938 年 5 月 22 日，中共中央书记处发出的《关于徐州失守后华中工作的指示》指出，华中工作的中心任务是动员平汉、陇海线上所有中心城市的大批学生、工人、革命分子到乡村中去，组织与领导群众，发动游击战争，建立游击区，并向中共河南省委、中共江苏省委做了部署。

不久，中共苏鲁豫皖特委划归中共苏鲁豫皖边省委领导。省委决定，徐州西部的党组织（原属中共苏鲁豫皖特委的中共徐西北、徐西南区委）与中共鲁西南特委合并，成立中共苏鲁豫特委。1939 年 5 月改组为中共苏鲁豫区委员会，亦称湖西区党委。随着抗日斗争形势的发展，1938 年 10 月，中共苏鲁豫特委决定撤销中共萧县工委，建立中共萧县中心县委，派戴晓东担任中心县委书记，辖萧县（陇海路南）、宿县、永（城）东、砀（山）南 4 县的党组织，中共萧县中心县委属中共苏鲁豫特委领导。1939 年 6 月底，中共苏鲁豫区委员会决定，戴晓东调任湖西地区担任中共鲁西南地委书记。7 月，李忠道接任中共萧县中心县委书记，中心县委委员先后为孟宪章、纵翰民、陈继仁、辛程、夏峰。

戴晓东调任中共萧县中心县委书记后，李时庄接任中共宿县特别支部书记。1939 年 2 月，中共宿县特别支部改为中共宿县县委，李时庄任书记。县委委员还有孙光祖、王维璞、高继英、史广敬。下辖中共濉溪、百善两个区委。周从裕任濉溪区委书记，陈钦锋任百善区委书记。中共宿县县委隶属中共萧县中心县委领导。

1938 年 11 月，宿西古城和永城李口一带的共产党员组建了中共宿（县）涡（阳）永（城）边特别支部。特支书记孙光祖，组织委员王维璞，军事委员高继英，宣传委员由孙光祖兼任。党的特支在宿涡永边区发动群众，组织抗日青年救国会，开展武装斗争。1938 年 12 月，地主武装和杂八队突然袭击宿涡永边青救会，负责人童立刚等 3 人遇害。1939 年 2 月，特支领导成员奉调参加中共宿县县委。1939 年 6 月，中共苏鲁豫区委决定，以津浦路为界，将宿县划分为宿西、宿东两个县。原中共宿县县委领导成员调到宿西县任职。县委书记先后为李时庄、陈继仁，副书记朱鸿翔。县委委员先后为孙光祖、王维璞、高继英、史广敬、吴忠培。中共宿西县委隶属中共萧县中心县委领导。

1938 年 9 月，彭雪枫率领新四军游击支队奉命东征，和八路军苏鲁豫支队共同创建豫皖苏边抗日民主根据地。1939 年 3 月，原来的中共豫皖边工作委员会改为中共豫皖边省委，书记张爱萍，副书记吴芝圃。8 月，边区省委撤销，成立中共豫皖边区委员会。9 月，改为中共豫皖苏区委员会，书记吴芝圃。区党委下辖中共睢（县）杞（县）太（康）特委、路南地委、涡浍地委、皖北特委、皖东北工委。

1939 年 9 月 1 日，新四军游击支队在涡阳县曹市集召开首次党代表大会。大会传达了中共六届六中全会决议精神，分析了豫皖苏边区的形势和任务，选举了出席党的七大的代表，并就建党、建军、建政、开辟与建立豫皖苏边抗日根据地等做出决议。

9 月 10 日，山东分局根据中央指示，将原属苏鲁豫区党委管辖的陇海路南、津浦路东西地区划归中原局领导。中共萧县中心县委转属中共豫皖苏区党委领导。

在中原局和区党委领导下，豫皖苏边抗日根据地进入发展和兴盛时期。1939 年底，根据地初具规模。

1940 年 9 月，中共豫皖苏区委决定撤销中共萧县中心县委，成立中共陇海路南地委，书记李忠道，辖萧县、宿西县、夏永砀县。同时，成立中共萧县县委，书记辛程。10 月，豫皖苏区党委决定，开辟宿南县（宿涡蒙边区），调李时庄、陈继仁等宿西县主要负责人前往组建领导机构。中共宿西县委改为中共宿西县工作委员会，书记吴忠培，副书记毛更甦。在此期间，宿西县辖区扩大到永城县第二、第十区。中共宿西县工委和中共萧县县委隶属中共陇海路南地委领导。1941年1月至2月，中共陇海路南地委和中共涡浍地委相继撤销，中共泽东地委成立，书记先后为李任之、何启光。同时，中共宿西县工委和中共萧县县委改属中共泽东地委领导。

豫皖苏边区抗日民主政权的建立

1939年11月，豫皖苏边区联防委员会在涡北新兴集成立，领导全区的抗日民主政权工作，主任吴芝圃，副主任刘宠光。边区联防委员会下辖淮上行署、水东联防办事处；直属县政权有萧县、永城、夏邑、亳县、涡阳县政府和宿西、砀南两个办事处。1941年5月，边区联防委员会撤销。

为了加强政权建设，1939年底建立宿西县行政办事处。主任先是李时庄，后蔡新铭接任，副主任陈辑五。这期间，宿西县辖4个区：常山区，区委书记先后为张赞民、牛立中，区长赵礼秀；柳孜区，区委书记先后为陈钦锋、王维璞、刘弘毅、马广才，区长先后为陈辑五、赵元俊；濉西区，区委书记先后为袁开勋、苏甫、张绍烈，区长先后为杨履坤、朱继仲；古城区，区委书记先后为孙光祖、朱鸿翔、张力生，区长张力生（兼）。各区下面还先后成立了乡党支部和乡政府。

1940年6月，宿（县）怀（远）边境建立宿南县宿南区（辖今双堆集镇陈集地区），区长先后为赵瑞西、黎策。

在党的领导下，宿西县从1940年春季起先后成立了县农民救国会、县妇女救国会、县青年救国会等群众团体。这些群众团体为民族解放作出了巨大贡献。

中共宿西秘密县委成立

豫皖苏边区武装力量转移津浦路东之后，边区大多被日伪军和国民党

"反共"军占领。为了保存革命力量，准备将来反攻收复失地，区党委有计划地留下了部分党员干部转入地下斗争。

1941年5月，中共路西地委成立，地委书记谢邦治。中共路西地委负责领导路西各县党组织坚持秘密斗争。6月，改为中共宿东地委，仍管辖路西各县秘密党组织，坚持地下斗争3年多。

5月30日，中共宿西县工委书记吴忠培留在津浦路西，负责中共宿西秘密县委工作。8月，中共宿东地委派陈继仁担任中共宿西秘密县委书记，吴忠培改任组织部部长。他们划片分工，陈继仁负责东片一区（常山区）和宿城等地的工作，吴忠培负责西片永城二区、十区和宿西的三区（柳子区）、四区（濉西区）、五区（古城区）。县委常驻一区和三区。

1942年2月21日，陈继仁去宿城联系工作，由于叛徒告密，被日军逮捕下狱，吴忠培继任秘密县委书记。中共涡北县委书记田启松先在宿西隐蔽，同年8月参加中共宿西秘密县委。涡北的第三、四、五区遂划归宿西县管辖。1943年6月，中共宿东地委调吴忠培去津浦路东参加整风学习，田启松继任中共宿西秘密县委书记。县委委员先后有吴忠培、陈继仁、张力生、单季英、张彦秀、田启松。

中共宿西秘密县委根据"长期隐蔽、组织精干、积蓄力量、等待时机"的方针，坚持领导地下斗争，保存并发展了革命力量。先后建立了4个区委、16个党支部和3个敌工站。

中共宿西秘密县委旧址——秦大庄

秘密县委东片领导人常驻秦大庄，以草庙敌工站武装为依托，负责常山、濉溪和宿城地下党组织的工作。常山区一带建有4个中共支部：中共秦大庄支部，书记张赞民；中共王店孜支部，书记张厚义；中共五铺支部，书记陈望云；中共草庙支部，书记黄太溪。

新四军四师主力转移路东前夕，中共古城区委书记张力生宣布留下部分人员坚持地下斗争。后来，中共宿西秘密县委根据斗争形势的发展，在该区的铁佛、岳集设立了敌工站，掌握了伪军的一部分武装，并建立了中共古城支部，书记王子卿。铁佛敌工站负责人为陈政治，岳集敌工站负责人为王朝清。

路西共产党的秘密组织建立以后，在险恶复杂的环境里开展多种形式的对敌斗争，成为抗日斗争的一条重要战线。

联系群众，坚持斗争。吴忠培等在小叶家隐蔽时，组织了"鸡蛋会"，农民缴鸡蛋变钱储蓄，低息贷出，带有互济性质，减少了高利贷对农民的盘剥。村里的水井坏了，水味变臭，他们就发动党员带领群众把井修好。还公推群众代表与甲长一道到联保采取推、拖、磨、滑等办法，尽量争取减免缴纳粮款，同敌人进行合法斗争。

打入敌人内部，掌握武装力量。共产党员陈政治奉命打进驻百善伪军内部。他假以灰色面目，认干亲、结拜把兄弟，赢得敌人的信任，很快当上了伪军分队长、中队长，掌握了铁佛、柳孜、杨营孜等伪据点。同时，中共宿西秘密县委派地下党员陈孝廉、阎正林、张彦秀、叶允贵、赵兴平打进维持会，协助陈政治开展活动。他们经常以遛马为名，到野外秘密开会，及时传递消息，多次完成党交给的任务，保护了宿西西部的地下党组织。

在常山以东，中共宿西秘密县委派地下党员黄太溪打入草庙伪据点任中队长，地下党员张厚义任副中队长。交通员韩志恕也打着伪军的旗号在彭桥收盐税。草庙伪据点掌握在中共宿西秘密县委手中，防御了土顽贾芳谷和胡开祥部队向东侵犯，对掩护宿西县东部地下党组织起到了重要作用。

在宿（县）永（城）公路两侧的日伪据点里，大部分都有地下党员打进去。1943 年 6 月，地下党员王石安当了岳集伪集长，为党做了大量工作。由于他们内应工作做得比较充分，1945 年初，新四军四师十一旅三十一团顺利拿下了岳集据点。

保存和发展党的组织。中共宿西秘密县委下辖各支部建立了党员生活制度，经常向党员进行形势教育、革命气节教育、严格的纪律教育。中共小叶家、戴圩孜、马乡等支部，团结群众、坚持斗争，先后发展了党员，扩大了党的队伍。中共宿西秘密县委卓有成效的工作，使宿西、涡北、永南的地下党组织比较完整地保留了下来。

宿西县恢复建制

四师西进部队在兄弟部队的大力配合下，乘胜作战，经过 4 个多月的战斗，到 1944 年底，先后攻克了敌伪据点 30 多处，粉碎了顽军的进攻和敌伪的"扫荡"，基本上恢复了原豫皖苏边区根据地，解放了 250 万人民，控制了东自津浦路，西到商（丘）亳（县）公路，南起涡河，北到陇海路的广大地区。

淮北区党委为加强地方党政军建设，决定筹建中共路西地委。1944 年 11 月 22 日，中共淮北苏皖边区第二地委正式成立，吴芝圃任书记，赖毅任第一副书记。淮北第二专署、第二军分区同时建立。专员彭笑千，副专员纵翰民。分区司令员张震，副司令员姚运良，政治委员赖毅。相继恢复建立了萧县、宿西、永商亳（雪商亳）、永涡（雪涡）、永城（雪枫）、夏邑、宿蒙、宿怀 8 个县。

1944 年 9 月，宿西县党政军班子在宿西胡楼成立。中共宿西县委书记李时庄，副书记田启松，县委委员有高锦云、杨寒。县委组织部部长先后为田启松（兼）、高锦云，民运部部长杨寒，城工部副部长黄太溪。县农救会主任由田启松兼任，副主任杨寒。县长李时庄（兼），助理秘书朱明远。县民政科长先后为赵元俊、杨履坤。公安局副局长周海如。教育科科长陈辑五，副科长赵建五。财政科科长李辉，副科长王成瑞。交通局局长李亚光，副局长徐爱华。税务局局长张清贤。年底，宿西县总队成立，下

中共宿西县委、县政府旧址——濉溪城隍庙

辖两个大队，次年春天总队又设立情报站（对外称实业社）。县总队长、政委由李时庄兼任，副总队长李秉枢，参谋长萧全德，政治处主任洪阳，赵元俊兼第二大队队长，副大队长陈政治。

随着津浦路西地区不断收复，宿西县区、乡组织也相继建立。

1944年8月，赵礼秀随宿东游击支队（第四军分区独立团）进入常山地区，恢复和建立了区、乡政权。常山区下辖三铺、四铺、五铺、洪南、常山、口南、平山、翟南8个乡政府，其中，口南乡建立了中共支部。8月下旬，四师主力攻克小朱庄之后，李秉枢奉命率领萧宿铜县股北大队第九连插进濉溪口以东地区，迅速歼灭当地残存的土顽，9月正式建立濉东区，年底建立区、乡农救会。为了对付黄山头、符离集之伪顽军的侵扰，丁集、蔡里、新安、马桥、土型5个乡组成联防队，常随区队行动。中共濉东区委书记翁少峰，区长李秉枢。濉东区先后建立了宋疃、蔡里、新安、马桥、土型5个乡中共支部和乡政府。8月下旬，李时庄率领宿东游击支队一部进抵胡楼，恢复了百善区。第二年春天，区、乡机构逐步健全，区、乡都建立了武装组织。中共百善区委书记先后为赵元俊、尤铮、杨寒，区长赵元俊（兼）。百善区先后建立百善、柳孜、鲁甸、翟西、文甫、留古6个乡政府，其中，翟西乡建立了中共支部。8月，臧炜、张志启从路东调入恢复濉西区。中共濉西区委书记先后为臧炜、魏立华，区长先后为张志启、杨履坤。濉西区先后建立张集、百顺、逢源、孟口、徐集、溪河、蒙村、口西、米市9个乡，其中，张集乡成立了中共支部。9月，古城区恢复，区署常驻唐寨。中共古城区委书记先后为杜良俭、张健，区长刘蓬仙。古城区先后建立了姬口、三义、里仁、平易、临南、仁圣6个乡政府，其中，平易乡建立了中共支部。10月，杨柳区建立。中共杨柳区委书记兼区长谢玉振。该区位于雁鸣沟以东，以杨柳、燕头为中心，仅存在两个月。杨柳区辖朱口、杨柳、燕头、陈集4个乡。12月，杨柳区撤销后，在雁鸣沟以西设立雁鸣区，并且成立了区队和联防队。中共雁鸣区委书记尤铮，区长谢玉振。雁鸣区先后成立了韩村、童亭、孟沟、陈楼、三陈、房桥、祁集、张集、高皇9个乡政府。12月，杨柳区撤销以后，以杨柳、燕头两乡为基础向雁鸣沟以东发展，组建了朱口区，区长张家宝。该区建立了区队。朱口区先后成立杨柳、燕头、朱口、黄芽4个乡政府。1945年，驻临涣日军在新四军不断打击下逃往宿城。同年5月，临涣区建立。中共临涣区委书记杜良俭，区长徐爱华。临涣区先后建立临涣镇和临北、太平、临南、夹河、仁圣、韩村6个乡政府。

随着宿西县全境的恢复，领导机构健全，军事武装扩建，基层政权充实加强，更加适应新的斗争形势，为解放区的巩固和建设，为即将到来的反顽自卫斗争打下了坚实基础。

宿怀、宿蒙县建立

1944年11月，宿怀蒙县成立。县委书记胡天禧，县长邵光。宿怀蒙县，东起津浦路，西至雪涡县，北抵浍河，南临涡河。南北六七十里，东西200余里。涡河南岸是国民党顽固派，东面和北面是敌占区。

为了加强领导，适应斗争的需要，12月，中共淮北二地委决定将宿怀蒙县划分为宿蒙、宿怀两个县。中共宿怀县委书记胡天禧，县长汪冰石。该县辖濉溪县范围有罗集区，中共罗集区委书记袁煦，区长先后为赵瑞西、郑庭祥、谢子言。区队队长先后由赵瑞西、郑庭祥、谢子言兼任，区队指导员由袁煦兼任。区农救会主任高心广。区妇救会主任谭萍。罗集区先后成立陈集、罗集、三和、芦沟、双堆、尚庙、马沟7个乡政府，其中，罗集、双堆、马沟3个乡建立了中共支部。

宿蒙县建立后，段佩明任县委书记，县长邵光。县委委员有邵光、向乃光、朱绍清、石振邦、刘从本、孙梅根、涂宗礼，组织部部长向乃光，宣传部副部长杨玉琦，敌工部部长崔济民，民运部部长陆震亚，财政局局长张家林，公安局局长石振邦，交通局局长王兴森，粮食科科长周希量，货管科科长桂敬轩，金库主任朱怀玉。县总队长邵光（兼），总队政委段佩明（兼），副总队长涂宗礼，政治处主任严白山。县农会主任向乃光（兼）。

宿蒙县辖6个区，其中属现在濉溪县辖区的有3个区。

1945年1月，由张亚仙等在浍河南岸南坪一带建立了游击区浍南区，5月改建为南坪区，组建了区委，成立了区队。中共浍南区委书记赵纯，区长张家珍（张亚仙），副区长杨子亭、韩效杰。区队队长韩效杰（兼）。区农救会主任李敬埔。南坪区先后建立南坪、坪西、忠阳、太平、庙台5个乡政府。

1945年1月，宿蒙县白沙区建立，基层党政组织发展很快。白沙区队有40人枪，各乡建立了乡队和乡农救会。9月，区农救会成立。中共白沙区委书记陈文国，区长兼区队长张云龙。白沙区先后建立徐集、白沙、袁店、国政、五沟、湖南、马店、桃园8个乡中共支部及乡政府。

1945年7月，界沟伪据点拔除后建立界沟区。中共界沟区委书记宋政，区长马彝伦。区队队长曹兴俊。区农救会主任韩效友。界沟区辖7个乡，其中3个乡属蒙城县，后属濉溪县的4个乡是：界沟乡、青化乡、任集乡和孙疃乡。

新四军四师师部进驻濉溪口

1941年1月底，新四军军部重建，八路军第四纵队整编为新四军第四师，彭雪枫任师长兼政委，张震任参谋长，萧望东任政治部主任。八路军第四纵队原四、五、六旅分别改为十、十一、十二旅。

1944年8月，四师主力进军津浦路西，首战小朱庄，消灭国民党顽军苏北挺进军第四十纵队。小朱庄战斗之后，四师乘胜西进。在兄弟部队的配合下，到 1944 年底，先后攻克敌伪军据点 30 多处，粉碎了顽军的进攻和敌伪军的"扫荡"，收复大片土地。1945 年 1 月至 8 月，四师又在宿西县境内进行了多次征战。5 月至 8 月，取得了宿南战役的重大胜利，收复涡南、涡北广大失地。1945 年 9 月 27 日，四师十一旅三十一团在宿西县总队配合下，攻克濉溪口。

濉溪口被攻克后，新四军四师师部进驻濉溪口。四师师部机关设在濉溪口前大街（石板街）。1945 年 10 月下旬，根据中共中央和中央军委的命令，四师在濉溪口召开干部会议，张爱萍师长、邓子恢政委、韦国清副师长、张震参谋长、吴芝圃主任及全师 3 个旅和萧县独立旅的团以上干部参加了会议，这也是四师历史上的最后一次重要会议。

发展壮大的新四军部队

会后，四师奉命整编为华中野战军。10 月，第九旅开赴山东编入第二纵队。11 月，以十一旅三十一团、三十二团和十二旅三十四团、三十六团及骑兵团合编为华中野战军第九纵队，张震任纵队司令员兼政委。从此，新四军四师胜利地完成了历史使命。

中共华中八地委、八专署进驻濉溪口

1945 年 9 月 27 日，新四军第四师十一旅三十一团在宿西县总队配合下，攻克濉溪口。

濉溪口被攻克后，中共淮北二地委、二专署、二分区领导机关进驻濉溪口。到 1945 年 9 月，路西根据地共有人口 250 万人，全地区建立了 57 个区、438 个乡政权，建立基层党支部 379 个，共有中共党员 7264 人。

1945 年 10 月 11 日，中共华中分局决定，中共淮北二地委改为中共华中八地委。地委书记吴芝圃，副书记何启光。中共华中八地委辖宿西、萧县、宿怀、宿蒙、雪涡、雪枫、夏邑、雪商亳等 8 个县。1945 年 10 月 29 日，华中八分区、苏皖边区政府八专署成立。分区司令员张太生，副司令员姚运良、吴信元；彭笑千任专署专员，纵翰民任副专员。同时，还成立苏皖边区第八行政区参议会及工人联合会、农民联合会、妇女联合会等群众团体组织。1945 年 9 月至 1946 年 6 月，中共华中八地委、八专署、八分区机关设在濉溪口东关前大街。

中共华中八地委、八专署在濉溪口期间，采取了适应形势发展的方针和策略，为争取和平民主进行不懈的斗争，同时不放松自卫战争的准备。进行了组织机构的调整、加强党的建设、惩奸反霸、肃清残敌、加强武装建设及恢复发展城镇商业、兴办文化事业等项工作，巩固了新生的民主政权。为后来抵御国民党军的进攻，保卫解放区，在思想上、组织上、物质上和军事上做了充分准备。在地委的领导下，《拂晓报》（路西版）办得内容充实，版面活跃，适时报道了解放区各项事业的蓬勃发展。濉溪口当时成为路西政治、经济、文化、交通的中心。至全国解放战争前夕，宿西县建立了 11 个区和 1 个市（区级）。此外，萧县、宿蒙、宿怀等县的县、区

中共华中八地委、八专署旧址

政权建设也得到加强。

1946年7月，中共华中八地委、八专署机关按照上级的部署撤离濉溪口，转移至豫东地区。

中共濉溪市委、市政府成立

1945年9月27日，宿西县全境解放。为加强对城市工作的领导，中共宿西县委成立了濉溪市。臧炜任中共濉溪市委书记，赵礼秀任市长。濉溪市辖东关、南关、西关、北关、中心等5个镇，并设公安局。1946年3月，刘建冰任市长。

1946年6月，国民党撕毁协定，大举向解放区发动进攻，中共华中八地委召开紧急会议，要求各县党政军人员西撤。1946年7月17日，中共濉溪市委、市政府奉命组织党政军机关主动向永（城）西撤退。西撤后，中共濉溪市委、市政府暂停活动。

1946年7月17日，濉溪口被国民党军整编五十八师占领。8月13日，刘建冰在转移到永城的苗桥时，被国民党军逮捕，于9月12日被枪杀于濉溪口西门外。

1948年6月，恢复濉溪市，隶属萧宿县，祁世华任市长，机关设在南源兴槽坊办公。1949年3月，撤销濉溪市，成立了濉溪区。

中共濉溪市委、市政府旧址

宿西县的恢复

1946 年 12 月 14 日，中共豫皖苏区委员会、豫皖苏军区、豫皖苏行政公署在河南睢县平岗成立，原华中八地委、军分区、专署改为豫皖苏第三地委、军分区、专署，原华中八分区的 8 县（雪枫、夏邑、雪商亳、雪涡、萧县、宿西、宿怀、宿蒙）和新开辟的商亳鹿柘县归其所辖。地委书记兼分区政委寿松涛，副书记王光宇，军分区司令员李浩然，副司令员吴信元，专员许西连，副专员李时庄。豫皖苏军区部队整编后，军区主力和各军分区武装迅速实施战略展开，主动出击歼敌。

1947 年 1 月 5 日，豫皖苏军区主力和三分区部队长驱百余里奔袭涡阳县城，7 日凌晨发起攻击，敌弃城溃逃。涡阳战斗后，军区主力至永城书案店待机。驻亳县的国民党军五十八师新十旅二十九团、三十团尾随而至。12 日，豫皖苏军区主力转移龙岗一带，选择有利地形，布设袋形阵地。13 日，敌军钻入设伏圈。当日晚，部队发起攻击，经一夜激战，歼灭敌五十八师新十旅三十团 2000 余人及二十九团一部。涡阳、龙岗大捷，打击了国民党军的嚣张气焰，振奋了人心，鼓舞了斗志，对三分区的坚持和斗争起到了重要作用。

同年 3 月下旬，国民党依托据点，以绝对优势兵力，采取拉网式战术向三分区进行疯狂的"清剿"，妄图将三分区部队消灭掉或挤出去。在敌人大举进攻下，豫皖苏三分区主力避开强敌，采取奔袭、夜袭、设伏等作战方法，打击薄弱孤立之敌。各县地方武装（如宿西县、萧县等）充分利用人熟地熟的优势和条件，以游击战等形式，声东击西迷惑敌人，寻机歼敌。各县在反"清剿"斗争中，注重打击土顽、地主还乡团，掐断敌之"耳目"，斩掉敌军的爪牙，并广泛发动群众，动员群众，开展群众性游击战争。分区三十六团坚守西部五县，打击国民党地方保安团（队），巩固地区；四支队向北出击夏（邑）永（城）砀（山）地区；二支队向南挺进宿怀蒙地区。由于斗争坚决，措施得力，至 5 月，粉碎了敌人的"清剿"，完成了确保永西、开辟永东和商南的战略任务。

5月初，中共豫皖苏三地委决定成立萧宿永县，县委书记田启松，县长李品立。县委任务是插到永城以东，开展游击斗争，消灭敌人，建立政权，进而恢复宿西县和萧县。县委率领由三分区警卫连配属组成的萧宿永大队，向永东挺进。插进之后，或化装成保安团，或化装成便衣，行动快捷，飘忽不定，神出鬼没，以奇袭、夜袭方式，消灭土顽，大力宣传解放战争形势和共产党的政策，群众大受鼓舞。立足之后，县委随即率县武装四处转战，镇压反攻倒算的反动地主分子，围攻还乡团、保安团小股武装，拔除据点，摧毁国民党基层政权，很快打开了局面。一些隐蔽的党员干部和积极分子纷纷出来联系归队，许多群众自觉主动地为自己的队伍通风报信，东进武装如鱼得水，迅速壮大。

萧宿永大队像一把利刃插入敌人腹地，刺痛了敌人。于是，国民党军立即调集兵力进行严密、频繁、残酷的"围剿"。萧宿永大队同仇敌忾，以誓与人民生死患难的决心与敌周旋。这支仅有百余人的武装，不分昼夜地活动着，走到哪里打到哪里，能消灭小股敌人，就坚决果敢出击，碰到大股敌人，则边打边走，打仗成了家常便饭，有时一天要打几仗，在33天反"清剿"中就打了35仗。经过两个多月的艰苦奋战，国民党军"围剿"不但没有得逞，萧宿永大队反而站稳了脚跟。

解放军实行政治民主，指战员一起开谈心会

在武装斗争取得节节胜利、县区武装力量壮大的基础上，萧宿永县开始建立区乡政权。至1947年10月，全县已建立古城、阁桥、濉西、龙桥、濉溪等 11 个区 50 多个乡政权，一些保甲政权多为两面政权。县大队由原来的一个连发展到 4 个连 300 多人枪，区乡队也发展到 2000 多人。萧宿永县的斗争，有力地牵制了敌人进攻永西的兵力，为三分区反"清剿"斗争立下了功劳。

宿怀、宿蒙两县位于宿（西）县与怀远、蒙城交界地。1947 年初，中共豫皖苏三地委恢复成立宿怀、宿蒙县，中共宿怀县委书记兼县长汪冰石，中共宿蒙县委书记兼县长邵光。两县首先派人潜回县境，与隐蔽下来的党员干部接上关系，了解情况，搜集情报。5 月，豫皖苏军区独立旅攻克蒙城，这一地区形势逐步好转。6 月，三地委决定派部队掩护两县干部返回。两县干部进入地区后，部队干部分散活动，发动群众，散发传单，张贴布告，利用逢集、庙会，趁机捉杀坏人，登台宣传，鼓舞群众士气。同时联系失散人员，成立武装。其间，宿怀县打退了国民党怀远县"清剿"大队两次大规模进攻，粉碎了怀远、宿县、蒙城"三县围剿"。宿蒙县相继取得大梁家、小侯家等战斗的胜利，歼敌百余人。在军事进攻取得胜利之后，两县随即建立乡政权，发展武装。到 1947 年底，宿怀县武装扩大到 300 多人枪，宿蒙县大队也建立起来，编为 3 个连。

1947 年 6 月 30 日夜，刘（伯承）邓（小平）大军 12 万人强渡黄河，发起鲁西南战役，揭开了人民解放战争战略进攻的序幕。与此同时，陈（赓）谢（富治）大军和陈（毅）粟（裕）大军在中共中央、中央军委的指挥下，分别进入豫陕鄂边地区和豫皖苏平原。9 月 26 日，陈粟大军兵分五路越过陇海路南下，进入豫皖苏平原，连续攻克夏邑、永城、涡阳、蒙城、义门、龙山、濉溪口（9 月 29 日）、灵璧等城镇，占领烈山煤矿（9 月 28 日），奔袭宿县城（9 月 30 日），歼敌万余人。刘邓、陈谢、陈粟三路大军在中原地区展开，扭转了中原战场整个局势。在人民解放军的强大攻势下，淮北一带的国民党军纷纷龟缩到铁路沿线城镇，国民党地方武装、土顽更是惊恐万状，固守据点，不敢远离。这一形势的变化，为各县的全面恢复与发展创造了极为有利的条件。①

---

① 中共淮北市委党史研究室：《中国共产党淮北地方史》第一卷，第 222、223 页，中共党史出版社 2004 年版。

1947 年 11 月，中共豫皖苏三地委根据斗争形势发展的需要，决定撤销萧宿永县，恢复萧县、永城、宿西三县建制。

宿西县恢复建立后，县委书记为田启松，县长为赵元俊，建立了濉溪、濉西、龙桥、阎桥、古城等 5 个区，在此基础上，恢复工作向隋堤南北推进。至 1948 年 2 月，又相继建立蔡里、百善、隋堤、彭桥、临涣、涣东、浍南和雁鸣等区。

1948 年 3 月，为加强徐州西南外围和津浦铁路两侧的对敌斗争，中共豫皖苏三地委决定，划宿西县巴股河以北地区的濉溪、蔡里、濉西和萧县南部的一区（龙城区）、二区（朔里区）、九区（皇藏区），组建萧宿县，县委书记王尚三，县长张岸。萧宿县共辖蔡里、宋疃、相山、张集、溪河、濉溪（1948 年 6 月改为濉溪市）、朔里等 9 个区。

各县的恢复与发展，解救了广大人民，消灭、牵制了大量敌军，发展壮大了地方党及其武装力量。同时，在解放战争的战略进攻阶段，直接配合了人民解放军主力南下中原作战，继而为伟大的淮海战役的胜利提供了坚实雄厚的政治、物质和群众基础。

濉溪全境解放

1948 年秋，人民解放战争进入夺取全国胜利的战略决战阶段。以毛泽东为核心的中共中央科学地分析战争形势，正确把握战略决战的时机，连续组织了辽沈、淮海、平津三大战役。淮海战役是战略决战阶段的一次关键性战役。战役自 1948 年 11 月 6 日开始，至 1949 年 1 月 10 日结束，分为三个阶段。淮海战役总前委贯彻中共中央、中央军委的决策，统一筹划、指挥，广大人民群众全力支援，解放军中原、华东两大野战军及地方武装约 60 万人，经过 66 天的浴血奋战，以伤亡 13 万余人的代价，打败了国民党 80 万正规军，全歼国民党军精锐部队 1 个 "剿总" 前进指挥部、5 个兵团部、22 个军部、56 个师（含 4 个半师起义），共 55.5 万余人。战役历时之长，规模之大，歼敌之多，都是世所罕见的。在中国人民解放战争史上树立了一座不朽的丰碑。随着淮海战役的胜利，濉溪人民迎来了解放。[①]

淮海战役总前委在濉溪

1948 年 9 月 24 日，济南战役即将结束的当天，华东野战军代司令员、代政委粟裕向中央建议，华野主力由鲁南前出苏北，举行淮海战役，攻歼淮阴、淮安和海州之敌，为夺取徐州创造条件。中央军委甚为赞成，并对作战方针和指导原则作了一系列指示。在当时情况下，确定以歼灭黄百韬兵团为重心，歼灭敌人徐州集团右翼一部。中原野战军分别从豫西和陇海线出击，积极配合华野作战。10 月 22 日，中野主力占领郑州以后，继续沿陇海线及其以南东进，逐渐向徐州迫近，两大野战军逐步靠拢。[②]

中央军委于 10 月 30 日致电两大野战军，要求参战部队应在同一时间发起攻击，使各处之敌同时受攻，同时认为自己处于危险境地，互相不能照顾和支持。10 月 31 日，粟裕鉴于淮海战役规模巨大，中野、华野即将靠拢，向中央军委建议由陈毅、邓小平统一指挥两大野战军。11 月 1 日，中央军委即予批准。确定由陈、邓统一指挥整个战役，为以后建立淮海战役总前委奠定了基础。

11 月 2 日，辽沈战役胜利结束，全国的军事形势进入一个新的转折点，战争双方力量对比起了根本的变化：人民解放军不仅在质量上，而且在数量上也已经占有优势。惊慌失措的国民党军将刘峙集团的主力以徐蚌线为轴心，收缩于徐蚌线两侧守备。

11 月 6 日，淮海战役打响，敌人在解放军的强大攻势下，纷纷向徐州收缩。8 日，原设想战役第二、第三阶段攻取的两淮（淮阴、淮安）和海州、连云港均已解放。中央军委根据形势的发展，决定扩大淮海战役的规模，9 日，致电两大野战军，明确提出"应极力在徐州附近歼灭敌人主力，勿使南窜"

---

① 中共淮北市委党史研究室：《中国共产党淮北地方史》第一卷，第 239 页，中共党史出版社 2004 年版。《中华人民共和国史稿》序卷，第 208、209 页，人民出版社 2012 年版。

② 中共淮北市委党史研究室：《中国共产党淮北地方史》第一卷，第 243、244 页，中共党史出版社 2004 年版。

的重大决策。11日，华野将黄百韬的4个军围困于徐州以东的碾庄圩地区。16日凌晨，中野攻占宿城，切断了徐蚌线，造成了国民党军徐州集团完全陷于孤立的被动局面，形成了如辽沈战役中占领锦州"关门打狗"的局势。

战局的发展，推动了战役规模越打越大，淮海战役由原来歼灭徐州集团右翼一部发展为以歼灭刘峙集团主力为目标，形成了"隔断徐蚌、歼灭刘峙主力"这一淮海战役的总方针。由原来华野主力作战，中野配合，发展为两大野战军并肩作战。南线战略决战的态势已经形成，中央军委称"此战役为我南线空前大战役"。淮海前线迫切需要一个机构来统筹解决战役的指挥和后勤保障等各项工作。

11月10日，刘伯承率中野前线指挥部从豫西东进淮海前线，同陈毅、邓小平会合。11日，刘伯承、陈毅、邓小平率中野前线指挥部离开永城到达濉溪县临涣集，中野指挥部就设在临涣文昌宫。当晚，刘、陈、邓三人研究部署了中野攻打宿县和切断徐蚌线的问题。16日，中央军委和毛泽东在电报中指示中野、华野："此战胜利，不但长江以北局面大定，即全国局面亦可基本解决。望从这个观点出发，统筹一切。统筹的领导，由刘伯承、陈毅、邓小平、粟裕、谭震林五同志组成一个总前委，可能时，开五人会议讨论重要问题，经常由刘伯承、陈毅、邓小平三人为常委，临机处置一切。小平同志为总前委书记。"并指出，后勤保障和支前等事宜，"必须由你们会同华东局、苏北工委、中原局、豫皖苏分局、冀鲁豫区党委统筹解决"。这样，淮海战役前线作战和战区支前及后勤保障工作就由总前委统一指挥和领导。[1][2]

总前委的成立，使淮海战场上有了一个坚强的核心。这对于正确、及时、创造性地贯彻执行中央军委和毛泽东的作战方针和重大决策，统一指挥中原、华东两大野战军作战，统筹战区党政军民全力以赴支援前线，夺取淮海战役的全胜，提供了组织上的保证。

总前委成立后，中野指挥部驻地临涣文昌宫同时成为总前委驻地。这里距永城、宿县各约40公里，指挥作战比较方便。总前委五位成员中，只有

---

① 《淮海战役》第一册，第164页，中共党史出版社1988年版。

② 《鏖战双堆集》，第39页，安徽人民出版社1998年版。

刘、陈、邓三位常委驻总前委指挥部，粟裕、谭震林分别驻华野指挥部和山东兵团指挥部。总前委对战役的指挥通常由三位常委酝酿决定，以电报、电话同粟、谭磋商实施。战况紧急时由常委临机处置，重大问题报告军委。

11月22日，黄百韬兵团被全歼，淮海战役第一阶段胜利结束。就在这一天，总前委在文昌宫召开中野纵队以上干部会议，研究部署围歼黄维兵团的作战方案，决心不惜一切代价，歼灭黄维兵团。

从11月11日至22日，总前委刘、陈、邓三位领导人驻文昌宫前后12天，在此指挥了围歼黄百韬兵团以及阻击各路增援敌人的作战，取得了淮海战役第一阶段的胜利。

11月23日，为便于指挥围歼黄维兵团的作战，总前委移驻临涣以东7.5公里、浍河北岸的小李家村。小李家村是个有三四十户人家的普通小村庄。村周围柏树环绕，郁郁葱葱，比较隐蔽。这里位于徐（州）宿（城）铁路与徐（州）阜（阳）公路之间，是敌军"南北对进，打通徐蚌，三路大军会合"的预定地点，每天都有几批敌机临空侦察或过往，总前委驻在这里，是敌人意料不到的。据《阵中日记》记载，总前委偶尔移驻小李家附近的纪家、周殷圩等，而后又复返小李家。

12月1日，在人民解放军强大兵力的压迫之下，徐州杜聿明集团弃城西逃。华野立即以11个纵队及冀鲁豫军区部队采取多路多梯队平行追击、多层次超越拦击及尾追相结合的战法，猛追猛打。为便于指挥追击逃敌，2日，华野指挥部从宿县时村以西大张家进至今濉溪县草庙（时称草店圩子、草庙孜）。4日拂晓，华野追击部队连日奔袭，终于将杜聿明集团全部包围在永城东北的青龙集、陈官庄地区。为便于就近指挥华野各纵队围歼该敌，坚决阻止敌人向濉溪口方向突围南下解救黄维兵团，5日，总前委委员、华野代司令员、代政委粟裕率华野指挥部从草庙进驻濉溪口以北5公里的相城。7日，粟裕与华野副参谋长张震登上相山之巅，视察了青龙集、陈官庄地区战场，酝酿围歼杜聿明集团作战计划。9日至10日，华野在相城举行华野纵队以上干部作战会议，研究部署增派华野3个纵队南下协同中野歼灭黄维兵团，并初步形成了围歼杜聿明集团的作战方案。华野指挥部及时增调部队南下协同中野作战，大大加速了黄维兵团的最后覆灭。11日，根据会议形成的作战方案，华野指挥部在相城制定下达了《华野战字第十四号命令》。依据此令，华野各部密切协同，向当面之敌发起攻击，压缩了对杜聿明集团的包围圈。15日，华野指挥部移驻张寨，16日，移驻萧县蔡洼。①

12月12日，黄维兵团全歼在望，中央军委、毛泽东电示总前委："黄维兵团歼灭后，请伯承同志来中央商谈战略方针。……请刘、陈、邓、粟、谭五同志开一次总前委会议，商讨邱、李歼灭后的休整计划，下一步作战及渡江作战计划，以总前委意见带来中央。"按照中央军委和毛泽东的指示，总前委书记邓小平和刘伯承、陈毅商定，抓住全歼黄维兵团后的有利时机，召开一次总前委会议。为保证粟裕、谭震林围歼杜聿明集团的组织指挥，12月16日晚，刘、陈、邓从小李家驱车前往蔡洼。17日，天刚亮，谭震林从山东兵团前线赶到。17日，总前委五位领导在蔡洼召开全体成员会议，会议整整开了一天。鉴于杜聿明集团歼灭在即，会议主要研究了淮海战役结束后的渡江作战计划与部队整编方案。这是总前委五位成员唯一的一次聚会。会议休息时，总前委五位成员在屋前石榴树旁，由随军记者陆仁生拍照，留下了淮海战役总前委五位成员具有历史意义的唯一的一张合影像。18日，邓小平回到小李家。刘伯承、陈毅赴西柏坡向中央汇报工作。谭震林回到山东兵团驻地。粟裕仍留在蔡洼村，指挥华野部队进行战场休整和部署防敌突围的措施。②

为贯彻蔡洼会议精神，邓小平于12月26日在小李家主持召开了中野纵队以上干部会议，讨论了部队休整和整编等问题。12月30日，邓小平率总前委指挥部和中野指挥部离开小李家，经宿城、徐州，于1949年元旦至商丘东南张菜园，直至淮海战役结束。从11月23日至12月30日，总前委驻小李家前后38天，在此指挥了围歼黄维兵团，阻击南北援敌，以及追击、包围杜聿明集团的作战，取得了淮海战役第二阶段的胜利，并为下一步全歼杜聿明集团奠定了坚实的基础。1949年1月6日，华野向杜

① 中共淮北市委党史研究室：《中国共产党淮北地方史》第一卷，第247页，中共党史出版社2004年版。

② 《张震回忆录》，第346、347页，解放军出版社2003年版。

聿明集团发起总攻击，经 4 昼夜连续作战，全歼杜聿明集团。至此，淮海战役胜利结束。①

1949 年 1 月底至 2 月初，陈毅、刘伯承先后到达商丘，刘、陈、邓三位领导人又走到一起。2 月 9 日，总前委在商丘召开渡江作战会议，会期一天。具体讨论了渡江作战时间、部署、战勤准备及进行部队政治教育诸问题。会后，向中央做了《关于渡江作战方案和准备工作意见》的报告。2 月 11 日，中央军委指示，同意总前委渡江作战的计划，总前委照旧行使领导军事及作战的职权。总前委又肩负起指挥渡江作战的重任。渡江战役前夕，总前委先后移驻蚌埠孙家圩子和合肥瑶岗，在那里指挥两大野战军赢得了渡江战役的胜利。

濉溪地区党政领导机构的建立

1949 年 1 月 1 日，新华社发表了毛泽东题写的新年献词《将革命进行到底》。献词明确指出，必须"用革命的方法，坚决彻底干净全部地消灭一切反动势力"，"在全国范围内推翻国民党的反动统治，在全国范围内建立无产阶级领导的以工农联盟为主体的人民民主专政的共和国"。②

淮海战役胜利结束后，人民解放军百万大军进抵长江北岸，长江中下游以北地区人民获得解放。中共中央决定全国解放区行政管理正规化，并从调整区划中调剂出大批干部随军南下，以夺取全国解放战争的胜利。为适应迅速发展的革命形势需要。按照上级指示，1949 年 3 月，中共豫皖苏三地委撤销。同时，萧宿县、宿怀县、宿蒙县亦被撤销，三县所辖地区分别归属原县建制，宿西县所属地区经过重新调整合并，建立了 9 个区，即相山区、濉东区、濉西区、铁佛区、常山区、临涣区、杨柳区、五沟区和双堆区。原属萧宿县的朔里区划属萧县。中共宿西县委书记为田启松。3 月 25 日，中共宿县地委、宿县专员公署、宿县军分区成立。李任之任地

---

① 《宿县地区志》，第 393 页，中国人民出版社 1995 年版。

② 《张震回忆录》（上），第 350 页，解放军出版社 2003 年版。

委书记兼军分区政委，赵一鸣任专员公署专员，李士怀任军分区司令员。地委辖宿西、萧县、宿县等20个县、工、市委，属中共安徽省委领导。4月，中共宿县地委根据上级指示，进行重新调整、合并，下辖宿西、宿县、萧县、宿东、砀山、灵璧、泗县、五河、怀远、永城、泗洪等11个县和宿城市。地委属中共皖北区委员会领导。6月，宿西、宿县和宿城市合并为宿县，田启松任县委书记，郑良瑞任县长。至新中国成立前夕，宿县辖宿西地区8个区。当时，宿县地区北越陇海路、东达运河、洪泽湖，西抵蒙城，南至淮河，面积7.234万平方公里，人口约510万人。

党政机构建立后，地委、县委把改造基层政权、健全各级党政机构和加强党的建设作为一项重要任务来抓。一是对基层政权进行改造，对区乡村组干部进行整顿；二是培训青年干部，学员毕业后，分配到各区乡工作；三是加强党的建设，把发展党的组织作为重要的工作。战后，县委及各区结合支前工作，在生产救灾中发展党员，一大批支前模范和生产救灾积极分子加入中国共产党。后来又结合春耕生产、代耕代助、政权建设及剿匪反霸等工作，在农村和基层干部中发展党员，使党的队伍得以壮大，党的力量得以增强。据不完全统计，至1949年，宿西地区党员达891人，党小组271个，党支部75个。

濉溪党史上的重大活动

声援"五卅"反帝爱国运动

1925 年 5 月 30 日,上海发生"五卅"惨案,中国人民积累多年的对帝国主义的仇恨,像火山一样爆发出来。在中国共产党的领导和推动下,"五卅"运动的狂飙迅速席卷全国。各阶层广大群众积极参加反帝爱国运动,举行成千上万人的集会、游行和罢工、罢课、罢市。

6 月 3 日,"五卅"惨案的消息传到古饶,安徽省立第四职业学校师生在古饶集集会,沉痛悼念在"五卅"运动中英勇献身的烈士,愤怒声讨英、日帝国主义的侵略罪行,号召大家积极捐款,支援上海工人群众的反帝斗争。群众纷纷慷慨解囊,当场收到捐款 500 余元。会后,举行示威游行。

宿县共青团组织得知"五卅"惨案的消息后,于 6 月 5 日以国民党宿县党部的名义,召开全县国民党员紧急会议,通过了誓作沪案后盾等六项决议。

6 月上旬,濉溪口各界群众在濉溪北关奶奶庙召开大会,近 4000 人参加。共产党员、区党部负责人梁宗尧、丁茂修分别在会上发表演讲,谴责帝国主义屠杀中国工人、学生的滔天罪行,号召各界群众支援上海人民的正义斗争。会上通过了成立沪案后援会的决议,选举陈一峰、梁宗尧、丁茂修、萧亚珍为后援会的执行委员。会议还通过了罢工、罢课、罢市和组织宣传队、仇货队、募捐队的决议。会后,几千名群众在梁井孜、河东三关庙、北关泰山庙举行示威游行。临涣各界群众在徐风笑、朱务平等人的

1925 年，濉溪"沪案后援会"支援上海工人开展"五卅"运动

组织和领导下，召开大会，要求商人罢市、工人罢工、学生罢课一天。会后，举行了有 1 万人参加的示威游行。百善、五铺、烈山煤矿等地也相继举行反帝集会和示威游行，成立沪案后援会和募捐队。各地共筹款 4000 多元。烈山煤矿工人在生活极端困难的情况下，仍捐款 500 多元。

声援"五卅"反帝爱国运动，进一步激起了广大群众对帝国主义的仇恨，激发了群众的爱国热情。

国共合作首次建立

按照党的三大和中国社会主义青年团二大的精神，一些社会主义青年团员以个人身份加入中国国民党，并帮助组织中国国民党宿县县区党部。

1924 年 7 月初，朱务平等帮助临涣地区的国民党党员组织成立了中国国民党临涣区党部。这是安徽省建立较早的国民党区党部之一。郑子瑜、王建东也根据中共中央和团中央的有关决议精神，帮助濉溪地区的国民党员组织成立中国国民党濉溪区党部。在临涣、宿城、濉溪先后成立区党部情况下，7 月下旬，以朱务平、江善夫、郑子瑜、李一庄、孔子寿等为首的共产党人，联合各区党部，组织成立中国国民党宿县临时党部，朱务平、徐风笑、江善夫、王友石等被推举为执行委员。随后，江善夫、朱务平赴上海，通过团中央与国民党上海执行部的共产党人取得联系，把筹建的国民党宿县县党部上报上海执行部，将宿县县党部置于上海执行部的直

中共临涣支部（特别支部、独立支部）旧址

接领导之下。

濉溪各地国民党县区党部在共产党人的帮助下纷纷建立起来后，中共党团组织以国民党党部的名义，组织和领导广大人民群众，开展了一系列反帝反封建斗争，濉溪地区出现了蓬勃发展的革命形势。

在国共合作的新形势下，国民革命思想由南向北，在全国范围内以前所未有的规模广泛传播。1924年10月，直系将领冯玉祥发动北京政变，推翻了直系军阀首领曹锟、吴佩孚控制的北京政府，把所部改为国民革命军，电邀孙中山北上共商国是。11月10日，孙中山北上，并发表北上宣言，赞同中国共产党的主张，号召召开国民会议，废除不平等条约。全国人民予以热情支持和响应，各地纷纷组织国民会议促成会，各民众团体纷纷发表通电，表示拥护国民会议，形成广泛的政治宣传运动。朱务平、李一庄等人以国民党宿县临时党部的名义发表通电，宿县各地学联也分别发出通电，支持和拥护孙中山召开国民会议的主张。

1925年1月31日，宿县国民会议促成会召开第一次筹备会，江善夫、朱务平、王建东等参加会议。王友石、王建东分别代表国民党宿县临时党部和濉溪青年社在会上发言，号召全县各界群众支持召开国民会议，反对段祺瑞一手包办的善后会议。会议还选举江善夫、李一庄等为筹委会委员。会后，临涣、濉溪、百善、古饶等地组织演讲队，利用元宵节宣传国民会议，揭露北洋政府及帝国主义的罪行，号召人民群众为促成国民会议、实现民族和人民的解放而奋斗。2月8日，宿县国民会议促成会成立大会召开，各阶层群众300余人参加大会。大会强烈呼吁由国民决定国家大事，实现民族独立，反对段祺瑞政府召开的所谓善后会议。会后，濉溪各地迅速开展了拥护国民会议、反对善后会议的宣传运动。

3月12日，孙中山在北京病逝，国共两党组织各界人民举行哀悼活动，广泛传播孙中山的遗嘱和革命精神。濉溪各地分别召开追悼孙中山大会。4月13日，西五铺各界群众1000多人，在县立第五高等小学召开追悼孙中山大会，朱务平等应邀参加并发表演说，号召人民继承孙中山先生遗志，发扬其革命精神，继续支持联俄、联共、扶助农工的三大政策，反对封建军阀，把革命进行到底。会上发表演说的还有濉溪区代表萧亚珍等人。

1926年4月，国民党宿县县党部正式成立，全县有国民党员160人，多为中共党员和共青团员，县党部9人中有8人是中共党员。其中，孔昭谦为常务委员，中共宿县（临涣）独支书记朱务平为农运委员。在宿城、濉溪、临涣、夹沟、五铺等区党部中，都有中共党员分别担任常务委员、组织委员、宣传委员、青年委员、执委委员等职务。

1926年春，国民党安徽省临时党部成立，国民党宿县县党部遂与其接上了关系。同时，国民党右派也在西山会议派的指使下，在安庆成立国民党安徽省党部筹委会，与国民党左派成立的临时省党部相对立。同期，朱务平从河南回到临涣，得知国民党右派成立省党部筹委会时，立即赶到宿城，以国民党宿县县党部的名义，在《安徽通俗教育报》和《皖铎报》上发表通电，反对国民党右派成立的省党部。3月23日，共青团徐州特支给团中央写报告，要求团中央给安徽各地的党团组织发通告，敦促各地国民党组织发通电，反对国民党右派成立省党部。7月4日，国民党宿县县党部在共产党人的要求下，召开各界群众大会，决定支持和拥护国民革命军出师北伐。7月17日，中共上海区委发出《关于拥护北伐，打倒吴佩孚的宣传运动》的枢字第六十五号通告，要求各部委和独立支部在接到这一通告后，向人民群众宣传国民政府北伐的意义，共产党员要动员国民党各级党部发表宣言、通电或直接致电国民政府，表示接受国民党中央执行委员会关于北伐的训令，要致函各团体，起来发表宣言和赞助北伐军。朱务平接到通告后，按通告要求积极开展一系列工作：以国民党宿县县党部的名义发出通告，要求全县国民党党员捐助北伐费；给国民党中央执行委员会发一建议函，要求中央党部发一通告，号召国内外国民党员捐助北伐费。

8月5日，国民党宿县党部召开全县党员大会，改选县党部，选举执行委员会委员9人，其中8人是中共党员或共青团员。同年冬，中共党员丁景吉到武汉，协助国民党安徽省临时党部工作，并在省党部创办的党务干部学校兼搞教学工作。为更好地开展国共合作，组织农民运动，培养干部，中共宿县（临涣）独立支部根据上级组织的要求选派党团员和进步青年去武汉，到安徽党务干部训练班和农民运动讲习所学习。濉溪、百善、临涣等地的中共组织选派徐凤笑、陈文甫、赵建五、李宏业、赵品珍等去武汉参加学习。1927年3月22日，国民党（左派）安徽省临时党部在安庆黄家操场召开安徽省国民党第一次全省代表大会。23日，在蒋介石的支持和纵容下，流氓打手制造了安庆"三二三"反革命事件，致使国民党召开的安徽省第一次代表大会不得不休会延期。4月初，被迫中断的大会转移到武汉继续举行。宿县选派了孔禾青、王吴山等8名代表参加大会。会上成立了由共产党人和国民党左派人士任执行委员的正式省党部。会后，印发了《三二三事变宣传提纲》，号召安徽人民在左派省党部的领导下，团结起来，集中革命力量，杀开一条血路，求得真正解放。

在中国共产党的积极组织和推动下，国民革命政府在广州宣布北伐。1926年7月9日，国民革命军正式出师北伐。北伐的目的是推翻帝国主义支持的北洋军阀的反动统治，实现中华民族的独立、自由、民主和统一。在濉溪地区，反动军阀为防所谓地方"赤化"，采取限制群众游行、查禁进步书刊、剥夺人们言论通信自由等种种强硬手段，极力压制工农群众运动，阻挠国民革命进程。在这种情况下，濉溪党团组织利用一切有效形式坚持开展斗争，支持和声援国民革命军北伐。

共青团宿县特支以国民党宿县县党部的名义主持召开宿城市民大会声援北伐，并发欢迎电及通告全县国民党员捐助北伐费。中共宿县（临涣）独支书记朱务平积极组织农民协会，筹组农民自卫军并大力宣传北伐军的胜利，还对红枪会及一些土匪武装进行分化争取工作，促使其支持北伐战争。中共濉溪支部以国民党濉溪区党部的名义，组成欢迎北伐军筹委会，梁宗尧任主任；组织40多人参加抢救北伐军伤员的红十字会；计划用炸弹炸毁津浦铁路，切断军阀的主要运输线。1927年5月，北伐军进驻濉溪口后，国民党濉溪区党部进行了改组，中共党员王建东、丁茂修、萧亚珍、刘景春、余亚仙等当选为常务委员或执行委员，形成了以共产党人为核心的区党部。国民党夹沟区党部建立后，其常务委员和执行委员都是国民党员。为把该区党部改造成为中国共产党主导下的区党部，中共组织先后派党员谢箫九、张灿五去夹沟，以县党部特派员的身份指导区党部的工作。之后，宿县县党部中共党团组织又根据朱务平的要求，选派中共党员吴醉松、沈慈之、王香圃、陈粹吾分别到时村、东三辅、古饶、南坪等地，负责发展国民党员，组建区党部或区分部。

农民运动方兴未艾

1924年秋，临涣区成立了农民协会，农民运动开展得有声有色，被喻为安徽的"小广东"。中共党团组织建立后，农民运动开展得更是如火如荼。朱务平、徐凤笑分别担任临涣区农民协会正副委员长。临涣区各地农民协会的规模大小不一，有的不仅跨村、跨集（乡），甚至还跨区。各地农民协会会员人数少则几十，多则数千。农民协会的名称也不统一，有的叫光蛋会、贫农会、雇农会，也有的叫大领会、扒粮会。临涣区农民协会下辖临南、徐楼、小李家、五里营、四里庙、七闸口、萧楼、湖沟涯、童韩等协会。

1925年秋，百善区农民协会成立，共产党员赵西凡、史广敬先后任副委员长。百善区农民协会下辖胡楼、前赵营、后赵营、后李家、百善集、大朱家、满乡、马乡、王桥、五铺等协会。中共百善支部把发动农民、组织农民协会作为中心工作。赵西凡、陈文甫等采取分片包干的办法，组织农协会员同地主、贪官污吏斗争。由10多名党员和20名农协会员组成宣传队，深入到店孜、秦庄、宋庙等村庄，向农民进行反帝反封建宣传。

临涣区农民协会旧址

1926 年 8 月,朱务平从临涣到宿城,担任国民党宿县县党部农民委员会委员及县农民协会秘书。在此期间,濉溪地区的农民运动得到有力推动。1927 年 2 月,在中共江浙区首次代表大会上,朱务平当选为区委农民运动委员会委员。随后,他在宿城主持举办两期农民运动训练班,为发展农民运动培训骨干。

1926 年下半年和 1927 年春,为支援北伐战争,中共濉溪支部积极开展农民运动。1926 年 7 月,成立濉溪区农民协会,张协五任委员长。濉溪区农民协会下辖濉溪东南区、濉溪东北区、刁山股河东、刁山股河西等协会。

濉溪地区农民协会建立后,公开提出"加入农协会,才能不受罪"及"打倒土豪劣绅"等口号,组织广大农民群众开展一系列斗争。

1926 年春,临涣团防局按照宿县政府分配的烟捐款,统计临涣所属的 14 个集中种植鸦片烟苗的地亩,以此计算每亩烟苗应缴纳的烟捐款。调查人员在登记地亩时,大肆收受贿赂,弄虚作假,包庇地主、豪绅及富农,把大部分烟捐转嫁到一般农户身上。为维护广大农民利益,临涣区农民协会组织农民群众开展了抗烟捐斗争,并取得胜利。

1926 年秋,在百善,陈文甫、萧亚珍组织 1000 多名农协会会员召开誓师大会。陈文甫在会上发表演讲,历数封建地主、土豪劣绅和贪官污吏的罪行,提出了"打倒陈猛兽(百善团防局局长陈梦周)、打倒瘦狗岭

（百善团防队队长寿振岭），打倒军阀，打倒贪官污吏，取消苛捐杂税"等口号，狠杀了土豪劣绅的威风。

同年8月，中共临涣独立支部书记朱务平在宿城文庙召开有中共党员和国民党员近80人参加的会议。在会上，做了关于如何开展农民运动的报告，要求积极宣传，发展农协会员，扩大农民协会组织，组织和领导农民同封建势力作斗争。徐楼农民协会把雇农组织起来，要求雇主增加工资，发给草帽、毛巾等用品，雇主被迫答应了全部条件。之后，朱务平、徐凤笑、谢箫九、孙铁民等组织发动临涣四里庙、五里营等村庄的农协会员约300人，强收了大地主袁三的60多亩高粱。又组织赵庙周围各村的农协会员300多人，将袁三寄庄子赵庄仓库的100多石粮食分给贫民。

1927年3月初，童韩农民协会发动农民开展了反对反动势力任意摊派苛捐杂税的斗争，斗争取得胜利，使得广大农民的负担大大减轻。该地区农民协会迅速发展，至当年的3月底，农协会员发展到3000多人，杨柳、孙疃等地的农民都来参加农民协会，形成了以童韩为中心的强大农会组织。

1927年春，临北集董王万林非法摊派烟款，引起农民的强烈不满，徐楼农民协会在徐清汉的领导下，同王万林进行斗争，最终迫使王万林交出非法摊派的烟款。1927年4月，党组织派萧亚珍去夹沟，负责训练农民自卫军；派赵洁民去刁山，负责领导当地的农民运动；派张福廷去南坪小学以教书作掩护，负责发展党员，扩大党组织，开展农民运动。5月上旬，北伐军占领濉溪口后，反动军阀部队溃退到朔里一带。北伐军挺进宿城时，驻守宿城的反动军阀部队望风而逃。为支援北伐军，中共百善支部组织农民自卫军，由陈文甫率领，截击溃败的军阀部队，生俘其连长及其率领的一连士兵。

1927年6月，中共濉溪支部和濉溪区农民协会组织200多名农协会员，在农民自卫军的保护下，强收了濉溪地主周俊哲的麦子。周俊哲派武装前去镇压，反被农民自卫军收缴了武器。中共刁山支部和刁山股河东、股河西农民协会组织发动400多名农协会员，开展了同大地主袁三的清算斗争，将袁三寄庄子惠土楼的2万多斤粮食全部分给农民。

工人运动蓬勃开展

濉溪地区早期的产业工人人数不多，且比较分散。中共党团组织建立以前，工人已有自己的行会，以此来规范和管理各个行业，工人为自身利益有时也自发地进行斗争。中共党团组织建立以后，领导工人由自发的经济斗争为主逐渐转向自觉的、有组织的政治斗争。

1925年"五卅"惨案发生以后，濉溪各地的工人在中共党团组织的领导下，积极支援上海工人的反帝斗争。1926年春，临涣党组织把各业工会负责人召集在一起开会，正式组织成立了临涣工人联合会，陈朝珠任委员长。不久，临涣商民协会也建立起来。在工人联合会和商民协会的领导下，工人开展了要求增加工资、改善待遇的斗争。为培养和教育广大工人、青年，中共临涣特别支部创办了临涣工读社，由刘照吉、刘金山负责，吸收贫苦工农群众和小商贩参加，利用晚上时间，学习文化知识，接受革命思想教育。1926年7月，濉溪镇酒业工会、搬运工会相继成立。

1926年上半年至1927年上半年，中共党员王香圃、梁文焕、赵承科等在烈山地区积极组织开展工人运动。1927年3月，梁文焕等组织发动数千船运工人、煤矿工人，开展联合大罢工，这是濉溪地区中共组织成立以来领导的第一次大罢工斗争。罢工斗争很快得到宿县总工会和濉溪、临涣、古饶各业工会以及古饶、蔡里、宋疃等地农民协会的声援和支持。罢工斗争的胜利对濉溪地区工人运动的发展起着巨大的推动作用。此后，烈山煤矿临时工会、烈山煤矿船运工会和濉河码头搬运工会相继成立，负责人为梁文焕、赵承科、赵培元等。1927年5月，濉溪工人联合会成立，同期，还成立了濉溪镇商民协会。

妇女运动与时俱进

早在五四时期，濉溪就有青年知识女性同男青年一道，走上街头，发表演说，查禁日货，表演新戏，受到人们的赞扬。后来，他们中的一些人发展到自觉地为提高妇女权益，争取妇女切身利益而斗争。女学生邵恩贤、周秉志等走上街头宣传男女平等，动员家长支持女孩上学，并发起演戏募捐，为女校筹款，使许多女孩得以上学，在群众中产生良好反响。

1925年秋，百善区妇女协会成立，负责人赵学兰。1926年3月8日，宿县妇女协会成立，会长先后为杨梦生、黄素秋，邵恩贤、张雅青等8人为委员，有会员100余人。1926年春，临涣区妇女协会成立，负责人邵恩贤。1927年3月，童韩妇女协会成立，周薛氏任委员长。1927年夏，濉溪区妇女协会成立，仲兰亭任委员长，高朗如任副委员长，委员有王兰芬、文淑云、张麟淑。

各地妇女协会成立后，为反帝反封建、争取妇女解放做了很多工作。她们提倡宣传男女平等，反对封建礼教所提倡的"三从四德"；提倡妇女剪短发，反对妇女缠足；提倡婚姻自由，反对父母包办婚姻，反对童养媳等陋习。她们还深入到农户，动员家长送女孩上学，劝青年妇女学文化。在她们的带领下，一些具备一定文化素质的妇女纷纷走出家门，走上社会，积极投入到反帝反封建的斗争中去。社会上妇女剪发、放足的多了，自由恋爱的多了，上学的女孩多了，妇女参加工作和社会活动的多了。

1927年9月，中共党员周秀文、邵恩贤在中共宿县临委书记徐风笑的支持下，在临涣创办女子小学，周秀文任校长。周秀文报考北京大学后，校长职务由邵恩贤接任。女子小学开办之初，仅收7名学生。她们办学认真，在当地的声誉迅速提高，学生逐渐增多。周秀文、邵恩贤等经常向学生传播革命思想，宣传妇女解放的道理。

农协会组织开展抗烟捐斗争

1926年春，临涣团防局组织临涣、任集、商东、商西、韩村、岳集、临北、临南、赵海孜、百善、铁佛、童亭等14集的保长统计种植鸦片烟苗的地亩，依此计算每亩烟苗应缴纳的烟捐款。调查人员收受贿赂，大量减少地主、豪绅及富农实际种植的烟苗地亩，而把绝大部分烟捐转嫁到农民身上，引起广大农民的强烈不满。中共临涣特别支部从维护广大农民利益出发，决定以临涣区农民协会的名义，组织开展抗烟捐斗争。农协会员深入群众做宣传，揭露调查人员统计地亩时收受贿赂、欺上瞒下、弄虚作假、坑害农民的事实真相，坚决要求重新统计烟苗地亩。在农民群众的强烈要求和强大压力下，临涣团防局被迫答应由农民协会负责对烟苗地亩重新调查统计。结果地主、豪绅、富农实际种植烟苗的地亩大幅度增加，农民分摊的烟捐负担大大减轻，比按原先统计的地亩应分摊的烟捐减少 2/3。群众反映说，农民协会能为穷人撑腰，敢于管事，大公无私。抗烟捐斗争取得胜利，提高了农民协会的威信，以后只要农民协会开会，群众踊跃参加。当时的主要领导人是徐风笑，具体组织者是谢箫九、孙铁民。

组织农民斗地主恶霸

1927 年秋，种完麦后，党组织发动群众和袁三算账。袁三的哥哥袁大化曾任新疆巡抚，袁三家是临涣地区最大的官僚恶霸地主。袁三依仗权势，残酷欺压剥削穷人。农民最痛恨两件事，一是袁三买地不要路、沟、河坡，穷人卖地就得吃亏；二是农民卖过地后还得缴"银米"（即纳税），那时每亩地的"银米"是 9 厘银子 7 合米，袁三只缴 5 厘银子 2 合米，还得卖地的人去缴。这件事直接损害农民的利益，农民心中愤懑不平。

党组织洞察了这种情况，不失时机地发动农协会，联系到和袁三有土地买卖关系的农民，召开会议。徐风笑在会上历数袁三剥削压迫农民的事实，号召大家和袁三算账。有一次召开群众大会，参加会议的几百名学生高呼口号："打倒恶霸地主袁三！"大街的标语上面画着袁三的乌龟像，怒不可遏的群众涌向袁三家。袁三闭门不出。又过了 10 多天，几名农协会员和群众 2000 多人、学生 200 多人，在临涣东街上集会。党员、农协会员走在前面，游行群众一路上高呼口号，沿街贴满了标语，浩浩荡荡地拥到袁圩孜外边。袁三见此情景，在炮楼上打了几枪。群众没有见过这样的场面，听到枪声后队伍跑散了。枪声停后，党员和农协会员又在东街召集群众开会，向大家交代明白，要继续同袁三说理，同他斗争到底，群众表示同意。随后，农民协会出面，向国民党宿县县政府告状。

过了半个月，县里派马委员到临涣，找到袁三家，袁三认赈了，说什么都答应，最后决定：（1）根据土地的实际数字过"银米"，以往缴过的"银米"，该退给农民的退给农民；（2）重新丈量土地，路到中心、河到底，坟、沟、坡都得要，量地时要请客；（3）按现在的地价给钱，以往买的照补。袁三不得已把钱全部交给农协会，由农协会分给了农民。

白沙暴动

1928 年 3 月，中共宿县县委决定派朱务平、祝广教去白沙地区，以举办农民夜校的名义，秘密组织农民武装。朱务平、祝广教到白沙之后，即设法取得武器，秘密组织和训练武装人员。经过一个多月的工作，建立了一支农民武装队伍。

4 月上旬，朱务平、祝广教按照与中共皖北特委议定的武装暴动计划，宣布白沙农民武装暴动开始。暴动队伍攻占了白沙团防局，俘虏了团防局局长陈振铎，收缴了团防队的枪支。4 月 9 日，中共皖北特委组织的"四九"起义失败，受此影响，徐海和津浦铁路沿线各县没有按特委的要求同时举行武装起义，白沙暴动武装孤军奋战。再加上队伍组建时间短，缺乏战斗经验，武器装备较差，在反动军警的反复"围剿"之下，白沙暴动最终失败。

胡楼、徐楼、叶刘湖暴动

1930 年 7 月，在临涣、百善地区爆发了农民武装暴动。

1930 年 6 月 11 日，召开中共中央政治局会议，通过了李立三拟定的以武汉为中心的全国中心城市起义和集中全国红军攻打中心城市的冒险计划。随后，成立了实施这个计划的从中央到地方的各级行动委员会。

6 月 13 日，为贯彻执行中央政治局会议决议精神，中共江苏省委向各地党组织发出第二十三号通告。通告指出，江苏党的紧迫任务是组织广大群众的政治斗争，以掀起革命高潮。要求沪宁、津浦、陇海沿线的党组织，在中心城市必须坚决组织产业工人大罢工，在农村要组织地方暴动，占领城市，建立苏维埃政府。中共徐海蚌特委依照中共江苏省委的指示，在徐州组织两路（津浦铁路、陇海铁路）同盟罢工，在各县组织农民暴动，发动游击战争。

6月中下旬，中共江苏省委先后派遣中共江苏省委军委委员李××（时称李军委）、赵雪民、徐怀云到徐海蚌地区，负责指导各县的武装暴动和组建红军工作。

7月初，中共徐海蚌特委根据中共江苏省委指示精神，决定在农民暴动的基础上组建中国工农红军第十五军，军长陈资平。其中，以百善、临涣、濉溪、古饶一带的农民武装为第三师。同期，中共徐海蚌特委、中共宿县县委改为土地革命行动委员会，成为党、团、工会合一的军事化组织，以适应武装暴动的需要。中共临涣、百善、古饶区委改为区土地革命行动委员会。

7月初，宿县行委派丁禹畴陪同省军委委员李军委来到百善西南的胡楼，与当地党的负责人陈钦盘、陈文甫、赵建五、赵西凡等人联系，先后在胡楼和前赵营等地多次召开党员会议，深入基层党支部进行调查研究，研究举行暴动的有关问题，并制定了反军阀战争、没收地主土地、建立红军和成立苏维埃政府的行动纲领。

李军委在百善地区经过几天的紧张工作后，又到临涣、徐楼等地召开各级会议，研究组织农民武装和举行武装暴动等问题。会议决定由孙铁民、吴延瑞等负责印发传单、张贴标语，做好群众的思想发动工作。

7月6日，百善团防局派七八名团防队员到胡楼催缴烟款。组织暴动的陈钦盘等人认为时机已到，当即组织群众，将团防队员全部捆绑起来。为避免走漏消息，李军委决定提前举行武装暴动。他一面派人把百善各地的农民武装集中到胡楼，一面派人通知临涣各地的农民武装也迅速集合起来。同时，他还把提前举行武装暴动的决定通知宿县行委，要求宿东各地的武装暴动提前到7月7日举行。

7月7日晨，胡楼、前赵营、后赵营、阎庙、后李家、土营、马乡、满乡、史庄等地的农民武装 300 多人集中到胡楼，有枪 100 多支。李军委宣布，将百善区农民武装改组为中国工农红军第十五军第三师第一团第一营，陈钦盘任政委，王秉仁任营长。他们打着红一团的大旗，在李军委和陈钦盘等率领下，向百善挺进，准备采用突然袭击和里应外合战术，一举攻克国民党百善区公所和团防局。途经陈老家时，又逮捕了 4 个下乡催烟款的团防队员。天近中午，开始攻打国民党百善区公所和团防局，不料敌人已有准备，以致久攻未克。根据当时的形势，李军委指挥部队主动撤退，傍晚抵达徐楼，与徐清汉、张怀善等组织的农民武装会合，并在徐楼宿营。当夜，李军委在徐楼主持召开百善区、临涣区行委负责人会议，研究下一步行动方案。会议决定次日天亮之前暴动武装向叶刘湖转移，同时通知百善区、临涣区尚未集中的农民武装到叶刘湖会合，然后再以优势兵力夺取百善、临涣，占领广大农村，建立苏维埃政权。

7 月 8 日拂晓，李军委将全部农民武装集合起来，宣布临涣区农民武装为红十五军第三师第一团第二营，徐清汉任政委，张怀善任营长。天亮后不久，李军委即率队抵达叶刘湖，并与陈志岩、张华坤组织的农民武装会合。上午 9 时许，国民党百善区团防局局长率部将叶刘湖团团包围，李军委、陈钦盘立即命令暴动武装占据炮楼和圩寨，迎击来犯之敌。由于暴动武装占据有利地形，再加上其英勇抵抗，敌军始终未能攻进圩寨。敌军增援部队越来越多，攻势越来越猛，刚组建的红军作战虽然很勇敢，但缺乏军事训练，没有作战经验，且弹药得不到补充，李军委、陈钦盘等人感到如果继续孤军作战，有被敌人"消灭"的危险。于是，当即召开负责人会议，决定夜间分头突围。在突围时，队伍被打散，暴动最终失败。

胡楼、徐楼、叶刘湖暴动失败后，国民党宿县当局继续搜捕和镇压，许多中共党团员遭到通缉，有的被捕，有的被杀害，还有部分党团员被迫外出隐蔽，中共濉溪地方组织一度处于瘫痪和半瘫痪状态，群团组织被迫停止活动，部分党员坚持秘密斗争至 1933 年。

胡楼、徐楼、叶刘湖暴动有力地打击了国民党反动派，体现了共产党人大无畏的革命精神。

党组织在"白色恐怖"下隐蔽坚持斗争

1932 年农民武装暴动的失败，使中共濉溪地方组织受到严重破坏。任训常、戴晓东等不少党组织领导人在组织暴动时有的在战斗中牺牲，有的被杀害，有的被捕入狱。由于农民暴动暴露了共产党组织，使各地党组织迭遭破坏。

1932 年 8 月，中共宿县县委书记任训常在领导古饶抗烟捐暴动中牺牲以后，由戴晓东代理县委书记。戴晓东被捕后，9 月，孙达之任书记，王香圃、赵干、盛税堂任委员。孙达之到任后，传达了中央"隐蔽精干、长期埋伏、积蓄力量、等待时机"的十六字方针，提出今后的任务是做艰苦细致的整顿工作，严格党的保密制度，不要发生横向联系等。

8 月，古饶抗烟捐暴动失败后，中共古饶区委遭到严重破坏，许多党员外出隐蔽。孙达之接任县委书记后，及时恢复了中共南楼、雷圩等支部，书记分别为赵培元、雷良振。中共南楼、雷圩等支部坚持活动到 1933 年 5 月。

8 月底，中共长淮特委军委书记刘平（刘小平）到南京投敌叛变，将他所掌握的长淮特委机关和 176 名中共党员名册及他们的住址密告国民党中央党部。刘平带领国民党宪兵司令部军警在蚌埠、临淮关、凤阳、怀远大肆搜捕共产党人。特委及下属组织遭到严重破坏。10 月 6 日，特委书记朱务平在门台子车站被国民党蚌埠特区长淮清共小组的特务逮捕。10 月 11 日，朱务平被押送到南京国民党宪兵司令部拘留所关押。在狱中他坚贞不屈，视死如归。12 月 1 日，朱务平在南京雨花台英勇就义。

1932 年 8 月，国民党中央组织部调查科（中统局的前身）派易鹤到蚌埠设立特务机关，对徐海蚌地区的中共组织进行破坏活动。9 月，中共江苏省委派万金培、匡亚明到徐州，改组中共徐州特委，万金培任特委书记，委员有孙叔平、匡亚明、孔子寿，陈履真改为省委巡视员。由于叛徒陈资平、陈亨洲、秦雅芳等出卖，陈履真、万金培于 10 月被国民党警察逮捕。为了坚持在"白色恐怖"下的斗争，中共徐州特委书记由孙叔平继任，冷启英、周斌为委员。同时，特委采取一些紧急措施（如改变接头地点和方法、特委转移、通告各县加强注意等），使党组织没有继续遭受破坏。不久，特委工作又正常开展起来。1933年春，中共徐州特委和中共江苏省委恢复了联系，由孙叔平去上海汇报工作。由于孙叔平的身份已暴露，不便在徐州继续工作，省委研究决定将他调往上海，由冷启英、孔子寿、周斌组成新的徐州特委，冷启英任书记。孙叔平回徐州传达了省委的决定后，准备返回上海，但由于当时形势恶化，徐州特委和省委的联系再次中断，他只好留在徐州和特委一起战斗。

在徐州特委遭敌破坏期间，国民党军警经常在宿县全县进行大搜捕，中共宿县县委转移到农村隐蔽活动。

1933年5月，国民党为了进一步破坏徐州中共组织，将特务组织徐海蚌特别行动区由蚌埠迁到徐州，傅谦之任区长。同时，在各县设立特务室（又称调查室），对徐州特委及其所属各地的中共党团组织展开了全面的破坏活动。国民党特务组织从上海寄往徐州公园巷"徐丁山"（中共地下组织的代名）的书刊、信件中发现蛛丝马迹，并进行跟踪、侦察，先后逮捕了中共江苏省委巡视员孙叔平，中共徐州特委书记冷启英，特委委员周斌、孔子寿等人，中共徐州特委被彻底破坏。与此同时，国民党特务组织利用叛徒跟踪逮捕了共青团徐州特委负责人练育才，接着又逮捕了共青团徐州特委委员高硕仁、张桐等人。敌人的酷刑、威逼和利诱只能使软弱者屈膝，在真正的共产党员的浩然正气面前只能是枉费心机。在去刑场的路上，仍不死心的敌人向周斌提出更具诱惑力的条件："只要你转过脸来，就算你投降，我们立刻放你。"周斌却把头昂得更高，并大声说道："怕死就不当共产党员！"穷凶极恶的敌人将他杀害于徐州故黄河滩。由于练育才的出卖，中共宿县县委书记孙达之在宿城东关被捕。敌人知道孙达之的身份和价值，想从他口中得到中共组织的秘密，便叫两个叛徒前去劝降。叛徒的话未说完，就被孙达之厉声喝住："废话少说，我生为党员，死为党鬼。宁愿断头流血，不做敌人鹰犬！"10月，孙达之英勇就义于徐州故黄河滩。

中共徐州特委遭到破坏后，中共烈山煤矿特支与上级党组织失去联系，年底，停止了组织活动。

中共宿县县委书记孙达之被国民党宿县政府逮捕后，县委委员王香圃、赵干曾多次去徐州、上海寻找中共徐州特委和中共江苏省委，但均无结果。这种状况一直到1938年与党组织接上关系后才结束。

中共宿县县委被宿县国民党政府破坏以后，中共徐楼、七闸口、胡楼、马乡支部即失去与上级党组织的联系，只有少数党员零星隐蔽活动，直到1938年。

中共戴圩孜支部、戴圩孜支部农民识字班旧址

在国民党反动派的疯狂破坏和残酷镇压下，各地中共党团组织被破坏，但隐蔽下来的共产党员、共青团员并没有丧失信心和斗志。他们在与党团组织失去联系的情况下，继续以个人独立活动或少数人分散隐蔽活动的形式，尽一切可能在艰险的环境中为革命保存力量多做工作。

中共宿县县委被破坏后，共产党员史广敬以卖油条当小贩作掩护，秘密为党工作。在此期间，原在徐州特委工作的徐××、周××到宿城与他接上关系。1934年，史广敬还亲自到徐楼、七闸口、胡楼、马乡、满乡等地，与徐楼的徐清海、徐从吉，胡楼的阎正举，七闸口的刘允武，马乡的马广才和满乡的满安臣、满时生、满时光等联系，秘密开展工作。他还派原中共濉溪中心区委的党员李大生（化名）、中共符离支部的张本瑞到吕庄，找到原中共古饶区委书记赵敬止，研究并开展秘密活动。

1934 年春，在与上级党组织失去联系的情况下，为了保存党的骨干力量和便于从事革命活动，共产党员李时庄、周从裕、杨履坤、李家启等在戴圩孜、李桥孜等地义务举办农民识字班，作为职业掩护。他们自编课本，教育团结群众，积蓄革命力量。

1934 年夏，国民党特务陶石安在叛徒朱学礼的带领下，来濉溪准备逮捕李时庄。李时庄闻讯后，遂到萧县张葛庄亲戚家隐蔽。与党组织失去联系的赵西凡，一直在本地和上海寻找党组织，时间长达 4 年。

1934 年 10 月，察哈尔民众抗日同盟军失败。参加抗日同盟军的共产党员韩庄、王洁清均失去与党组织的联系。1935 年 2 月，他们为了寻找党组织，先后回到家乡古饶。由于宿县国民党政府实行"白色恐怖"政策，地方民团到处搜捕共产党员，他们再次离开家乡，去天津寻找党组织。5 月，由于叛徒出卖，在天津被捕入狱。在狱中，他们联络在押的中共党员，成立了狱中党支部，组织开展绝食斗争。

参加抗日同盟军的赵汇川，在平定堡战斗中负重伤，失去与党组织的联系，经辗转治疗，回到家乡杨柳养伤。伤愈后先后在孙瞳小学和宿县县城平等小学，以教书作掩护，在师生中进行抗日宣传活动。1936 年暑假，曾去南京寻找党组织，但无结果。

1935 年 2 月，以郭子化为书记的中共苏鲁边区临时特委成立，特委以"职业掩护，站稳脚跟，积蓄力量，以待时机"为工作方针，隐蔽恢复和发展党组织，后来发展到苏鲁豫皖边区 20 多个县、市，亦改名为中共苏鲁豫皖边区特委。萧县共产党员路继先（路少棠）接上组织关系后，按照特委的指示，积极恢复发展萧县党组织。1936 年秋，建立了中共路套区委。

1935 年春，原中共宿县县委委员、因抗烟捐暴动被捕后一直未暴露身份的戴晓东获释出狱，住宿县陈凤阳家，一直寻找党组织，待机活动。

1935 年，中共党员李松圃、李恒心在失去与上级党组织联系的情况下，在双堆集以教书为职业掩护，继续从事革命活动。

1936 年春，与党组织失去联系 5 年之久的原中共宿县县委书记徐风笑从上海回到家乡，与刘之武、赵西凡、陈文甫和徐楼等地的共产党员取得联系，以教书作掩护，秘密开展革命活动。他们共同创办共学处，推动平民识字运动，组织和动员群众进行革命斗争。

1936 年 12 月，西安事变的和平解决，成为时局转换的枢纽。自此以后，内战在事实上大体停止下来，国共两党关系开始改善。历史的潮流正不可逆转地向着实行团结抗日、共御外侮的阶段发展。1937 年上半年，按照国共两党谈判条件中关于释放一切政治犯的要求，被关押在国民党狱中的共产党人陆续获释出狱。中共党员孔子寿、赵一鸣、李忠道（李砥平）等陆续获释出狱。他们与中共党员赵汇川、王香圃、李时庄等一起在各地发动群众，酝酿建立抗日救亡组织，积极开展革命活动。

从 1932 年农民武装暴动失败到抗日战争前夕，是濉溪各地党组织在极端困难的条件下坚持斗争的重要时期。面对艰难险恶的环境，以实现共产主义为最终目标的党的优秀分子，坚持斗争，沉着应对，保存、积蓄革命力量，度过最黑暗的时刻，迎来了曙光，以坚定的步伐迈向抗日战争的新时期。

界沟集伏击日军

1938 年 5 月初，在台儿庄堵击日军的战役胜利结束后，奉命西撤的国民党军四十八军的一个营，于 5 月 12 日拂晓，途经界沟集休息。此时，一股日军正沿津浦铁路西侧北上，似有与北路南下日军会师陇海，夺取徐州之势。上午 9 时许，百余日军步兵，4 辆坦克，进入界沟集，在集北头休息。国民党军在界沟集北郊进入临时工事等候阻击。当日军行进至国民党部队前沿百米时，国民党部队枪、炮齐射，日军 20 余人被当场击毙，战斗十分激烈。后续日军占据西桥村、任大庄，用炮火轰击国民党军队。时有日军飞机助战，俯冲射击，掩护日军进攻。国民党军队接连打退日军的 3 次攻击。战斗相持至下午 4 时，双方均撤离阵地，战斗结束。

激战罗集

1938 年 6 月 25 日，国民党五十一军于学忠部某团，从徐州抗日前线撤退，驻扎在罗集和罗集东边的余庄、化庄、张庄。

26 日傍晚，日军 200 多人和 3 辆汽车从蚌埠经双桥向西北进犯，沿途烧杀抢掠，百姓闻风而逃。当日军行至罗集南五六里处，于学忠部某团三营首先发现敌军，立即命令全营做好战斗准备。命令住罗集南园的二连埋伏在罗集南头芦苇丛中，命令驻罗集南大寺的三连埋伏纵侧。当日军行至罗集南头二连阵地时，埋伏在芦苇丛中的战士猛烈冲击，给敌迎头痛击。日军刚想回头布防，纵侧的三连拦腰截击，战斗异常激烈。群众也用看家的土火炮助战，土火炮击中日军的汽车，日军惊慌失措，四处逃散。

这次战斗，毙伤日军近百人，击毁卡车 1 辆。

日军吃了大亏，妄图报复。6 月 27 日，天刚拂晓，日军以数辆卡车、千余步兵，把罗集团团围住，集中炮火猛烈攻击，罗集变成了火海。日军在其炮火掩护下，攻入集内，三营王营长带领全营战士，靠残垣断壁与日军拼杀，双方展开激烈的肉搏战。而驻在罗集外围的其他国民党军竟不顾同部的危亡，弃阵而逃，致使三营孤军作战，因寡不敌众，全军覆没。

长丰庄遭遇战

1938 年 7 月，配有汽车、大炮、坦克和轻、重机枪的日军 200 余人，在西南涡阳抢劫老百姓的财物后，企图窜往宿县。当日军行至临涣集西南长丰庄时，适逢大雨滂沱，日军只能在泥泞的道路上，慢慢地行进着。

农民抗日军（又称红杆子会）的头领孙凤朝，带领 20 余人，从临涣到青疃去，行至长丰庄西头岔路口处，与这股日军的先头部队相遇，便与日军展开了肉搏战。20 多名勇士杂于日军之间，蹿、蹦、跳、跃，刺前扎后，指左杀右，奋勇拼杀，先后杀死日军 30 多人。

后队的日军因大雨不停，青纱帐遮挡，不明前面的情况，便朝着前方胡乱放炮，轻、重机枪一齐怪叫，形势十分不妙。孙凤朝见此情况，即令战士撤离战场向南跑去。刚穿过一片高粱地，发现右侧秃尾巴沟旁有机枪向他们扫射，孙凤朝让其他战士隐蔽卧倒，独自一人左手擎刀，右手持刚从日军手中缴获的短枪，向这个机枪阵地绕去。当他接近机枪阵地时，豁地举刀跳出，几个日军被他突如其来的举动吓蒙了。孙凤朝手起刀落，将日军的机枪射手砍死。"砰！砰！砰！"一连几枪又把周围的几个日军打死，扛着机枪筒子，带领其他战士向西撤去。

联庄会打击日军

四铺一带的农民于沦陷前夕成立了联庄会，鸣号为令，防范来犯之敌。

1938 年 7 月 13 日上午，四铺乡秦楼村农民正在地里劳动，3 个日军骑马到廖家、梅家一带，胡作非为。3 个日军刚过陈庄，发现前边有两位妇女，其中两个日军策马狂追。这两位妇女原系姑嫂二人，当她们发现日军后追时，便拼命向前奔跑。因嫂怀孕，跑到廖家西头，将被追及。坚贞的姑嫂，恐受其辱，先后投坑自杀。另一个日军向大梅家跑去，该村早有准备，看日军到来，便派老人带礼品迎接，日军看到村民送好吃的，便高兴地向村里走去，企图侮辱村里妇女。送吃的是蒋纯甫老人。他看到这种情况，便指引日军向埋伏好的院子走去。日军刚进院门，埋伏在院子里的蔡功振、蒋澄清、侯凤伍等人，举枪射击，一枪打中日军的肩头。日军受伤转身逃跑，被侯凤伍追上，将日军摔倒，二人展开搏斗。这时蒋澄清赶到，对准日军的头颅，一枪毙命。

在廖庄作恶的两个日军听见枪声，不知情况，便骑马逃命。该村农民见日军逃窜，便持枪追赶，枪声齐鸣，因骑马目标大，日军便下马逃跑。阴雨刚过，道路泥泞，日军穿着皮鞋跑不动，逃跑到张老庄南湖被打死 1个。最后 1 个日军士兵向南逃去，恰巧前面横着一条河，河宽水深，无法泅渡，只得束手待毙。

豫皖苏边抗日根据地的开辟

1938 年 9 月 2 日，中共中央长江局领导人周恩来、叶剑英指示中共河南省委，要把工作重点移向豫东，创造苏鲁豫皖新局面。9 月 30 日，彭雪枫奉命率领新四军游击支队 370 余人东进敌后，10 月 11 日，在西华县杜岗与吴芝圃领导的豫东抗日游击第三支队和萧望东率领的先遣大队会师整编，彭雪枫任司令员兼政委，吴芝圃任副司令员，张震任参谋长，萧望东任政治部主任。部队积极打击敌伪武装，点燃了豫东人民的抗日烽火。

向豫皖苏边敌后挺进的游击队准备渡河

1939 年初，部队在地方党组织、广大人民群众以及八路军南下部队的支援与配合下，转战永、涡、萧、宿等地，主动打击日伪军和杂八队，打开了豫皖苏边抗日斗争的新局面。6 月，彭雪枫率主力进军淮上，开辟了宿县、蒙城、怀远、凤台地区，打击了日伪顽军，发展了人民抗日力量。1939 年底，中共领导的萧县和宿县地方武装整编为新四军游击支队第三总队。新四军游击支队发展到 1.7 万余人。同年 11 月，新四军军部指示，新四军游击支队改为新四军第六支队（1940 年 2 月，番号正式下达公布）。

12 月 25 日，新四军第六支队第一总队在李石林西边的枣园伏击敌人步骑炮兵 1000 多人，消灭敌人 50 多名，新四军伤亡 40 余名。经过数小时激烈战斗，敌人向濉溪口、瓦子口方向撤退。

1939 年底至 1940 年春，日伪军不断对豫皖苏边区抗日根据地进行"扫荡"，企图摧毁根据地，扩大伪化区。

1940 年春，敌人集中徐州、永城、临涣、丰县、黄口、砀山、宿县等地的步骑炮兵 2000 多人，分五路向萧永地区进犯。新四军第六支队所属部队在地方抗日武装配合下，坚决反击。3月24日，先后打击了张大屯、王白楼、李石林的敌人，袭击了黄口车站。3月28日，一总队参谋长许遇之率领两个连伏击了从砀山至永城的日军，击毙敌联队队长佐野以下官兵60余人。第一总队又配合兄弟部队，袭击敌军占领的烈山煤矿，摧毁了火药库，破坏了交通运输要道。从3月16日至月底，共歼灭敌人数百名。

为了挽回败局，4月1日，日伪军集中3000多人、汽车30多辆，兵分四路向山城集地区分进合击。新四军第六支队一总队、三总队，萧县抗敌总队在山城集附近阻击敌人。从上午10时激战到下午4时，新四军各部队冲出重围。13日，新四军相继攻克祖老楼据点，日伪军撤退。在"四一"李黑楼突围战中，新四军第六支队第一总队队长鲁雨亭英勇牺牲。此役消灭日伪军400余人，新四军牺牲134人，伤90余人，取得反"扫荡"的重大胜利。

八路军南下进军豫皖苏边区

2月19日，新四军第六支队一部夜袭临涣集日伪军，焚毁炮楼2座，击毙伪维持会会长以下50余名，击伤数十名。3月12日，支队二团又夜袭百善集，歼日伪军数十名，新四军无一伤亡。

3月17日上午，国民党军第五十一军一部，由陇海路北南下，途经宿县附近，与日军遭遇。该部经过新四军第六支队八团驻地附近向南转移，向新四军请求支援。八团副团长陈文甫率部驻孙疃西北王浅孜、柳树湾。为了掩护友军撤退，抗击日军，八团布防阻击日军。经过10多个小时激

反"扫荡"中的瞭望哨

战，击毁日军汽车数辆，毙伤日军数十名。副团长陈文甫、副营长张锡凡等30余名指战员牺牲。

在新四军游击支队东进敌后的同时，八路军一一五师三四三旅六八五团在彭明治等率领下，于1938年12月到达山东微山湖西地区，随后与湖西抗日义勇队合编为苏鲁豫支队。1939年3月，该支队由丰（县）、沛（县）地区越过陇海路南下，在萧县、宿县地区与新四军游击支队会合，共同开辟豫皖苏边区抗日根据地。

6月1日至4日，日军在萧县东南的张山、勘沟一带"扫荡"，向八路军进攻。苏鲁豫支队英勇阻击，先后消灭日军600多人，打退了敌人的猖狂进攻。后来，支队分兵进军陇海路北、皖东北和豫东地区，与当地党组织及抗日武装共同开辟抗日根据地。

1939年6月，苏鲁豫支队独立营长途奔袭濉溪口西南的周圩子伪据点。他们四面突击，放火烧敌人的炮楼。经过战斗，拔除了敌人的据点，全歼100多名伪军。

7月27日，日伪军150多人由濉溪口向后吕楼、朱寨等地进犯。苏鲁豫支队第七大队一营采取诱敌深入的办法，在沈洼、后吕楼一带向敌人袭击，击毙日伪军30多名，伤30多名。

1939年底至1940年初，国民党发动的第一次反共高潮被打退之后，将介石把反共的主要矛头从华北移向华中。为了贯彻巩固华北、发展华中、争夺中原的战略方针，中共中央和毛泽东命令八路军一部南下，协助彭雪枫创立根据地。①

————————

① 中共淮北市委党史研究室：《中国共产党淮北地方史》第一卷，第135、136页，中共党史出版社2004年版。

1940 年 7 月，八路军南下部队与新四军第六支队合编为第十八集团军第四纵队。后来，第四纵队整编为四、五、六共 3 个旅。由永城地方武装改编的新四军游击支队一总队，再次改编为六旅十七团，刘子仁任团长，蔡永任政委。原"萧支"改编的新四军游击支队三总队七团，再次改编为六旅十八团，吴信容任团长，方中铎任政委。11 月，又将原属新四军六支队领导的萧县抗敌总队调往淮上编入第四纵队特务团。原总队长耿蕴斋调任豫皖苏边区保安司令部司令员，由吴芝圃兼政委，黄思沛任参谋长，刘作孚任政治部主任，领导豫皖苏边区各县地方武装开展抗日反顽斗争。

三汊沟伏击战

1939 年，伪军五十八团盘踞在芦沟集。他们在这里挖坪壕，筑土城，企图长期驻扎。新四军想拔去这个据点，但由于据点沟深、墙高，不易攻打。于是，想出一个诱敌出巢的办法。一天，新四军二十七团某营一连100 余人，配合罗集区队 30 余人，活动在芦沟以西的几个村庄，扬言去打界沟的伪军据点。

当日上午，伪团部得知消息，派出几个侦察兵，到新四军驻地附近暗探。此时，新四军哨兵有意鸣枪把伪军惊回。伪团长张天伦了解情况后，即派第三营营长蓝和带领一个机枪连 80 余人，向西出击企图牵制新四军去攻打界沟。

伪军行至刘庙后的三汊沟口，已进入新四军一连伏击圈。连长一声令下，骑、步兵勇猛地向伪军冲杀，伪营长蓝和见陷入新四军包围，便令机枪掩护撤退。但新四军枪弹密集，封锁了伪军的退路。伪军拼死顽抗，新四军二排排长宋得仁跃入三汊沟内，与敌机枪阵地接近，随后扔出一枚手榴弹，炸伤几个伪军，伪军机枪成了哑巴。宋排长动作神速，乘机夺取机枪扫向敌群。伪军一时慌乱，溃散逃跑。伪营长持枪负隅顽抗，被新四军骑兵砍伤了头颅，做了俘虏。

战斗 30 分钟结束。击毙伪军 7 人，生俘 14 人，击毙伪军二排排长王金荣，俘虏伪营长蓝和，缴获机枪 1 挺，长、短枪 16 支，子弹 480 余发。

八里庙奇袭日军

1939 年 7 月 24 日上午，驻扎南坪的日军沿南（坪）陈（集）路线由北向南进行"扫荡"。途至西八里庙前石桥，有 4 名日军因天气炎热，放下钢炮，到于沟中洗澡。遂被当地游击队的暗哨蒋邦发觉。蒋邦即告知游击队另一暗哨潘铁保。二人计议后，乘日军大部队稍微走远，各执步枪一支，绕到靠沟的高粱地里，瞄准目标齐发两枪，2 名日军应声倒下。余下 2 名日军慌忙爬出水面，躲闪不及，又被击毙一人。剩下一人连滚带爬径向南坪集拼命逃窜。蒋邦和潘铁保见追赶不及，为免遭不幸，二人抬起小钢炮兴冲冲地返回驻地。

驻扎南坪的日军遭到游击队的袭击十分恼火，总不死心，重组武装三四十人，配汽车一辆，于 7 月 28 日出动扫荡，妄图消灭游击队。汽车开到西八里庙前石桥时，正值中午，炎热异常。狂妄的日军车一停，便把枪架在汽车上，一窝蜂似的跳下车，跑去庙内乘凉。早有准备的游击队队长马立芹，立即组织 15 人的战斗队，从高粱地迂回过去，监视日军动向。另派肖凤林速去双堆联系马庆文抗日游击队前来支援。

太阳稍略偏西，马庆文的游击队还未到达。见日军有走的动向，游击队员蒋邦认为机不可失，一跃而起，端起枪向日军冲去，不幸被日哨发现，中弹身亡。神枪手苏二连发两枪打死 2 名日军。接着在机枪掩护下，申后温又冲上去，可是日军火力凶猛。激战一个多小时，日军窥见游击队人数越来越多，便乘车逃之夭夭。

八里庙袭击战，共击毙日军 5 人，击伤日军数人，大灭日军的威风，大涨抗日游击队的士气。从此，日军再也不敢轻易外出扫荡，胡作非为。

夜袭南坪集日军据点

1939 年 12 月 5 日，新四军四师独立第七支队在瓦铺集召开夜袭南坪日军据点会议。

会后，挑选 40 名班排干部组成一支坚强有力的小分队，由营长张长荣率领。晚上 7 时支队同志出发，10 时到达南坪集南一里小胡庄。根据侦察摸来的敌情，为防止驻扎浍河北岸袁圩子的日军增援，首先派出周维鼎、吴树起二位同志前去焚烧浍河木桥，战斗行动以火光为号。

主攻队伍在向导带引下，迅速摸进日军驻地，见河下火光起来，即投入战斗。睡梦中的日军被突然的炮火打得措手不及，晕头转向，激战约 40 分钟，战斗结束。共击毙日军 2 名，打伤日军数名，缴获长、短枪 10 余支，烧毁日军部分住房。

当晚返回瓦铺集，次日支队召开庆功授奖大会。

南坪集枪杀小野

1940 年 2 月 15 日上午，南坪逢集。赶集的人熙熙攘攘，来往不绝。抗日游击队员马玉清、罗学义暗带手枪，以农民打扮到南坪集街中心，巧遇日军小队长小野只身在街上游逛。小野随意拿商店、摊贩的物品，不给分文，无人敢出声。马玉清、罗学义见日军欺人太甚，心中十分义愤，紧紧尾随其后，准备治治小野。小野走进卖包子的棚里，马、罗二人也走进包子棚里买包子。待小野吃包子时，马、罗二人互递眼色，一人坐下监视小野，一人去端包子。马玉清迅即绕到小野背后，对准小野头部就是一枪，小野立刻倒下。罗学义唯恐小野不死，又补了一枪，并顺手摘下小野身上的枪弹。为防止日军追赶，马玉清对空连放两枪，于是集市大乱，人们纷纷走散。马、罗二人安全离开南坪集。

临涣夜袭战

临涣西小圩子为捻军将领刘天福所建，周长 600 米，墙高 5 米，用砖砌成，每 2 米筑一个垛口，上口宽 2.5 米，下口宽 3 米，高 2.3 米，和砖镶边，内填泥土。圩子东南角和西南角各建 10 米高的炮楼一座，圩外有圩壕，上口宽约 5 米，深约 4 米，终年水深 2 米许，门口设有木制吊桥。

日军侵占临涣后，以此为统治临涣人民的据点。

1940 年 2 月，新四军第六支队二团二营奉命袭击临涣集日伪据点。

临涣据点日军有一个小队三四十人，驻扎在一个坚固而又有防御工事的圩子里，伪军有四五十人，分 3 个地点驻扎在街上，区公所驻有一个伪军班，靠日军的工事最近。二营的作战方案是：六连从南门进攻，迅速包围日军营房；四连从北门突入，歼灭散居街上的伪军；五连做预备队，并担任警戒。

临涣夜袭战旧址

这天夜里，部队顺利到达指定进攻地点。杨森奎营长指挥全局，二营四连由教导员刘瑞方带领，埋伏在北门。四连的动作迅速敏捷，连长带着突击班摸掉敌人岗哨，随后全连突入圩内，各排分别执行歼敌任务。一排以迅雷不及掩耳之势，将一个班的伪军堵在屋内，一枪未发，将其全部俘虏。

从南门进攻的六连，动作稍慢，被敌人哨兵发现打了枪。随后，日军的营房也响起了枪声。战斗随即展开。经激烈战斗，敌人溃退，从西门越墙而逃。

临涣夜袭战，破坏铁丝网数层，焚毁炮楼 2 座、门楼 3 座，击毙维持会会长以下敌人 50 余名，击伤数十名。

拔掉罗集伪据点

1939 年，罗集被伪十五师五十七团张文象部盘踞。地主恶霸陶兴汉当上维持会会长。这个汉奸在地方为非作歹，拉夫抢粮，修筑圩壕，害得百姓叫苦连天。

1940 年 4 月，宿西王峙宇领导的农民抗日自卫队六支队 400 余人，决心拔掉罗集伪据点。罗集驻有伪军葛仲之的一个中队。葛仲之在罗集一带罪恶累累，罄竹难书。他们明为日本效劳，充当汉奸，暗受国民党"别动队"委任为司令。为消灭葛仲之部，拔掉罗集伪据点，六支队部和党支部研究决定，利用地方进步人士陶兆灼、陶奎廷的关系，做伪军内部陶兆山、熊俊岭的工作，并约定夜晚 0 时，对天鸣枪为号，里应外合，夺取全胜。出发时，支队做了战斗动员部署：二中队队长潘成杰攻集南；三中队队长王志利攻集西；四中队队长张子才攻集东；一中队队长王立雨为突击队攻集北，最后在伪军中队部会合。晚 9 时，部队出发；11 时，包围了罗集；12 时，支队长王峙宇对天鸣枪 3 响。这时，伪军内应陶兆山、熊俊岭听见信号枪声，首先打死了守卫北门的两个岗哨，打开寨门，放下吊桥，突击队迅速占领了北门，并向伪军中队部运动，很快包围了伪军中队部。东、南、西三面的队伍迅速冲进集内，向伪中队部靠拢。突击队进入伪中队部院内，看到伪军还在睡觉，战士们高喊："缴枪不杀！"伪军乖乖当了俘虏。"别动队"司令葛仲之负隅顽抗，被当场击毙。这次战斗仅用 30 分钟俘敌百余人枪。六支队一人未伤，大获全胜。

王六孜阻击战

1939 年初，新四军游击支队在地方党组织、广大人民群众以及八路军南下部队的支援与配合下，转战永、涡、萧、宿等地，主动打击日伪军和杂八队，打开了豫皖苏边抗日斗争的新局面。到 1939 年底，豫皖苏边区抗日根据地初具规模。

1940年2月，新四军游击支队改番号为新四军第六支队。1940年春，第六支队驻扎在涡阳新兴集一带。日伪军为了摧毁根据地，扩大伪化区，保护津浦和陇海铁路交通动脉的安全，不断对豫皖苏边区抗日根据地进行"扫荡"。

王六孜庄（今濉溪县铁佛镇南部）被浍河东、北两面环绕，浍河水面宽约80米，庄前有两条四五米深的大沟，系两道天然防线，堤上茂密的大树易于隐蔽，地形非常有利。第六支队二团团长滕海清奉命驻守王六孜。

1940年4月的一天傍晚，侦察兵郭金平来团部报告：明天下午徐州日军乘8辆汽车，200余人，要在次日拂晓向王六孜进犯。团长滕海清立即召开紧急会议，进行战斗部署：一营潜伏在秦庄后面的张沟，负责正面阻击；二营从王六孜出发，连夜东渡浍河，经岳沟涯、孙井孜、杨庄包围日军的汽车，随后将岳集桥扒掉，切断日军退路；三营经尹湖、乙寨，走谢桥，涉浍水，在张楼打击临涣增援之敌。

王六孜阻击战旧址

黎明前夕，敌人的迫击炮开始向王六孜轰击。一营战士同仇敌忾，利用有利地形，一次次打退敌人的进攻，敌人伤亡很大，发急电求援，战斗持续了两个小时。9时，拉着300多名日军和300多名伪军的10辆汽车从濉溪口开来，刚到孟楼，即遭二营战士阻击。激战持续了1个多小时，因敌我力量悬殊，二营且战且向丰庄撤退。

上午 10 时，永城又来 300 多名日军骑兵。11 时，从石弓方向的八里庄又开来 8 辆汽车，200 多名日军，均遭到二团警卫连和驻在浍北姬楼的教导队的沉重打击。三营战士和临涣的增援日军交火后，因力量悬殊，向西大王店撤去。敌人增援部队越来越多，利用迫击炮、掷弹筒密集地向太平沟射击。一营战士誓与敌人血战到底，打退敌人一次次进攻。一营战士也有较大伤亡，其中，三连七班只剩班长李明坤和 3 名战士，仍坚守阵地。

战斗持续到下午 4 时，一营战士未能打退敌人的进攻，只好顺着浍河南岸，沿着河堤向西撤退。

1981 年，滕海清将军来淮北市视察，专程到王六孜，重温这段战斗历史，缅怀革命英烈。

根据地的建设

豫皖苏边区抗日根据地在创建过程中，一直处于日伪顽军的夹击之中，战斗十分频繁。虽然根据地存在时间短，但是作为豫皖苏抗日根据地的重要组成部分，萧、宿地区的人民对抗日战争的历史贡献不可磨灭。

武装建设。在党的领导下，萧宿地区地方抗日武装发展很快。1938 年至 1941 年，萧县、宿县、永城三县地方武装共有 8 个大队，6 个团，8000余人上升为八路军苏鲁豫支队和新四军游击支队（后为第六支队），为抗日战争立下了功劳。地方抗日武装积极配合主力部队粉碎敌人的"扫荡"，抗击反共顽军的摩擦，在斗争中发挥了重要作用。

党的建设。随着豫皖苏边区根据地的开辟与建设，党组织也在斗争中壮大。1939 年 9 月，山东分局根据中央指示，把陇海路南的皖北和苏北地区划归中原局管辖，萧、宿、砀南等地改属豫皖苏区党委领导。

1940 年 9 月，中共陇海路南地委建立，负责领导萧县、宿西县、夏永砀县等党组织工作。中共宿西县委重视党的建设。1940 年 2 月、3 月，县委在徐楼举办两期农会积极分子训练班，发展了党员。夏季，在丁合孜举办 3 期党员训练班，县委书记陈继仁、县委宣传部部长江明授课，每期百余人。1940年上半年统计，全县农村、机关、部队已建立党支部40多个，党员600多人。

新四军游击支队第一次党代表大会主席团合影

党的思想建设得到加强，党组织在斗争中发挥了领导核心作用。1940年7月7日，豫皖苏区党委创办了区党委机关报《党的工作》，教育广大党员和党的干部如何认识马列主义和中国革命的基本问题。新四军游击支队创办的《拂晓报》在斗争中起到了组织、动员和指导作用，不仅在豫皖苏边区，而且在国内外都产生了影响。1940年，中共宿西县委创办了《宿风报》。

政权建设。1939年11月，刘少奇来豫皖苏边区视察工作，指示要努力建立抗日政权。同月，豫皖苏边区民主政权——豫皖苏边区联防委员会成立，吴芝圃被推选为主任。边区联防委员会领导若干行署和县级抗日民主政权。宿西县办事处于1939年底成立，主任李时庄。各县抗日民主政权控制的区、乡，也相继建立了区、乡政权。①②

群众工作。在各级党组织和抗日民主政权领导下，建立了各种群众团体。1940年春天，宿西县建立了农民救国会、青年救国会、妇女救国会，不少地方还组织了儿童团。在中心县委的领导下，萧县先后建立了青年、

---

① 中共淮北市委党史研究室：《中国共产党淮北地方史》第一卷，第144页，中共党史出版社2004年版。

② 《中国共产党安徽省濉溪县组织史资料》，第68、69页，安徽人民出版社1993年版。

妇女和农民救国会。萧县二区（朔里区）农救会会员最多时发展到2500人。农救会领导农民实行"二五减租"，增加雇工工资，减轻农民负担，受到农民群众的欢迎。这个区的青救会会员最多时发展到3000人，主要是动员青壮年参军、参加民兵，打探敌情，抬担架、运粮草弹药等。区妇救会会员达800人，主要是动员妇女为部队制作鞋袜、护理伤员等。群众工作的开展对抗日根据地的巩固起到了很大作用。

统战工作。中国共产党倡导的抗日民族统一战线，是战胜日本帝国主义的法宝之一。豫皖苏边区抗日民主根据地统战工作积累了丰富的经验。中共宿西县县委委派办事处副主任陈辑五做百善知名人士黄海观的工作，争取了他的儿子黄锡铭拉回一个大队，百十人枪，编入新四军第六支队宿西独立团。因为黄海观的影响，百善据点里的伪军很少出扰百姓，或向新四军及地方抗日武装寻衅。铁佛的实力人物李从政、尹鹤亭以及柳孜的陈香亭、刘文达，经过陈辑五耐心工作，也曾为抗日做些有益的事情。

抗大四分校室外课堂

经济工作。根据中共洛川会议决定的"减租减息，改善人民生活，普遍发动群众进行抗日，建设抗日根据地"的精神，萧县、永城、涡北、宿西等地不同程度地实行"减租减息"，改善人民生活，恢复和发展生产。萧县二区（朔里区）实行"二五减租""四六分租"，增加雇工工资；在征派军用粮草时，实行以土地多少累进征收公粮的办法，减轻了农民的负担。边区根据地开挖的纵横交错的抗日沟，不仅阻滞了敌人，便于抗日军民隐蔽转移，而且有利于防洪排涝。边区解决粮食问题的主要方针是开源节流，合理负担，统筹统拨，赏罚并用。为了做好财经工作，保证抗日斗争的需要，萧县抗日民主政府发行了县内地方流通券。在朔里、瓦子口等集镇征收盐税以增加收入。1939年底，宿西办事处设立工商税务局，开始进行工商管理和税收工作。边区政府在淮上地区的征收范围，东至怀远沙沟，南至凤台的桂集，西至蒙城的板桥集，北至宿西的孙疃集，一度贸易繁荣，税收增加。

文化教育工作。豫皖苏边区抗日民主根据地根据党的新民主主义的文化教育方针，积极开展文化教育工作。新四军游击支队创办的《拂晓报》覆盖面，由原来以部队指战员为主，逐步扩大到根据地县、区、乡各级政府和群众团体。党政军各级机关干部、指战员通过阅读学习《拂晓报》，掌握了斗争形势和中共的方针政策，提高了马列主义理论水平。有些战士通过经常读报学会认字，学到了文化知识。人民群众通过读报学习先烈和英雄模范人物事迹，激发了爱国热情，增强了战胜日本帝国主义的信心。为了扩大宣传，各旅、团及县也先后办起了报纸。在拂晓剧团的影响和带动下，根据地广泛地开展起群众性的戏剧歌咏活动。农救会、青救会、妇救会、儿童团的成员都会唱抗日歌曲。宿西县、萧县抗日根据地，到处歌声嘹亮，张贴抗日标语，一派全民抗战的热烈气氛。

拂晓剧团部分团员

五铺战斗

1939 年，维持会分队长周化南、杨天德、吕良华带 3 个分队，从濉溪口来到五铺集安插据点，分别驻在赵文合、赵文博、赵文礼 3 家的炮楼上。这 3 座炮楼位于五铺集大街的中部，2 个在街北，1 个在街南，分别相距约 100 米远，形成鼎足之势。这股敌人依仗炮楼作掩护，有恃无恐，在据点里欺压百姓，无恶不作。

五铺战斗旧址

1940 年 4 月 18 日夜，新四军第六支队某部一营，在常山区队的配合下，赶到五铺，首先包围了赵文礼的炮楼，第三连包围了赵文合的炮楼，第一、二连主攻赵文博的炮楼。一营架好火炮后，没有立即展开进攻，而是向敌人劝降。敌人非但不从，还开枪向新四军射击。一营随即还击，激烈的战斗打响了，一直持续到拂晓。战士们在炮火的掩护下，在赵文博的炮楼周围堆放干柴，燃起了熊熊的烈火。炮楼里的敌人除少数投降外，其余皆葬身火海。另外两座炮楼上的敌人吓破了胆，再也不敢继续抵抗，纷纷缴械投降。这次战斗，共歼敌 45 人，缴获机枪 3 挺、步枪 61 支、手枪 10 把、子弹 6 箱。

独立团争取三铺伪军

1940年，三铺据点内有伪军40余人，并有机枪1挺，战斗力虽不强，但工事尚坚固。为扫平宿县至永城之间的据点，某天，宿县独立团政委刘瑞方率二营从驻地出发，午夜前包围了三铺据点。另派一个连，在三铺东边警戒。伪军发现被围后，惊慌异常，向外乱打枪。二营一弹未发，只挖了些简易工事隐蔽起来。这时，二营黄营长奔进据点隐蔽处，向伪军喊道："该点弟兄们，我是独立团的黄营长，跟你们大队长有交情，这次我带队救你们来了，希望你们弃暗投明，愿意抗日的欢迎，愿意回家的给路费，向你们大队长问好，并请出来对话。"据点的枪声停了，半小时后，有人答话："我们大队长说，好商量，请黄营长先带队回去，然后双方派代表商谈。不然打起来伤了和气，就不好说话了。"根据伪军的回答，刘政委和黄营长当即研究决定，发起强大政治攻势，迫使敌人出来谈判，否则就进攻。随后劝降的口号，此起彼伏。伪大队长被迫派出副手出来谈判。黄营长一面讲解抗日救国的道理，一面指出如顽固不化，只有死路一条。谈判结束，该副手向据点喊话："新四军政策宽大，保证大家的安全，不然只有死路一条，你们被围得铁桶一般。"听到喊声，伪军士气顿时瓦解了。

喊话的同时，个别伪军已把二营的战士引进据点，伪军纷纷缴枪或逃跑，最后大队长也投降了。

大魏家伏击日军

1940年9月的一天夜晚，新四军四师所属赵汇川部200余人，到达袁店乡大魏家庄宿营后，即挖掩体，修工事，放岗设哨。

拂晓前，联络站送来内线消息，驻临涣集日军当天要到袁店集以南村庄扫荡。早晨8时左右，巡逻兵报告，自北向南开来日军汽车数辆，已过袁店集向南驶来。

新四军战士进入掩体，监视日军动向。当日军汽车进至新四军前沿50

米处，新四军战士跳出掩体，扑向日军汽车，步枪、机枪齐发，手榴弹成束地扔向日军汽车。日军被炸得挺尸车内，未死的翻滚下车。新四军密集的炮火压得日军趴倒在地，一动不动。新四军炮火稍一稀疏，日兵乘隙抢占了运粮沟。凭借枪锐弹多的优势，日军几次向新四军进攻，均被新四军打退。紧接着新四军从大魏家庄东南角，主动撤出阵地，安全向东转移。当日军最后一次向新四军阵地冲锋，进入大魏家庄时，新四军战士已不见踪影。日军20多人的尸体，被抬上汽车，退回临涣。

围捕肖景凤

肖景凤生性刁顽愚蒙，丧失民族气节，投靠日军，获得白沙集长头衔后，无休止地搜刮民脂：摊派粮款，征收名目繁多的杂税。老百姓深恶痛绝，盼望着能早日除掉肖景凤。

1941年1月24日，肖景凤带领10余名伪军，到白沙集催收杂税，逼要粮款。驻防涡东的新四军四师三十一团，侦悉这一消息，即命令骑兵连前往围捕。骑兵连从驻地曹市集分南、北两路急驰包围白沙集。肖景凤慌乱中让伪军分散藏躲在百姓家里。当骑兵接近他们潜藏的房屋时，伪军开了一枪，击中马腿，一个战士摔下马，并迅速开枪还击。肖景凤自知不能抵挡，转身向北逃跑。骑兵战士紧追不舍。肖景凤闯进一家磨坊，被追至的骑兵战士一枪击毙。骑兵们挨户搜捕潜藏的伪军，大部分伪军士兵被捕获。

当骑兵战士准备整队返回时，跑来一位任姓老太婆，告诉骑兵战士她家牛槽底下还趴着一个肖景凤的兵。骑兵战士到任老太婆门口时，伪军已把枪撂了出来，束手就擒。

此次围捕共缴获步枪11支、驳壳枪1把，七九子弹200发、六五子弹30发，驳壳枪子弹35发。

新四军东进伏击日军

1941年春，新四军第四师分批东进。一天拂晓，第五旅的先头部队在袁店集北四里处，越过临袁公路上的大郭家，到达尹家、李兆吉家。

后继部队正在前进，看到10多辆满载日军的汽车，浩浩荡荡地由北向南驶来。新四军指挥员当即部署部队，抢占有利地形，做好埋伏。当日军进入伏击圈时，全体指战员一起射击，进行阻截，把日军压缩在大郭家北的一段路沟里不敢动弹。新四军一部分人掩护部队冲过临袁公路，迅速进入尹家、李兆吉家等数个村庄。未过公路的部队，借沟渠、坟堆等有利地势，退回临袁公路以西的吴小庄一带。

新四军负责掩护的部队也随即撤离阵地，向东转移。日军见是新四军部队，未敢追击，掉转汽车缩回临涣。此次战斗，日军死伤惨重。

洪河大队创建

1939年初，赵铁成到洪河南岸刘道庄，着手筹建游击队。此处比较闭塞，离敌较远，便于联系有关人员，共同扩军。在刘德纯、刘德祥等人帮助下，赵铁成联络了凌开林等12人。8月正式成立游击队，活动在常山阎桥一带。当时游击队力量薄弱，单独行动困难，主要配合陈政治、赵元俊、陈钦锋等人组织的游击小组进行活动。

此时，李时庄任新四军第四师第八团团长，正式命名这支游击队为"八团洪河游击大队"，并委任赵铁成为大队长，卜协五为文化教员。后扩到50余人枪。委任凌开林为第一中队长，赵孝礼为第二中队长。同年10月，国民党51军的一个班路过此地，寻找本部无着时，赵铁成趁机找到国民党军班长刘玉殿、副班长焦玉峰等人说，我们都是中国人，要响应共产党的号召，共同抗日。经过多天的动员工作，说服了正、副班长等人，编入洪河大队，共同抗日。

1941年，赵铁成又通过关系三番五次说服维持会队长何怀义率部携枪20余支，加入洪河大队，并委任他为第三中队长，至此，洪河大队已有步枪90支，轻机枪2挺。力量壮大后，因常山区武装力量薄弱，经李时庄批准，把洪河大队改为常山区队，赵铁成为区队长，傅东华为指导员，谢玉振为大队副，卜献朝为文化教员。

新四军四师转战皖东北

从 1940 年 3 月开始，国民党顽固派接连制造进攻淮河流域新四军的摩擦事件。9 月，日本加紧对蒋介石诱降，国民党顽固派的反共气焰更加嚣张，蒋介石开始阴谋策划"清剿"大江南北新四军的军事行动，将华中地区划为 4 个"清剿"区，以李宗仁为总指挥。其中，淮北为第三分区，以汤恩伯为总司令。12 月 9 日，蒋介石批准国民党军令部拟定的《黄河以南剿灭共军作战计划》，确定 1941 年 1 月底前，"肃清"长江以南新四军，2 月底前"肃清"黄河以南八路军、新四军。

1941 年 1 月初，国民党发动皖南事变，第二次反共高潮达到顶点。1 月 30 日，刘少奇、陈毅等就反对国民党顽军进攻致电彭雪枫："反共军必然要向你们进攻，你们在军事上、政治上、组织上必须做准备与计划。"中共中央审时度势，确定"政治上取全面攻势，军事上取守势"的方针，赋予新四军第四师"以游击坚持津浦路西地区，不让反共军深入"的任务。华中局和新四军军部还着重指出了政治上的斗争策略及军事上战略战术的运用。提出万一不能坚持时，可到皖东北地区。[①]

新四军四师转战皖东北

---

① 中共淮北市委党史研究室：《中国共产党淮北地方史》第一卷，第 137 页，中共党史出版社 2004 年版。

正当日军对萧宿永边区加紧"扫荡",国民党掀起第二次反共高潮之际,八路军四纵队六旅十七团团长刘子仁策动豫皖苏边区保安司令员耿蕴斋、十八团团长吴信容,于1940年12月12日公开叛变,投靠国民党第二十一集团军。耿、吴、刘的叛变,致使萧、永、砀、夏中心区域大部分丢失,给豫皖苏边区抗日根据地造成了重大损失,给后来3个月的反摩擦斗争带来了恶劣影响。

继皖南事变之后,蒋介石又调集30万反共大军进攻华中。汤恩伯调集重兵向豫皖苏边区根据地进攻。根据地形势险恶。1941年1月底,新四军军部重建,八路军第四纵队改建为新四军第四师,彭雪枫任师长兼政委,张震任参谋长,萧望东任政治部主任。原四、五、六旅改为十、十一、十二旅。

为了继续坚持抗日反顽斗争,1月成立了萧县独立旅,队伍由原萧县独立团和特务营及从主力调来的一个营合编。纵翰民任旅长,李忠道任政委,康平任参谋长,陈其五任政治部主任。下辖两个团。

1月下旬至2月上旬,日军发动豫南战役,四师主力追击日军,收复涡阳、蒙城等失地。豫南战役结束后,日军撤回原地,国民党"反共"军大举向四师进攻,同时策动日伪军向根据地"扫荡",指使伪军和封建会道门在根据地发动暴乱,新四军四师处在敌、伪、顽、匪、叛夹击之下。

与此同时,耿、吴、刘与朱大同、刘瑞岐伙同进犯,逼迫萧县独立旅及县委、县政府退至罗河以南,西起李石林、东至徐暨的狭窄地带及萧宿永边接壤的萧县西南边缘地区。

耿、吴、刘叛变,对宿西县北部的四区和永东的二区、十区构成很大的威胁。中共宿西县工委和办事处,及时向党员进行气节教育,要求共产党员团结起来,同日伪顽军作斗争。

1941年二三月间,刘子仁部一个营袭击了永东二、十区。十区区队转移到二区活动。萧县抗日武装,在耿蕴斋、吴信容压力下,也转移到萧宿边境游击。此时,四师主力正在同反共的顽军艰苦作战,无法来部队支援。中共宿西县工委与办事处就地坚持,巧妙地与叛军周旋,保存了骨干力量,受到豫皖苏区党委通报表扬。

从 2 月中旬到 4 月下旬，根据中共中央、中原局和新四军军部的指示，新四军四师在豫皖苏边区人民的支持配合下，对大举进攻的反共顽军进行了英勇的抗击，取得了一些胜利。但是由于敌我力量悬殊，春荒时节军需民食困难，加上某些战斗失误，终于不能扭转整个战局。4 月下旬，十一旅三十二团、师卫生队、四师师部直属队先后在宿县南部大小营集作战中损失严重。四师主力退至北淝河以北的狭长地带，处于日伪顽军夹击之中，处境十分困难。

1941 年 4 月 25 日，中共中央华中局和新四军军部指示新四军第四师，留一部分主力部队和地方武装坚持津浦路西游击战争，主力转入皖东北，阻击"反共"军进攻苏北、山东，巩固、发展皖东北根据地。四师根据上级命令和当时情况，收拢部队，对部分地区的武装做了部署，在路西几个县组建地下党组织，主力分批于 5 月 4 日、10 日和 31 日撤离豫皖苏边区，越过津浦铁路，进入皖东北地区。根据地地方干部也随之转移至皖东北。萧县留下许西连、冯蕴言及"亢营"部分武装在皇藏峪山区坚持斗争，县党政机关及地方武装人员随四师主力通过津浦路转赴皖东北。

向路东转移前夕，豫皖苏区党委负责人刘子久、吴芝圃给宿西、永城、宿涡蒙几个县的负责人部署工作。根据安排，中共宿涡蒙工委书记张先舟带工作队去涡河沿岸做群众的宣传工作，准备随主力转移。办事处主任李时庄率工委干部和两个连，一方面安排几十位老弱病残人员，另一方面帮助宿西县工委转入地下斗争。5 月 30 日，中共泽东地委书记何启光指示，四师主力转移津浦路东以后，由吴忠培负责中共宿西县秘密县委工作。

陈政治设计灭顽敌

1941 年，党组织派陈政治打入驻百善伪军内部。他假以灰色面目，认干亲、结拜把兄弟，赢得了敌人的信任。不久，陈政治被提拔为中队长，管辖着柳孜、铁佛、杨营孜几个据点。

1942 年冬，宿永公路沿线的日军、伪军大动干戈，重整据点、挖战壕、筑碉堡、修工事，伪军下乡要钱要粮、砍伐树木，闹得鸡犬不宁，人民苦不堪言。

一天上午，宿西地下县委委员田启松为了到铁佛伪据点和陈政治接上关系，化装成民夫，挖战壕。正当田启松打号子时，突然蹿出两个伪军，把田启松抓到伪军中队部。陈政治和田启松接上关系后，就在中队部一个暗套间里召开了党员会议。会上陈政治介绍了日伪军的武器配备、活动规律，以及当地恶霸地主黄老海的情况。他用群众编的歌谣来形容黄老海的罪恶："黄老海，妖魔怪，抽大烟，吃白面，拿刀杀人不过瘾，扒皮抽筋卸八块。"会后田启松分析了敌、伪、顽的情况，决定了下一步对敌斗争的策略。

1943年春，国民党地方武装头子陈金鼎和杨明友两支土顽100多人，进犯临北的范营、任营等村，杀人放火，逮捕革命家属。为了消灭陈金鼎和杨明友两支土顽，陈政治亲自到日军炮楼里报告，说陈、杨是土八路。日军信以为真，就联合临涣、岳集据点的日伪军，步兵、骑兵一齐出动，把土顽团团围住，激战1个多小时，陈、杨队伍被打得狼狈不堪，伤亡惨重。日伪军也受到了很大损失，损兵折将。

1944年8月，新四军四师首战小朱庄告捷，震动了日军。为伺机报复，驻扎在永城的日军派一小分队侦探，四处打听新四军的情况。一天，7个日军侦探来到铁佛，陈政治立即派人把他们骗到巴股河边，活捉4个，漏网3个。后把活捉的4个日军用石头坠河淹死了。哪知，漏网的日军跑回永城报告，日军恼羞成怒，准备兵分三路，血洗铁佛寺。

当天，陈政治得知日军要来报复的情报，立即派叶允贵找田启松到据点共商对敌措施。田启松说："知己知彼，百战百胜。我们的任务是站稳脚跟，保存地下组织，及时掌握敌人的动向，利用敌人的矛盾开展斗争。"

田启松指示说："我们要来一个虚张声势，巧打巧变，概括起来，就是打、扫、剿。要打得巧，扫得好，剿得妙，狠狠地在牛魔王肚子里大干一场。"

晚上叶允贵率领小分队，冒雨出了寨门，从东、南、北把据点围起来（西边是日军的炮楼），一时圩子里外枪声大作。

这时陈政治打电话报告日军，要求日军出兵增援。日军看天黑下雨，不敢出兵，只在电话里叫陈坚持到天亮。

拂晓前，陈政治率领全队人马，假装"扫荡"的样子，南下油榨湖，北上巴股河。北路碰上国民党胡开祥的一个中队,被陈打得落花流水;南路端了王白公的乡公所。两路人马旗开得胜。陈还派人向日军报告,谎说自己家被土八路抄了。陈又假意表示痛心,声言要与共军誓不两立。

由此,日军更加相信陈政治对他们的"忠心",才没有血洗铁佛寺。第二天,日军又出动全队人马,南北"扫荡"了40里,劳师动众,一无所得。

这样用"打""扫""剿"的计策,打击敌人,分化矛盾,转移目标,确保了党组织更牢靠地战斗在敌人的心脏。

百善集速决战

百善集是日伪军设在宿永公路上的一个重要据点。敌人在四周修筑起两丈高的圩墙,拉起铁丝网,筑有5座地堡。圩墙内则筑有地堡9座,东面圩墙上有1座炮楼。该据点驻有伪宿县第五大队史广才部和宿县保安团1个中队及1个班的日军。

1945年1月21日,据打入百善集日伪军内部的某班长报告:守敌听说新四军连克数镇,惊恐万状,企图龟缩至宿城据点。1月23日,该班值岗,可以内应。新四军四师十一旅三十一团得到情报后,命令二营袭取百善集据点。

1月23日4时,二营从岳集出发,11时30分到达百善集。各连迅速按要求进入出击位置。约12时,战斗打响。五连突击排一举从西南角突入据点,连主力紧紧跟进。突击排把重机枪架在圩墙制高点上,瞰射压制日伪军火力点,掩护部队从街南向东进攻。四连从西北角突入,向街中心进攻。

这时候,大部分敌人正集中在西南一座单独院内吃午饭,五连乘机将其包围,机枪、步枪一起猛射,成排的手榴弹投向敌群,歼灭敌人100多人。四连向纵深敌人进攻,突然遭到敌人中心地堡火力封锁。三排一班迅猛迂回到地堡附近,用炸药包将地堡炸毁,残余敌人纷纷向集东的炮楼逃去。

五连突击排在据点内沿圩墙将敌人的地堡逐个摧毁之后,连续进攻炮楼。途中，遇到从中心地堡溃逃的敌人阻击，战斗激烈。正在这时，打入敌人内部的班长带一个班从背后攻击敌人，二营主力也加入战斗。敌人三面受到攻击，大部分被歼灭。

逃跑的敌人与炮楼里的日军纠合在一起，凭借工事，负隅顽抗，用小炮、机枪疯狂射击。营首长当即调整部署，以五连正面牵制敌人，四连从东北侧迂回接近敌人，用掷弹筒和轻机枪向敌人猛烈射击。同时，派一个爆破小组匍匐接近敌人，将炮楼炸毁。二营主力乘势而上，冲入敌群，全部歼灭敌人。整个战斗仅用时 50 分钟，真可谓速战速决。

这次战斗，缴获轻机枪 2 挺、步枪 200 余支。守敌伪宿县第五大队史广才部和宿县保安团一个中队 400 余人被全部歼灭。

南坪集奔袭战

南坪集位于宿城和芦沟集之间，北靠浍河，是个比较大的集镇，伪十五师特务二团第一营和伪宿县保安大队第六大队驻守在此。据点北高南低，东、西、南三面有圩墙、水壕，东、西、南三个圩门筑有炮楼，西门设有吊桥，街北部筑有核心炮楼，南门有土木桥，构成了比较坚固的防御体系。

1945 年 3 月，新四军九旅十七团奉命奔袭南坪集日伪据点。战前部署周密：警卫连担任从南门突击的任务，二排为尖刀排，任务是占领南门炮楼，然后向纵深发展，牵制敌人，保障团主力从西边和东北角突入。

1945 年 3 月 24 日晚 6 时，部队由蒙城北赵集出发，于 23 时进入南坪集南门西南约 500 米处的预定地点。

23 时 20 分，二排长率六班接近南门，当距敌人 50 多米时，敌人哨兵吆喝："站住！""口令！"六班副班长回答："进城看病的！"接着排长装作哑巴咿咿呀呀乱嚷几声，六班副班长一面从旁解释说："病人是个哑巴。"一面搀扶"病人"接近敌人哨兵。敌人哨兵上前来继续盘问，六班副班长乘机用大刀将其劈倒。另一哨兵见势不好，放了一枪就跑。

枪声惊醒了敌人。排长立即命令四班向南门炮楼攻击，六班迅速向大街左侧第一个院落攻击，五班从右翼协同六班作战。四班战士每人一手提着

南坪奔袭战旧址

大刀，一手拿着手榴弹，在班长率领下，勇猛地扑向敌炮楼，堵住门高喊："不许动！缴枪不杀！"守敌一个排正在穿衣服，未及抵抗，便缴械投降。五、六班向院里齐掷手榴弹，乘势冲进院内，歼敌一个班。敌人遭到突然打击，蒙头蒙脑地朝街道无目标地射击、投弹，街北核心炮楼也用机枪以猛烈火力封锁街道。尖刀排集中火力，攻占伪税务所后，继续向北推进。

这时，一、三营已按预定方向突破敌人前沿，攻入纵深。警卫连一、三排亦占领了街道以东院落，将残余敌人压缩在核心炮楼。二排组织全排机枪火力掩护，四、六班向敌人猛投手榴弹，然后冲进核心炮楼里，与敌人展开白刃战，协同团主力歼灭全部敌人。战斗从开始到胜利结束，不到1个小时。

这次战斗，攻克南坪集伪据点，伪十五师特务二团第一营及伪宿县保安大队第六大队所属400余人被全部消灭。

宿南战役

1944年秋天起，新四军四师挥师津浦路西，不断取得胜利。到1945年春天，基本恢复了原豫皖苏边区失地，但是伪军暂编第十五师窦光电部仍盘踞宿西南地区。

伪十五师一直在津浦铁路西侧的浍河与涣河之间驻防，目的在于控制水陆交通，"蚕食"抗日根据地，掠夺税收资源。

这支汉奸队伍，在其统治区内设立伪区、集、保、甲基层政权，抓丁拉夫，催逼粮款，为虎作伥，无恶不作。该部进驻南坪集、孙疃集，强拆民房，赶走居民4000多人。各据点附近村庄够碗口粗的树木一律被他们砍掉。除了横征暴敛，伪军还用土匪绑票手段，抢人逼款。

窦光殿手下的侦缉队100多人，专事祸害百姓，破坏抗日，先后杀害共产党领导的抗日人员和无辜百姓67人，老百姓骂他们是"二窝鬼子"。人民群众盼望人民的军队早日收拾这帮祸国殃民的败类。

1945年春天，新四军四师主力在地方抗日武装配合下，向日伪军据点发起攻势。此时，伪十五师的兵力布局是：师部驻孙疃集，所辖5个团分驻在6个据点。五十七团（团长艾本元）驻界沟集；五十八团（团长张天伦）驻芦沟集；五十九团（团长左本一）驻孙疃集，其中第一营（营长李成五）驻袁店集；特务三团（团长任亚航）驻任集；特务团（团长姜华枫）驻孙圩孜。

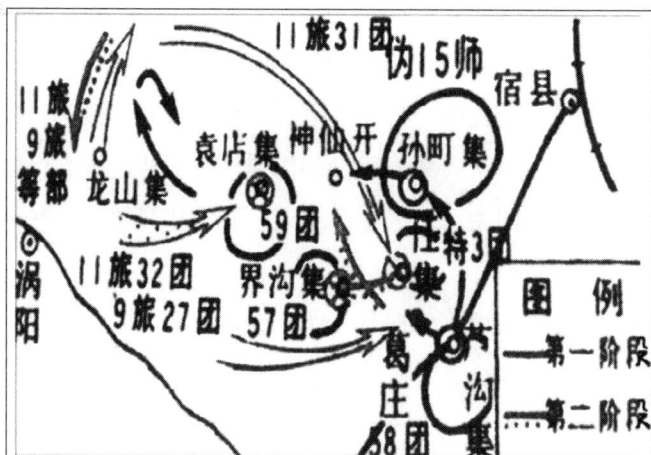

宿南战役战场形势图

1945年5月，津浦路西第二军分区主力包括第十一旅和九旅一部，在新四军四师参谋长、第二军分区司令员张震指挥下，向宿西南地区伪军第十五师发起攻击。宿南战役主要采取围点打援的战术。这次战役可以分为两个阶段。第一阶段包括拔掉任集据点和葛庄伏击战。

战役开始之前，第十一旅巧用调虎离山之计，自龙山一线向北撤退。敌人果然中计，竟尾随而来。5 月 21 日夜晚，第三十一团突然转兵，直捣驻任集的伪特务三团。当夜 23 时，将伪军警卫班驱逐，占领了外围民房，并用平射炮摧毁障碍物及北圩门、东北角和西北角的三大碉堡。22 日晨 5 时左右，第三十一团发起总攻，仅 10 多分钟就越过宽、深各 5 米的外壕，冲进圩内。敌人收缩至中心碉堡顽抗。突击连在炮火掩护下攀梯直到碉堡顶部，向碉堡内猛甩手榴弹，敌军死伤惨重，只得缴械投降。7 时左右战斗结束。

8 时左右，驻孙疃集伪军第五十九团步、骑兵 5 个连向任集增援。九旅一部和三十一团一部出击打援，穷追猛打 8000 米，将敌人全部消灭。

当第十一旅三十一团拔掉任集据点的时候，九旅二十七团也取得了葛庄伏击战的胜利。5 月 21 日，第二十七团的侦察员化装潜入芦沟集，通过内线了解：驻芦沟伪军 5 个连将于 22 日经葛庄增援任集。二十七团命令一营担任伏击任务，加强炮、骑兵各一个排。

22 日 9 时左右，伪军向葛庄行进，其前卫排离埋伏在这里的一营二连阵地只有几十米。二连突然开火，击毙敌人 20 多人。敌人以为遭到地方游击队袭击，命令全部伪军向二连攻击，正好进入新四军伏击圈内。炮兵立即向敌群轰击，第一连、第三连从两翼杀出，骑兵排迂回敌后，将敌

新四军指战员随时准备向敌人发起攻击

人四面包围。一连在营教导员率领下冲入敌阵，将敌人分割消灭；三连及时插入敌群展开肉搏战。敌人企图夺路突围，被骑兵排迅速堵在东葛庄西边。敌人狗急跳墙，将机枪撤至路旁水沟边妄图困兽犹斗，二连三排长率九班迅猛上去，用手榴弹将敌人机枪手炸死。葛庄伏击战只用了25分钟就全部消灭了敌人。宿南战役第一阶段胜利结束。

宿南战役第一阶段告捷，为第二阶段拿下袁店集、界沟集伪军据点直至端掉伪十五师驻孙疃集的巢穴创造了有利的条件。

伪十五师五十九团一营400余人驻袁店集，营长李成五，惯匪头子。袁店集四周修了7米多高的圩墙，墙上有垛口，并构筑10多个碉堡。圩外有水壕、鹿砦、木城，形成大据点套小据点的格局。整个据点居高临下，防守严密，易守难攻。

担任攻击任务的第三十二团经过调查研究决定：二营主攻，从西南角突入后包围敌人核心据点；三营助攻，以一个连队置北门佯攻牵制敌人，其余连队隐蔽集东，担任攻圩、打援任务；一营为预备队。

6月23日夜晚，第三十二团从龙山出发进攻袁店集，到达指定位置后，修筑工事。二营将交通沟一直挖到据点西南角木城边，拉开两道鹿砦。第二天6时左右，五连发起突击，迅速突破敌人的水壕、鹿砦和木城，但在最后一道圩壕前遭到敌人猛烈阻击，进攻受阻，被迫撤出战斗。团营首长及时调整部署，组织突击队。中午，组织猛烈炮火摧毁敌人4座炮楼，突击队在火力掩护下，奋勇前进通过圩壕及鹿砦，靠近西南角敌人主炮楼，突击组长李永厚只身钻进炮楼，向反扑的敌人猛投手榴弹，五连上来，稳住了突破口，然后向东进攻。第四、六连则向北进击。下午圩子被攻破，残余敌人窜入小圩子核心据点负隅顽抗。

当夜，三十二团炮轰小圩子。三营一部登上大圩墙，迫令被俘伪五十九团副团长徐伯英喊话劝敌人放下武器。伪营长李成五则故意拖延以待援军。三十二团加紧攻势，二营突击连占领了小圩子西南角炮楼，三营也攻占东北角炮楼。核心据点伪军遂成瓮中之鳖，除10人逃脱外，其余缴械投降。

24日下午，驻孙疃集的伪五十九团团长左本一率该团二营和伪五十七团的 1 个营以及骑兵 50 多人、汽车 1 辆，向袁店集增援。当行至袁店集东边神仙井时，被新四军二十七团阻击，除汽车、马队逃脱之外，其余悉数被歼。团长左本一、副团长徐伯英及两个营长都做了俘虏。

6 月 25 日，驻芦沟集伪五十八团撤回孙疃。26 日，将伪特务团二营补充伪五十七团。此时敌人只有固守孙疃集、界沟集据点，苟延残喘，等待徐州日军救援。400 多名日军赶来增援，遭到第二分区主力阻击，只得于 27 日撤回。

第二军分区乘胜扩张战果。6 月 30 日，第十一旅三十一团及警卫连强袭界沟据点，当夜迫近界沟并完成交通壕作业。7 月 1 日早晨，炮击界沟第一线碉堡。紧接着攻击部队突入大圩并占领 3 座碉堡，继续向敌人主阵地进攻。在强大的军事威力及政治攻势下，伪五十七团营长秦士佩率部投降。第三十一团乘势发起总攻，迅速攻向敌巢，迫使伪军纷纷投降，界沟集据点遂被攻克。

宿南战役从 5 月 21 日至 7 月 1 日，先后攻克敌人 3 个据点，迫退 2 个据点。歼灭伪军特务第三团和第五十七团全部、第五十八团 5 个连、第五十九团 2 个营、特务团 1 个营。俘虏特务第三团团长任亚航及 1 名营长，五十七团团长艾本元、副团长郑汝霖、左景思及营长张镜湖、秦士佩、孙选五，五十九团团长左本一、副团长徐伯英及营长李成五，五十八团营长 1 名。共计俘虏伪军官兵 1800 余人，毙伤 100 余人。缴获迫击炮 7 门，轻重机枪 67 挺，其他枪械 2340 支。

解放濉溪口

濉溪口位于萧、宿、永三县之间，是该地区的交通枢纽。自 1938 年 5 月沦陷后，一直被日寇盘踞着。他们沿城筑各类工事，全城形成了交织、多层的火网，守敌自诩为"攻不破的濉溪口"。

盘踞濉溪口伪区队张长法残部 300 余人，无恶不作，当地老百姓坚决要求消灭这些败类。

1945 年 9 月 27 日，新四军第四师十一旅三十一团在宿西县总队配合下，对濉溪口守敌发起进攻，经 6 小时激战，全歼守敌 300 余人。

濉溪口四周地形开阔，环城筑有 8 米高的砖城墙，城墙外有护城河道，水深 1 米左右。敌人利用城墙垛构筑工事，在护城河内线设置鹿砦，并在城四周主要路口设置铁丝网，妄图长期固守顽抗。

战斗前夕，李时庄率领宿西县总队占领河东圩子，李秉枢带队伍在三桥一带，主要负责战勤和打援。新四军第四师三十一团布置一营从东门担任主攻，三营从南门助攻。一、三营接受任务后，召开了排以上干部会议，传达了战斗任务，命令各连准备攻城器械，如登城大梯子和大小炸药包等。并对部队进行了战前动员，提出"杀敌立功"等口号，激发了干部战士的阶级仇恨，坚定了胜利信心。

民国时期的濉溪砖城东门

一营从涡阳的石弓出发，9 月 27 日 0 时，进至城东南李桥地带，组织排以上干部对敌情和地形进行了详细侦察，令二连担任主攻，集中兵力从城东门打开口子，保障营主力入城歼敌；一连二排在城东北角实施佯攻，掩护二连从东门突破；三连、一连（欠三排）为营预备队，在城东关集合待命，团配给一营的机枪连在城东关占领阵地，以火力压制城墙上敌人火力，支援各连战斗。营指挥所位于南李桥。

4 时，一营以迅速勇猛的动作，一举攻占了城东关，歼敌 20 余人，各连迅速占领攻击出发阵地，构筑工事，进一步做好攻城准备。这时，伪区大队长张长法率领 100 多人，出东城门反冲击，与一营二连展开了激烈搏斗，激战 20 分钟，敌人反冲击被击败，残敌退至城内。

解放濉溪口战斗旧址——濉溪老城石板街

5时许，一营调整了战斗部署，以一连担任主攻，从城东北角突破敌人防御阵地；三连从东门进攻，二连为预备队。团政委宋治民亲临战场，对部队进行政治教育，鼓励指战员，坚定歼敌的信心。6时许，攻击开始。炮兵将敌城墙东北角打开一个缺口，一连突击队在炮火和轻重机枪掩护下，迅速架梯登城。全连一举攻入城内，沿北城墙向西发展，并以1个排的兵力攻占东城门楼。

6时20分，三连从东门入城向西街发展，二连亦从三连左翼投入战斗，沿城内北二街向北攻击，与敌人展开激烈战斗。至7时30分，歼敌百余人。

此时，残敌退至城内西北角核心据点小寺院内，企图固守顽抗。为不给敌人喘息的机会，一营即令一连从小寺院北侧进攻，三连从南侧攻击，二连从东侧攻击。8时40分，小寺院守敌依托土围墙以猛烈火力反扑，均被击退。9时40分，一营各连向小寺院守敌发起分路攻击。各连先投出一排手榴弹，乘烟雾冲入院内，同时展开政治攻势，院内敌人全部缴械投降。

此时，三营在肃清城南部残敌后，与一营配合，全歼濉溪口城内之敌，活捉张长法，伪中队长黄文彪率部投降。

在当地人民强烈要求下，人民政府公审张长法，并当场执行枪决。新四军第四师十一旅旅长张震参加了庆祝解放濉溪口胜利大会。

解放区的练兵、减租和生产

1946 年 3 月中下旬以后，随着蒋介石破坏政协协议和停战协定的行动不断发展，中共中央很快改变了关于和平民主建设新阶段已经到来的估计，并认真总结经验教训，带领全党逐步把主要注意力放在准备对付全面内战方面。[①]

面对国民党统治集团企图挑起全面内战的种种举措，中共中央一方面积极维护停战协议，通过谈判开展说理斗争，充分揭露其阴谋；另一方面要求各解放区坚持自卫原则，有理、有利、有节地给予进犯者坚决打击，保卫解放区。中共中央在强调各解放区认真贯彻《减租和生产是保卫解放区的两件大事》《一九四六年解放区工作方针》等指示的基础上，又于 1946 年 3 月和 5 月发出《中央关于目前时局及对策的指示》和《中央关于练兵的指示》，要求各解放区加强人民军队和解放区的建设，大力巩固解放区。

华中解放区认真贯彻中共中央指示精神，区党委强调各地委、县委必须认真做好减租、生产、练兵三件大事，以动员广大人民群众，准备长期斗争的物质基础，提高军队军事素质，增强粉碎国民党军事进攻的实力。中共华中八地委在宿西县丁合孜召开了县区干部扩大会议，会议就贯彻落实中共中央提出的减租、生产、练兵三大任务和边缘地区的反"蚕食"斗争及城市工作做了部署。会后，宿西、萧县、宿怀、宿蒙等县分别召开了区乡干部大会，贯彻地委扩大会议精神。随后，各县迅速开展了大规模的群众性的减租减息运动，大部分县的减租政策是"三五"（地主"三五"，贫雇农"六五"）或"二五"（减息政策是"二五"），同时做了大量的反奸清算工作。通过普遍的减租减息和反奸清算，农村封建势力被削弱，广大农民获得了经济利益和政治权益，基层政权得到巩固，农会、工会、妇联等群众团体组织逐步加强，人民群众保卫和建设解放区的积极性大大提高。

[①] 中共淮北市委党史研究室：《中国共产党淮北地方史》第一卷，第 197、198 页，中共党史出版社 2004 年版。

随着反奸清算和减租减息运动的深入发展，解放区农民对于解决土地问题的要求日益迫切。1946年5月4日，中共中央发出了《关于土地问题的指示》（以下简称《五四指示》），决定将抗日战争以来实行的减租减息政策，改变为"耕者有其田"的政策。指示要求各解放区党委以最大决心和努力，完成这一历史任务。《五四指示》下达后，5月14日，中共华中八地委即在宿西县丁河孜召开了全区县、区干部会议，进行传达贯彻，要求各级党组织和各级政府进一步发动群众，逐步深入开展土地制度的改革运动，坚决地支持和引导广大农民群众，采取各种适当的方法，使地主阶级剥削农民而占有的土地转移到农民手中。会后，地县委分别组织了工作团（队），深入基层，领导群众进行土改。工作团（队）正确执行《五四指示》，讲究策略，对汉奸恶霸地主进行坚决斗争，土地一律没收；对一般地主采取清算；富农、工商业者、中农的土地不动。各级领导在土改中，注意总结经验，抓典型，带动全面。《拂晓报》（路西版）发表了《宿西柳孜乡充分发动群众实行土地还家》等土改经验报道，推动土改。土改工作进展顺利，至7月，华中八分区1/3的地区土改已基本结束，有80万左右的农民获得土地。在解决了农民土地的地方，党组织和民兵队伍都得到了很大的发展，民主政权得到巩固；掀起了参军参战的热潮，广大翻身农民为保卫自己的土地和解放区而战斗。

在减租减息和土改的基础上，华中解放区广泛组织开展了生产运动。宿西、萧县、宿怀、宿蒙等县民主政府积极引导农民发展变工队、互助组等组织，有的地方还发放贷款支援生产。在为自卫反击作战动员民力时，尽力做到不违农时，减少误工，爱惜人力、物力。部分武装、机关、学校在不妨碍作战、工作和学习的条件下也适当参加农业生产，以改善自己的生活，减轻人民的负担。宿西县等还实行积极的财税政策，当时税收大致分三类，即坐地营业税、过境行商税和农业税。坐地营业税征收对象为屠宰户、酒坊、染坊等较大的商店；过境行商税主要是食盐、布匹、烟酒、煤油、药品及牛羊等，在境内只收一次税，而且税率低，目的是鼓励敌占区商民大量运进这些物品；农业税主要是公粮，征收的政策和办法，采取按地亩累进征收，地多多收，地少少收，无地不收，丰年多收，灾年少收，困难户减免。为支援战争求解放，群众生产和交粮的积极性很高。全县一年的税收约2万元（法币，后改用中州币），除部分上缴外，主要用于县、区、乡武装和党政干部的服装、生活费等。生产运动的开展，使解放区农业、工业生产及商业得到恢复和发展。

在加强武装建设方面，华中八军分区在扩充兵员、组建和加强地方武装后，一边对国民党的进犯进行自卫反击，一边利用战斗的间歇抓紧练兵，以提高射击、刺杀、投弹等项技术程度为主，提高战术程度为辅，特别着重于练习夜战。在练兵方法上，普遍开展了官教兵、兵教官、兵教兵的练兵运动。同时，改进和加强部队的政治工作和后方勤务工作，开展部队的思想教育和政治教育。这些措施，增强了部队的政治素质和军事素质，提高了战斗力。

从抗战结束到全面内战爆发，共8个月的时间，解放区民主政府采取了适应形势发展的方针和策略，为争取和平民主进行不懈的斗争，同时不放松自卫战争的准备。进行了组织机构调整、加强党的建设、惩奸反霸、肃清残敌、加强武装建设及恢复发展城镇商业、兴办文化事业等项工作，巩固了新生的民主政权。

燕头集突围战

宿西县七区，也叫燕头区，驻燕头集东头关帝庙和泰山庙大院，两庙相距30多米，共有庙宇30多间，四周挖内外两道壕沟，各宽7米，深4米，内壕里筑围墙一道，高2米许，围墙四周有8个碉堡。燕头区队加上朱口、燕南、燕北、薛堂4个乡队，共有3个排9个班100多人，4挺机枪守卫在小圩子内（关帝庙和泰山庙大院）。

1946年6月25日，宿蒙县总队政治处组织股长沈维金率宿蒙县总队二连，在燕头区队的配合下，破击宿西县演礼寺以西3座桥梁，阻止国民党军进攻。完成破桥任务回来时已是深夜3点多钟，遂决定原地休息。区、乡队仍驻在小圩子里，县总队二连驻庙西隔条沟的燕头集。

6月26日，东方刚露出鱼肚白，周围一片沉寂。国民党新五军二十五

燕头集突围战旧址

师九团和顽县大队费洪阁、胡开祥、侯西勤等土顽共 1000 多人，向宿西县七区（燕头区）疯狂扑来。燕头区区长谢玉振带着通信员陈太忠，想到燕头集找沈维金，传达县委指示，研究准备西撤的方案。他过了沟，刚进入燕头集的圩沿，看见许多影影绰绰的人向这边晃动。谢玉振当即断定敌人围上来了，立即鸣枪报警。区队听到枪声，迅速集合，向西门吊桥冲去，准备配合县总队二连作战。但敌人已将小圩子东、西、北三面包围，向庙院内射击。燕头区队迅即转向南门，准备突围向孙疃集转移。当冲到南门时，敌人已把去路堵死。

谢玉振带领通信员陈太忠从街上向小圩子冲来，打算亲自指挥突围。但去路已被封锁，冲不进去，谢玉振即向圩内大喊，命令区、乡队立即撤出。大圩子内，县总队二连，在燕北乡乡长杨克志、乡财粮员杨克振带领下，走燕头集南大圩门向西南方向突出重围。敌人紧追不放，他们边打边退，掩护其他人员突围。谢玉振随着二连向西突围，敌九团见二连突围，尾追不放。二连边打边退，由燕头集一直打到杨柳集，直到午后才突破敌人的包围。

被包围在小圩子里的燕头区、乡队 100 多人，依靠坚固的工事和有利的地形，与敌人展开了激战。区、乡队战士舍生忘死，英勇顽强，一连打退了敌人的 5 次冲锋。下午 3 时许，敌人用太平车装上卷紧的麦穰，在炮火的掩护下，推车前进，填平壕沟。敌军越过壕沟，逼近圩墙，情况十分危急。这时，燕头区、乡队伤亡惨重，弹药也为数不多，为了保存力量，有效地消灭敌人，遂组织突围。但由于敌众我寡，孤军无援，在突围时，大部分战士壮烈牺牲。

这次战斗，燕头区遭受重大损失，区、乡队牺牲 90 多人。

淮北军民自卫反击

1946 年 6 月 26 日，国民党不顾全国人民的强烈反对，以进攻中原解放区为起点，向解放区展开大规模的军事进攻。全面内战爆发。淮北路西的宿西、萧县、宿怀、宿蒙等县作为淮北解放区的重要组成部分，广大军民在各级党组织的领导下，对国民党军的全面进攻进行了自卫反击作战。

淮北解放区东至运河，西至商亳公路，北靠陇海路，南达涡河、淮河，处于苏、鲁、豫、皖四省交界处，是中原腹地，战略地位十分重要，历来为兵家必争之地，也是国民党军全面进攻的重点。

国共双方停战协定订立不久，国民党就在徐州积极集结大军，并于 1946 年 4 月成立了由薛岳任主任的徐州"绥靖"公署，不断调派部队沿津

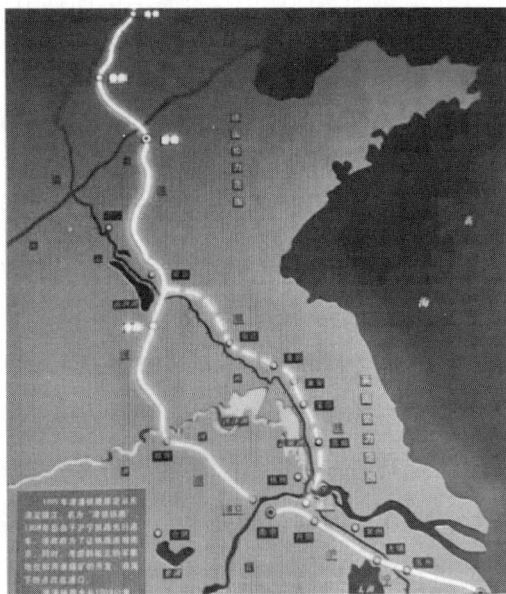

老津浦铁路线

浦铁路、陇海铁路向淮北解放区进犯。全面内战爆发后，为确保一点（徐州）两线（津浦、陇海铁路）的安全、畅通，国民党将整编二十八师运抵徐州，整编五十八师驻徐蚌线，八十八师驻徐（州）砀（山）线。成立津浦路护路指挥部，由全副美式装备的交通警察总队守卫，在淮北的兵力由8万人增至20万人。同时，国民党地方当局大力组织还乡团、保安团（队），建立保甲政权，配合正规军进攻解放区。而淮北解放区仅有兵力2万人，且武器装备差，在军事上明显处于不利地位。面对国民党军队的全面进攻，解放区军民不畏强敌，团结奋斗，积极开展自卫反击作战。

1946年7月初，为阻滞国民党军利用铁路运兵进攻解放区，华中八分区遵照上级的部署，以分区主力和宿县、宿西、宿怀、萧铜等县总队，破击津浦路固镇至蚌埠段、徐州至夹沟段，歼敌一部，并攻占了曹村车站，迫使铁路运输中断，打乱了国民党军的计划，有力地配合了山东野战军作战。7月中旬，徐州之国民党军为保证其后方安全和交通线的畅通，向八分区发起进攻。整编八十八师沿陇海路向西进犯，侵占黄口、砀山，交警二总队占领萧县县城、岱山口一线，并在萧县保安团的配合下向萧西进犯。整编五十八师在宿县保安团的配合下分三路向宿西进攻，一路控制宿（县）蒙（城）公路向蒙城、涡阳推进，一路占领宿永公路的百善集，一路占领濉溪口一带。国民党军直接投入进攻华中八分区的兵力有整编五十八师新十旅二十九、三十两个团，交警二总队及江苏省保安旅两个团，加上萧、宿、砀、永等县保安团及地主还乡团武装达2万余人。华中八分区的全部兵力有主力三十四团、三十五团，3个独立团，1个警卫营，1个骑兵大队，加上8个县总队和区、乡武装仅1万余人。国民党利用其兵力上的优势，统一指挥，相互配合，将八分区永城以东地区分割成数块，逐步"蚕食"，形势极为严峻。

在国民党军进攻后，八分区第一次主动反击的自卫战斗是奔袭宿西百善集。8月6日，八分区主力三十四团、三十五团和宿西、萧县两个县总队，经一夜急行军，直扑宿西百善集，猛烈袭击驻在这里的国民党军五十八师新十旅一部及地方土顽。首战告捷，歼敌120余人。次日清晨，部队继续追击，在百善东李庄与国民党军一个营的兵力发生激战。由于驻濉溪口的国民党军赶来增援，在部队已有伤亡的情况下，随即撤出战斗。

8月中旬，华中八分区主力和地方武装配合晋冀鲁豫野战军发起陇海路破击战。整个陇海路破击战历时13天，共破坏铁路150余公里，歼敌1.6万人。破击战期间，华中八分区先后歼敌1000余人，破坏铁路和通信设施75公里。陇海路破击战，给正向解放区大举进攻的国民党军运输造成了极大的困难。

实施战略转移

全面内战爆发初期，国民党军依仗其优势兵力，进攻猖狂。至7月中旬，先后占领了濉溪口、萧县等重要城镇，并占据了交通要道。

1946年7月26日，中共华中八地委在永城县城圣公堂召开县、团级干部会议。地委副书记何启光传达了华中分局的指示，进行了战争动员，要求八分区执行"坚持地区，保存实力"的作战方针。会议根据形势，制定了"军事上以游击战为主，政治上依靠人民，争取一切可以团结的力量，孤立最顽固的反动派，经济上注意节约人力、物力、财力，做长期打游击的准备"的战略方针。但会议对八分区战略地位的重要性，对国民党军进攻部队兵力多、来势猛、速度快这一特点缺乏足够的思想认识，因而未能结合实际情况认真研究，提出具体实施办法。

陇海路破击战后，晋冀鲁豫野战军北上，华中八分区各县由配合主力反击作战，就地转入坚持游击斗争。

9月，国民党军集中五十八师新十旅两个团，交警二总队，江苏省保安团，萧、砀、宿县保安团和大批地主还乡团，向萧县、宿西、永城一带大举进攻。国民党军占领该地区后，迅速构筑工事，建立据点，成立区、乡政权。对共产党员、干部、军人及其家属进行逮捕杀害，抄家封门；对农村积极分子反攻倒算，进行报复；对群众实行五家连保连坐，进行法西斯血腥统治。在国民党军强大兵力的进攻下，宿西、萧县基层政权大部分

拆除铁路，阻击增援的敌人

被摧毁，不少地方干部和战士离开地方，向县委、县政府靠拢，或就地隐蔽下来。到 10 月，宿西、萧县党政机关及武装被迫撤出县境，转移到永城以西随地委、分区活动。

自卫战争开始时，宿怀、宿蒙两县一度与八地委失去联系。由于两县位于八分区南部，敌军不断进攻，形势紧张，活动地盘日渐缩小，无法立足，坚持困难。10 月底，宿怀、宿蒙两县分别撤出县境，向西转移。

这样，华中八分区东部的宿西、萧县、宿怀、宿蒙 4 县基本被敌侵占。

10 月上旬，中共华中八地委在永城县西叶庙召开县、团以上干部会议，根据当时的形势，确定了"分区主力外线作战，地方武装内线坚持"的行动方针，并将地方和部队进行组织调整。在地方上将全区划分为 4 个党的工作委员会（以下简称工委），行政成立 4 个办事处，在军事上将分区 3 个独立团和 8 个县总队编为 4 个支队，分别随工委开展斗争。分区还在商亳公路以西开辟新区，成立商（丘）、亳（县）、鹿（邑）、柘（城）工委和办事处，打通与冀鲁豫六分区的联系。第一工委由萧县、雪枫（永城）两县组成，两县部队和分区独立二团合编为第一支队，王光宇任工委书记兼支队政委，许西连（后张登先）任支队长；第二工委由宿西、雪涡两县组成，两县总队和分区独立三团合编为第二支队，李时庄任工委书记兼支队政委，冯家辰任支队长，该工委和支队负责坚持宿西、涡北（雪涡）、永南地区的斗争；第三工委由宿怀、宿蒙两县组成，两县总队和分区独立一团合编为第三支队，姚子健任工委书记兼支队政委，扶廷修任支队长；第四工委由夏邑、雪商亳两县组成，两县总队合编为第四支队，纵翰民任工委书记兼支队政委；杨志雅任第五支队队长，杨元璋任政委。会后，分区主力部队、各工委和支队，即利用各种时机，分头向各自负责的地区挺进，展开了一场英勇、顽强的战斗。

10 月中旬至 11 月上旬，为恢复萧、宿、永、宿怀、宿蒙地区，八分区集中分区主力从永西出发，五次东进，与国民党反复争夺，终因敌众我寡，未获成功。与此同时，各工委、支队和县区武装也多次东进反攻，进攻后都未能站稳，不得不先后返回。12 月初，中共华中八地委及所属各县党政军大部撤到雪商亳一带。此时，商丘、亳县之敌出动包围，部队当即反击，打退敌人数次进攻。后突围至河南宁陵县，与冀鲁豫六分区取得联系。12 月 6 日，中共豫皖苏区委员会电令华中八分区党政军干部前往睢杞太地区整编，各县党政军干部及武装亦奉命随八分区参加整编。华中八分区被国民党军占领。

八分区在坚持敌后游击战争中，活动地区狭小，斗争艰苦，生活困难，但仍是威慑敌人的重要军事力量。全体军民的顽强斗争，给敌人以有力打击，并牵制了敌人一部分兵力。这一时期的斗争，也为以后恢复该地区积累了丰富经验。

打破三县"围剿"

1947 年 6 月，宿怀、宿蒙、宿西等县大队人员，从涡北东进，一举收复失地，建立了地方政权。当时顺河区队活动在褚集（现属怀远县）、陈集、三和一带。国民党宿、怀、蒙三县敌军妄图乘地方政权基础未稳之机，摧毁地方武装力量。

9 月 28 日，国民党纠集三县地方队伍近 2000 人，向宿怀县褚集、陈集、罗集一带围剿，企图消灭宿怀县大队。宿县之敌从北面向南推进，蒙城之敌从西面向东推进，怀远之敌从南面向北推进。

上午 9 时左右，顺河区区长谢子言和区队副孙明圣等 14 人，正在陈集召开群众大会，忽然发现北面来了国民党队伍，谢子言立刻带人向浍河陶堰转移，但陶堰渡口已被国民党军封锁，区队人员向陶堰的国民党军打了几枪，便向西准备从瓦蚌集渡口过河。刚到陈集西陆四洼庄，迎面来了蒙城之敌，区队折向南边浍河岸转移，蒙城之敌紧追不舍，幸巧与宿县之敌发生误会，互相射击。谢子言带人乘机隐藏在洲河芦苇丛中。宿、蒙两敌于河两岸自战约 1 小时方知误会，便合兵在洲河中搜索。洲河内芦苇茂密，国民党军不敢贸然进入，搜索一阵连一个人影也没见。便找了一只船，强迫船夫划船进去，船夫说："苇丛又深又密，无法行船。"国民党军乱折腾一阵子，将近天黑，不得不撤走。

此次战斗，顺河区队只打几枪，便引起敌方一场误会互相厮杀，死伤3 人，牵制三县国民党军没有到达褚集会合，给县大队集中消灭怀远之敌创造了有利条件。

新四军击垮"还乡团"

1946 年，国民党撕破停战协定，进攻解放区。为保存革命实力，我军实施战略转移，铁佛地区的人民武装亦随军西撤。一些逃跑的豪绅地主及反动武装乘机卷土重来，组成一支反动势力，自称"还乡团"，占据铁佛地区。当时沱河北岸的"还乡团"由王洪范带领。这股"还乡团"气焰嚣张，向人民进行反攻倒算，以残酷的手段杀害革命战士，闹得人心惶惶，不得安宁。"还乡团"的罪恶行径，激起沱河北岸人民的极大愤恨，纷纷到新四军部队哭诉求助。

1947 年 10 月的一天早上，新四军四师三十六团命令余山成同志，带全连骑兵到小城集附近的温庄彻底消灭这股顽敌。"还乡团"看到英勇的骑兵从北面扑来，如惊弓之鸟，仓皇向西南方向逃窜。骑兵战士冒着顽敌射击的子弹，紧跟追击。

8 时左右，19 名漏网残匪，被骑兵战士在赵沟口搜出活捉，带到格针园村张楼。经审讯，张士胜、赵克章因罪轻微被群众保释，其余 17 名罪大恶极的惯匪，被处以死刑。

活捉国民党陈集副乡长张怀勤

1947年10月下旬，宿、怀两县区队配合县大队部分武装，共70余人，由宿怀县委书记汪冰石和两县区委书记谢子言率领，涉水暗渡涡河，追抄逃往怀远唐店子的国民党陈集乡公所之敌。

当时，国民党陈集乡公所兵驻在一个庙里，早晨7时左右，县、区队就把庙团团围住。区队通信员王书圣首先冲到门口，向屋内"砰砰"两枪，命令国民党兵"不许动"！刚刚起床的群敌，一时惊慌失措，待敌醒悟欲动，战士们已把门围上，敌人见四五支枪口对准他们，只得束手就擒。

这次战斗，活捉国民党陈集副乡长张怀勤、乡队副张丙伦、乡文书张冠佩等数人。缴获长枪12支、短枪2支、子弹200余发。将民愤极大的张冠佩、张丙伦带到陈集镇压，其余人经教育后释放。

独立旅攻占濉溪城

1947年初冬，国民党濉溪区和宿县保安警察大队300余人驻守在濉溪城里，顽区队借助保安警察大队的势力，在濉溪口耀武扬威，任意向市民要钱要粮，企图长期盘踞下去。

11月3日夜，豫皖苏军区独立旅旅长金绍山奉命率部挺进濉溪，兵力2000人，层层包围了濉溪城。得知独立旅攻打濉溪城的消息后，濉溪镇长李本法当即连夜步行赶到刘桥西面的小孜城，找到县区委汇报情况，提出配合独立旅攻打濉溪城。

4日黎明前，独立旅给予国民党军出其不意的袭击，一举攻入城内，在后街连克几处工事，经过激战，国民党军4人毙命，9人被俘，其余军政人员及残兵，从南门突围溃逃。整个战斗仅用1个多小时，速战速决。

国民党军逃跑时丢掉枪支100余支，连保安大队长任百田的随手小提箱也未及带走，箱内装有宿县保安警察大队少校任百田的委任书和牛角私章一枚。

镇队武装突围

1947年冬，共产党濉溪镇政权正在隐蔽地恢复，至11月恢复镇建制，随之成立镇队武装共4个班，约50人枪的武装力量，常常活动于濉溪城附近。

同年12月11日，镇队得知华东野战军某部侦察营600余人驻在濉溪城东北张寨一带，并活动于濉溪、烈山和渠沟等地侦察敌情。此时，镇长李本法和镇队副张焕臣带领镇队进了濉溪城，预定中午在南濉兴酒坊吃饭。县财务局税收人员18人身带武器正在濉溪城内收税，华野侦察营2名战士正在城内买菜，集市熙熙攘攘。刚近午饭时分，国民党濉溪区队配合宿县交警二总队1200余人，也逼近濉溪城。镇队岗哨撤回城内时，已听到国民党武装在城四周包围发出的枪声。紧急关头，镇长李本法当即集合进城的36名干部战士准备从南门突围。集合时，华野侦察营2名买菜的战士（各带长短枪）和县财务局税收人员有两三人也靠拢到镇队，突围的力量有40人枪。突围人员到南门外遇敌，一阵猛打，国民党交警队约有两个连被冲散，镇队趁机跳出敌方的包围圈，向西南房庄以北开阔地疾步猛跑，国民党交警队在后面紧追。不幸，镇队一班长阵亡。当镇队被追赶到房庄后的西横堤时，镇队副张焕臣身负重伤，连张一起被敌捉住4人。镇队边打边向西南撤退，敌方拼命追赶，准备吃掉镇队，镇队跑过老溪河，卧在河西岸，借河岸工事，向追兵猛射一阵，追兵怕中"诱敌深入"之计，未敢过河追赶，镇队突围成功，到王捻找到了县大队。

这次战斗，濉溪镇队既是突围战，又是遭遇战，在敌众我寡的情况下，机动灵活，英勇顽强，突出重围。

击毙匪首马连德

1948年初，逃亡到濉溪南部浍河两岸的孙疃、朱口集一带的国民党蒙城县许疃集的"还乡团"马连德匪部，常乘宿蒙县大队外出作战之隙，黑夜窜到界沟区马楼一带，抢劫群众财物、牲畜，杀害、绑架革命家属和群众。

为了保卫人民的生命财产，宿蒙县大队决定消灭这股顽军。他们首先掌握了马连德部的活动规律，并决定采取制造假象、声东击西、引蛇出洞的策略，予以聚歼。5月初的一天，县大队获悉马匪又窜回马楼骚扰群众。经过一夜急行军，县大队直插界沟区马楼村通往孙疃集公路两侧的朱刘庄和贾庄附近，并设下埋伏。第二天上午，当匪军进入县大队伏击圈时，信号枪响，战士们奋勇出击，手榴弹爆炸声、枪声响成一片，匪军措手不及，被打死、打伤多人，其余弃枪举手投降。

这次伏击战仅30多分钟便胜利结束，击毙匪首马连德及下属30余人，生俘10人，缴获长短枪20余支，子弹数百发，县大队无一伤亡。

俘获敌队长魏怀玉

1948年3月7日下午，宿怀县大队副魏清岭，得知国民党芦沟乡队长魏怀玉带领乡队驻在湖涯魏东边的小王庄。魏清岭让10余名战士，穿上缴获的国民党军装，骑上马，乔装成国民党五十八师骑兵，奔赴小王庄。然后部署县大队30余人配合马毓贤的西联防队20余人，分别埋伏在湖涯魏小王庄东、西、北三面的壕沟里，等待接应。

下午4时，国民党乡队长魏怀玉发现东北方向奔来骑兵，认为是任百善的"还乡团"，便迎上去问："可是保安队？"骑兵战士乘机回答："是！"说着，冲上去下了魏怀玉人的枪。魏怀玉被擒的同时，埋伏在壕沟里的战士包围了小王庄。敌乡队看情况不妙，忙脱下军装，四散隐藏起来。县大队和西联防队战士把小王庄包围后，挨家搜索，在群众的帮助下，把国民党乡队全部揪出。

此举，县大队和西联防队一枪未放，俘国民党乡队长魏怀玉和乡队22人，缴获长短枪13支、子弹250余发。

阻击"还乡团"

1948年3月29日傍晚，中共浍南区干部在吴芳庄开会。研究决定次日上午，在童亭乡张松林孜庄召开救灾会议，发放救灾粮款。

当夜，区队到童亭集一带侦察、袭击夜间来解放区窜扰的由国民党宿县西部区、乡组成的联防"还乡团"。区政府非战斗人员，由区长陈望云带领到张松林孜宿营。

晚饭过后，区队副吴长海、队员陈干卿率区队4个班，沿孟沟北岸村庄侦察前进，直插童亭集。吴长海到临时联络点郑木匠家，获悉街上有很少几个"还乡团"人员，无大股部队。马上发起围捕，捉"还乡团"士兵5人，缴获马1匹，战刀1把，驳壳、八音手枪各1支。随后，押着俘获的人、马赶往张松林孜。

23时许，陈望云和区政府所有人员抵张松林孜。郑木匠的亲戚告知："陈明五的联防还乡大队就在附近。"陈望云即在村庄四周布哨。

30日拂晓，吴长海、陈干卿率区队及俘获的"还乡团"人员到达张松林孜和区政府人员会合。

早饭前，岗哨发现西、南均有服装掺杂的队伍，正迅速向区政府驻地猛扑过来。陈望云区长当即指挥区队进入阵地，阻击"还乡团"。"还乡团"火力很猛，数十挺轻机枪掩护下的"还乡团"士兵，蜂拥进逼。激战约1小时，陈望云命令吴长海、陈干卿带区队一个班，掩护非战斗人员，向东进入竖沟往北撤退。陈望云指挥区队边打边退。当退入竖沟时，先撤退的非战斗人员，被迂回在北面的"还乡团"堵了回来。

在双方兵力悬殊的情况下，陈望云决定自率一个班，亲持机枪开路，向西突围。准确的射击，打死数名"还乡团"士兵，其余"还乡团"士兵分向南北窜逃。

突围成功，北面迂回堵截区队北撤的"还乡团"，也被牵制回来。浍南区非战斗人员安全撤离战场，经李糟坊转向西南，在五沟集北大任家和陈望云会合。

围歼贾芳谷战斗

贾芳谷，濉溪县十里长山南贾家人。1938年，宿县沦陷，匪乱蜂起，贾芳谷乘机网罗匪众百余人投靠国民党政府，任常山区区长。1940年后，任国民党宿县西部顽军大队长。他长期依靠这支反动武装，横行宿西一带，无恶不作。1944年8月，新四军第四师主力挺进津浦路西的同时，淮北第四分区独立团首战宿西十里长山，歼灭土顽贾芳谷6个班，贾芳谷本人侥幸逃脱。1945年9月，贾芳谷任国民党长山、百善、孙疃等地的联防区长，有两三百条枪，到处敲诈勒索，胡作非为，杀害革命人士。1946年，解放战争开始后，他充当国民党宿县土顽向宿西根据地侵犯的急先锋。

　　1948年初，宿西县境内大部分土匪被消灭，地方民主政权得到恢复，唯有这支土顽仍与人民为敌，在五铺西南的商河圩孜挖壕沟，筑碉堡，妄想长期固守。群众纷纷要求人民政府为民除害。

围歼贾芳谷战斗遗址

　　宿西县大队和部分区队配合解放军三十六团，决心消灭这股顽匪。1948年5月1日，经多方跟踪，掌握其活动规律，决定趁贾芳谷夜间在四铺一带活动时进行夜袭。共产党员陈新民、陈敬修、杨克振做向导，率领县大队和区队一个班从四铺集北堵截敌人，而后，顺着戚家沟向五铺西包抄，形成包围。骑兵从四铺集顺隋堤公路向西冲杀。天近微明，四铺集以南的敌人发现三十六团主力部队后，即向隋堤溃逃，正碰上骑兵连，将其杀伤大半，残敌顺隋堤公路向西逃窜。陈政治带领区队和三十六团两个步兵营数百名战士，先用迫击炮进行火力侦察，然后从四铺集南跑步前进，包围了商河圩孜据点。商河圩孜是贾芳谷建立的据点，只有1个排的兵力据守。三十六团把商河圩孜团团围住后，即派 4 名战士上前捉住岗哨，得知敌人正在熟睡，三十六团派 1 个机枪班和 1 个手枪班，冲进圩里，敌人全部投降。

骑兵连把贾芳谷追击到五铺后，战士们越战越勇。五铺南松林子有一股敌人，骑兵战士只用了几分钟时间，就砍死了其中 18 人，剩余 13 人全部缴械投降。贾芳谷向五铺北奶奶庙逃跑，进入了伏击圈，一阵猛烈射击后，打得贾芳谷晕头转向，顽兵乱成一团。贾芳谷带领一部分亲信继续北逃，被击毙在奶奶庙的一片麦地里。

此次战斗，击毙贾芳谷以下土顽数十人，俘虏几百人，缴获长短枪数百支（挺），子弹数千发。

土地改革运动

土地制度改革是中国共产党在解放区实行的一项基本政策，正如毛泽东所说，"如果我们能够普遍地、彻底地解决土地问题，我们就获得了足以战胜一切敌人的最基本的条件"。土改工作是和恢复地区同步进行的，是一项主要工作任务。由于各地恢复的时间不一，土改的进行有先有后，但是大体上都经历了继续执行《五四指示》、执行《中国土地法大纲》和贯彻中共中央关于"新解放区停止土改，实行减租减息"指示几个阶段。①②

在恢复地区时，各地即进行了土改，但主要是在中心区进行，游击区、边缘区未搞。在建立政权的基础上，萧宿永县也开展了土地改革运动，在恢复政权比较早的刘河区进行土改，发动群众，斗争地主，进行说理斗争，将地主富农的土地分给无地和少地的农民，将房屋、农具、牲畜、粮食、衣服、树木等浮财分给农民。中共豫皖苏三地委还派工作队协助指导。

但是，这一时期的土改，由于环境动荡不安，大部分地主、富农有依仗心理，费尽心机地破坏土改，有的请客送礼，有的转移浮财，有的造谣恐吓。而部分群众看到敌我形势未定，抱有观望心理。加之西撤后，有些

---

① 中共淮北市委党史研究室：《中国共产党淮北地方史》第一卷，第 224、225 页，中共党史出版社 2004 年版。

② 《毛泽东选集》第四卷，第 1252 页，人民出版社 1991 年版。

群众积极分子被地主分子反攻倒算、迫害，搞得家破人亡心有余悸，所以分给的东西干脆不要，或白天分晚上又送回去；分给的土地，只说给东家种着。另外，在部分干部战士中间，对土地改革的意义认识不足，认为恢复地区以打仗为主，土改顾不上；还有的人对土改工作有畏难情绪，信心不足。这些都影响了土改工作的进行。

翻身农民领到土地证后全家喜气洋洋

针对这种情况，各级党组织大力开展形势教育，揭露敌人的欺骗宣传，表示与父老乡亲同生死、共患难，驱散笼罩群众心头的迷雾；对那些反攻倒算的恶霸地主就地镇压，毫不留情，决不手软。刘邓、陈粟大军进军中原，转战豫、皖、苏，使形势大为改观，各县也积极活动，扩大地盘，发展武装，建立政权，为土地改革运动的顺利进行创造了有利条件。

1947年7月下旬，中共豫皖苏三地委召开群工会议，地委副书记王光宇作了《普遍地猛烈地开展土地改革运动，结合战争为保证大反攻的胜利而斗争》的报告。会议要求各级党委、政府和广大干部确实认清土地改革的重要意义，在土改工作中继续贯彻《五四指示》。同时，要做到战争与土改相结合，用战争掩护土改，各级武装要参加土改，武装保护土改，军队干部也要参加土改。这次会议和报告使广大干部思想觉悟有了很大提高，对土地改革的伟大意义有了新的认识。会后，各县抽调大批人员组成土改工作队，深入中心区、乡，进行宣传动员，广泛发动群众，培养积极分子，召开贫农大会，组织贫农团和农会，展开说理斗争，申冤诉苦，惩办恶霸，分浮财，分土地。工作队大胆借鉴华北土改经验，运用大造声势的方法，使土改运动很快开展起来。

这次土改主要采取依靠贫雇农，团结中农，中间不动两头动，填平补齐，抽肥补瘦的方针，即不动中农的土地财产，拿出地主富农的土地财产，和贫雇农一起，依据人口、贫富进行公平合理的分配。群众真正发动起来后，其势如暴风骤雨，排山倒海，锐不可当。土改期间，群众开大会斗地主，烧地契；村庄里分浮财，扛粮食，牵牲口；田野里三五成群的农民丈量土地，竖埋地桩，一派热火朝天的景象。

各县在中心区实行土改后，在游击区则采取部队前面打，后面就建立政权，建立政权后立即进行土改，以滚雪球的办法逐步向前推进。当时提出的口号是"一手拿枪，一手拿算盘""白天打仗，夜晚分田""前方打仗，后方分田"。

在中共豫皖苏三地委的领导下，经过几个月的努力，土地改革取得了很大成绩，据不完全统计，全区共分土地 30 余万亩，耕牛 2877 头，大车 1.1226 万辆，没收烟土 500 余两；发展农会会员 18 万人，训练积极分子 3000 人，发展党员 2598 名，民兵 8500 人。这一时期的土改又称之为"急性土改"，尽管取得了很大成绩，但也存在土改果实分配不尽合理、不彻底的现象；执行政策上，出现了"左"的错误，打击面过宽，侵犯中农利益等。

1947 年 10 月 10 日，中共中央公布《中国土地法大纲》。这个彻底的反封建的土地革命纲领，明确规定废除封建性及半封建性剥削的土地制度。《中国土地法大纲》规定了彻底平分土地的基本原则。1947 年 11 月中旬，中共豫皖苏三地委召开区以上干部会议，传达贯彻《中国土地法大纲》精神。12 月 30 日，地委召开土地工作会议，地委副书记王光宇代表

翻身农民第一次在自己的土地上获得丰收

地委作了《如何开展大推平运动》（大推平，即平分土地）的报告。

之后，大推平运动在三分区西部五县迅速开展起来，使土地改革运动进入一个新的高潮。东部几个县，因环境动荡，只在局部地区进行，方式方法是基本参照典型经验。整个工作分为三步：首先，整顿组织，开展诉苦运动，对地主进行说理斗争；其次，完成划分阶级，征收没收浮财；最后，土地大推平。这一阶段，整个土改运动是在紧张的武装斗争中进行的。三分区地处战略要地，经常与敌人进行拉锯战，因此，分区主力和各县武装都积极活动，坚持打击来犯之敌，肃清地方反动武装，以保证土改工作正常开展。已土改和正在土改的村庄，都积极建立民兵组织，群众积极送情报，检举坏人，帮助锄奸。所以，三分区土改运动的特点就是以武装斗争为先导，土改和武装斗争相结合。

但是，彻底平分土地，也助长了农民小生产者的平均主义思想。在异常艰苦的战争环境里，一旦土改运动把农民发动起来，这种平均主义要求很容易形成一股强大的浪潮，冲击党的土改政策。这一时期的土改中，由于盲目推广外地经验，许多地方发生了扩大打击面的"左"的偏向，甚至一度发生"扫地出门"和乱打乱杀的现象。这些偏向，严重地妨碍了土地改革运动的健康发展，影响了农业生产的正常进行和社会秩序的稳定。造成这些"左"的偏向主要是因为这时许多干部缺乏大规模土改的经验，又经受了整党中反右倾的批评，不敢坚持党的正确政策的领导，放任或者附和农民自发的平均主义要求所致。

1948 年 4 月，中共中央发出"新解放区停止土改，实行减租减息"的指示。同年 6 月，中共豫皖苏三地委召开紧急会议，停止打土豪，分田地，乱没收浮财；禁止乱抓人、打人、杀人；实行减租减息，调剂种子、口粮的社会政策和合理负担的财政政策。县区级主要干部学习了上级有关土改和纠偏的文件精神，回到县区进行土改纠偏，不再实行平均分配的大推平政策，归还中农土地，补偿中农利益，团结了中农，稳定了群众情绪。

新发展和恢复的地区如宿西、萧县等地实行"双减"，减租实行"三五、六五"分租，即每石粮食农民六斗五，地主三斗五；减息方面，凡陈年日久的高利贷，利过本的停利还本，利倍本的本利全停。同时，增加大领、长工、短工的工资待遇。宿西、萧县通过"双减"运动，雇贫农得粮 153.4501 万斤，占 50%，增加工资得粮 34.9412 万斤。

土地改革是一场伟大的革命运动，它摧毁了几千年封建统治的经济基础，改变了农村旧有的生产关系，使农村各阶级占有的土地大体平均，贫雇农基本获得相当于平均水平的土地和其他生产、生活资料。这一翻天覆地的变化，使广大农民在政治上、经济上获得了解放，并由此而迸发出巨大的革命热情。他们积极参加农工妇组织，据统计，豫皖苏三分区土改地区共发展农会会员 24.0887 万人，妇女会员 1.1832 万人，工会会员 4660 人。在"保田、保家、保革命"的号召下，青壮年踊跃参军参战、参加民兵，担负巨大的战争勤务，并以粮草、被服等物资支援自己的子弟兵。土地改革运动为夺取解放战争的胜利，特别是为即将进行的淮海战役提供了源源不断的人力、物力支持。

整顿党的队伍

1947 年 7 月至 9 月，中共中央在全国土地会议上决定，进行土改的同时，开始整顿党的基层组织。整党的基本方针是，开展批评与自我批评，以说服教育为主，惩前毖后，治病救人。整党的基本内容是，通过开展"三查"（查阶级、查思想、查作风）、"三整"（整顿组织、整顿思想、整顿作风），克服党内的非无产阶级思想影响和官僚主义作风，牢固树立全心全意为人民服务的思想；对那些错误严重、屡教不改的党员辅之以组织纪律处分；对极少数混进党内的地主、富农和流氓分子坚决清除出党。

1948 年 1 月 8 日和 2 月 14 日，中共豫、皖、苏三地委相继发出《关于整党工作的指示》《关于整党工作的具体决定》两个文件，有力地推动了整党工作的全面开展。1 月和 3 月，地委举办了两期整党学习班，萧县、宿西等县区干部参加了学习。在学习班中，学习了毛泽东《目前形势和我们的任务》、中共中央关于《老区半老区的土地改革与整党工作》《新解放区土地改革要点》等文件。学员对照文件检查自己，反省自己，而

解放军用"诉苦""三查"的方式开展新式整军运动

后互相帮助。大多数学员认识了自己的错误,划清了阶级界限,提高了政治觉悟。

一些有条件的县还举办了区以下干部短期轮训班,以正面教育为主,开展批评与自我批评,提高觉悟,增强党的纪律观念,端正党员思想作风。对基层党组织普遍进行整顿,对农村党员进行形势教育、阶级教育和纪律教育。

1948年9月,中共豫皖苏三地委根据中央精神,在全区开展了反对无组织、无纪律、无政府主义的斗争(也叫"反无整纪"),纠正并克服了党内存在的无组织、无纪律现象,加强了党的一元化领导,提高了党的战斗力,党的组织也发展壮大。

通过整党,克服了战争时期党内成分不纯和作风不纯现象,清除了坏分子,纯洁了党的队伍,党组织在思想上、政治上和组织上都有很大进步,党同群众的联系更加密切。这就为争取土改和解放战争的胜利提供了重要的保证。但是整党中也出现了"左"的偏向,如对党员干部的阴暗面看得过大,搞人人过关,对家庭出身不好或历史上有点问题的干部进行过火的思想批判,组织处理面过大过重,产生消极作用。第二批整党时均予以纠正。

另外,宿西、萧县、宿怀、宿蒙等县对疏散、隐蔽陆续归队的人员采取了慎重的态度：先工作，再了解，在实践中予以考察；有的送去学习，情况搞清楚了，逐步恢复他们的组织关系。实践证明，这些党员干部绝大多数是好的，是禁得起考验的。在恢复地区的斗争中，这些人员起了很好的作用。另外，对极少数背叛革命的，也做了慎重、严肃的处理。

在整党的同时，从1947年底至1948年秋，分区部队和各县地方武装也利用战斗间隙，从阶级教育入手，运用诉苦（诉旧社会和反动派给予劳动人民之苦）、"三查"（查阶级、查工作、查斗志）、"三整"（整顿组织、整顿思想、整顿作风）等方法，开展了新式整军运动。通过这一运动，提高了广大干部、战士的阶级觉悟，激发了他们的革命斗志；教育改造了从国民党军队中俘虏过来的士兵；加强了部队的纪律性和团结，密切了官兵关系，提高了部队的战斗力，从政治上、思想上、组织上为夺取解放战争的胜利做了准备。

解放区的建设

在宿西等新恢复的解放区，初期由于以军事斗争为主，各县、区领导班子精干，人数不多，有的区只有区长、通信员几个人。在地区逐步恢复，形势基本稳定以后，进行了充实县、区领导，重建基层政权的工作。县、区级领导一方面由上级指派，另一方面选派党员、干部参加轮训班学习，提高其思想业务水平，再提任较高一级的领导。或者把经过锻炼成熟的党员、干部由基层提拔上来，在岗位上培养。基层政权建设方面，在中心区，摧毁国民党的保甲制度，以800人至1500人为单位划分设立行政村，行政村设村长1人，民政、财粮委员1人，村政委员若干。村干部由土改中涌现的积极分子担任。在提拔使用村级干部时，一般都经过短期训练，提高他们的政治素质。村除村委会以外，还建立了村农会、党支部（小组）、民兵分队。

1948年7月，中共豫皖苏三地委根据上级指示，取消了行政村，以3000人左右划为一乡，每区8个至12个乡，乡设立人民代表会议作为乡的最高权力机构。乡政府由乡人民代表会议选举7人至9人（包括正副乡长、财粮、民政、教育委员等）组成。各自然村由代表互推主任代表 1 人，以协助乡政府工作。乡建立农民协会，设立民兵中队和党支部。当时，为加强县区乡政权建设，针对中心区和边缘区的不同情况提出了不同的政策和策略。明确中心区的任务是发动群众，肃清土匪，彻底铲除地主阶级统治的武装力量，广泛扩大武装，依靠贫农，团结中农，中立富农及中小地主，打击和消灭敌人。在边缘区的主要任务除继续宣传发动群众外，注重改造旧政权，同时争取两面政权，使其为共产党服务。各级党委还积极开展统战工作，注意吸收当地进步民主人士参加各级民主政权，扩大了民主革命阵线，削弱了敌人力量。

各县恢复时，就面临着十分严重的困难。由于国民党的横征暴敛，地方"还乡团"的反攻倒算，战争连年，加上 1946 年秋大水灾，真是民不聊生。为了适应战争需要，解放区根据中共中央关于"发展经济，保障供给，统一领导，分散经营，军民兼顾，公私兼顾"的财经工作方针，对财经工作实行由和平建设体制到战时体制的转变，做到既满足战争的物资需求，又尽可能地减轻人民的负担，使人民生活有所改善。

为加强财经工作，豫皖苏三专署设有财政科，下发了一系列关于财政、粮食、税收的文件、指示。各县根据上级的指示、决定，做了以下工作。一是没收大地主、恶霸的财产、粮食，补充部队、机关急需，或从解放的城镇、攻克的据点、收缴的敌之物资中予以解决。二是加强税收。主要征收农业税，一般只征收午、秋两季。已土改的地区按 5% ~ 30% 征收，地主富农不超过 30%，中农 15% 左右，贫农 7% 左右。对贫雇农、革命烈军属进行照顾，少征或者免征。未土改的地方，按地亩负担，低的每亩 3 斤，高的不超过 15 斤。还规定了减免范围办法。由于合理负担，群众满意。其次征收过境行商税、产销税（包括烟酒税）、营业税、屠宰税。营业税只在较大的集镇和繁荣的行业征收，对偏僻的小集镇或肩挑贩不普遍地征收。对纳税的多少，实行自报公议，评定税额，再确定免征、减征或全征的商户，求得合理负担。由于税收公平合理，废除了国民党时期五花八门的苛捐杂税，深受工商业者的欢迎，对繁荣经济起到了重要作用。三是保护工商业。根据中共中央"关于保护民族工商业"的文件精神，豫皖苏三专署于1948年5月发出命令，在解放区内，严格禁止清算斗争工商业者，保护工商业。地主、富农把财产转入经营工商业的一律欢迎，不准斗争。凡我国人民均可在解放区乡村、集镇开设各种工厂、商店、作坊、行栈，自由贸易，不受侵犯。这一命令发布后，很多原已停止的集市恢复了贸易，工厂、作坊纷纷开工，商店、行栈开门营业，繁荣了经济，方便了群众。在宿西濉溪口，对私人酒坊进行了保护，使酒坊的生产原料、生产工具未遭游手好闲分子的破坏，20多家酒坊的生产体系基本完整，技术力量得以保留，使濉溪名酒传统工艺未遭失传。四是驱除法币，使用本币（解放区的货币）。国民党政府为了挽救其财政金融危机，滥用纸币，造成国统区物价飞涨，波及解放区物价上涨。为了保护解放区的经济利益，使用冀南、北海、鲁西、华中、淮上地方银行（号）钞票（统称本币），并规定了一定的比值。统一币制，对保证解放区物价稳定和市场繁荣起了积极作用。五是严格财经纪律，核减预算，压缩开支，杜绝贪污浪费。当时，人民宁可自己饿肚子，也要省下高粱面、玉米面、山芋干，两升三升，一瓢半碗地送给部队，粒粒粮食都浸透着人民群众对共产党和人民军队的深情厚谊。

各级政权建立后，非常重视生产发展。各级政府首先把帮助贫苦农民解决生产困难作为当务之急。一方面采取没收大地主的土地财产，按填平原则，"缺啥补啥"的办法，尽量优先分配给农民，补足其土地、农具、牲畜、种子、肥料、粮食。另一方面扶持生产。特别是秋耕秋种，各县结合战勤组织生产，广泛发动生产互助，组织生产竞赛，在灾荒地区，由政府贷给农民麦种，贷放手续简便，由农会介绍农民直接与银行发生关系，保证真正贷给农民。豫皖苏三专署共贷出麦种100万斤，解决了农民的种子困难。另外，在人力、物力上采取自愿小型的组织互助，解决耕牛、人力问题，并派出武装、民兵保护农民耕种，使生产工作得以顺利进行。解放区还大力组织榨油、卷烟、织布等副业生产，这样既增加了群众收入，又增加了政府的税收。解放区政府还通过大力组织兴修水利，改善农业生产条件，促进和发展生产。

由于生产的恢复和发展，解放区终于粉碎了敌人妄想把共产党及其军队困死、饿死、冻死的企图，巩固了政权。

豫皖苏三分区在收复失地、重建政权后，即着手恢复、筹建学校，以及举办其他文化教育事业，为解放区培养建设人才。

1948年6月，豫皖苏边区政府颁布了《豫皖苏边区教育工作暂行计划和办法》，为教育事业的发展指明了方向。为了加强对教育事业的领导和管理，区党委设立了教育委员会，由党、政、民、宣、教部门负责人共同组成。专署、各县政府设立教育科，区公所设教育助理员，行政村设教育委员。专署每半年召开一次教育行政会议，县政府3个月召开一次教育工作会议。研究解决教育工作的组织领导、方针、制度及一般业务问题。8月，三专署在开办青训班的基础上创办了雪枫公学，分师范部与中学部，学制为一年和两年，招收学生300人。各县也着手开办或恢复中学及高级小学，各区村兴办初级小学。三分区共兴办中学3所，学生900人，教员40人；高小88所，300个班，学生2810人，教员471人；初小935所，1932个班，学生3.7706万人，教员1303人。各教育部门认真贯彻新民主主义的教育方针，在学校组织、管理、教学等方面，注意贯彻群众路线，发扬民主精神，提倡集体主义，运用科学的思想方法，为建设解放区培养、输送了大量人才。

解放区政府十分重视知识分子工作。在实行供给制的基础上，党和政府对知识分子实行待遇从优的政策。1948年6月，规定学校教员其口粮、菜金、衣服、补助品等，折成粮食平均逐月发给，月平均约180斤，津贴则酌量增加。10月，又提高教师待遇，初中教师每月230斤至250斤，高中教师每月250斤至270斤。同时，冬季发给教师大衣或棉袍，足见人民政府对教育的重视和对知识分子的优待。

除了学校教育外，各级政府还注意开展群众教育，并把这种教育与群众的翻身运动结合起来同步进行。农会小组、贫农团、民兵队、互助组等，既是群众斗争和生产的组织单位，又是群众学习的组织单位。有时还利用农闲时间，以校外班、识字班、冬学、夜校等形式开展识字运动，提高群众的文化水平。同时，还兴办文化事业，改造、改良旧戏，推行新戏，有条件的县区开办了民兵图书馆、阅览室、俱乐部等，并组织群众进行各种文娱、体育活动，活跃群众的文化生活。豫皖苏办有《反攻报》，报纸积极宣传党的方针政策和斗争任务，及时报道人民军队取得的胜利及收复失地、重建政权的喜讯，鼓舞人民群众的斗志；介绍土改、惩奸分田、生产自救方面的工作经验；宣传英雄模范事迹。党政领导经常亲自撰写文章，使报纸成为党的喉舌。《反攻报》在恢复、巩固与发展地区的斗争中起到了不可估量的作用。

南坪集阻击战

南坪集紧靠浍河南岸，地处宿蒙公路要冲，是黄维兵团驰援徐州的重要通道。总前委决定把南坪集作为扼守要点，命令陈赓率中野四纵坚守，并令他统一指挥第四、第九纵队及豫皖苏独立旅，依托浍河组织阻击。

陈赓到南坪集地区察看地形。根据南坪集南面地形平坦开阔、南高北低，现代化装备的敌人行动便利，易攻难守的情形，陈赓决定由十一旅担负主要防御作战任务，并将防御阵地推进到南坪集以南的田野上，选择镇南1公里处公路两侧的杨庄、胡庄一线为防御重点，构成宽正面、大纵深、以班排为单位的集团工事。杨庄、胡庄地形突出，如此部署防御，可以凭借这两个村庄对宿蒙公路进行瞰制。

十一旅将南坪集阻击任务主要交给三十一团。其中，一营占领右侧几个小村庄；二营占领右前方杨庄及周围的土岗；三营大部占领南坪集和胡庄之间地带，一部分在10公里之外做运动防御。

根据蒋介石三路会师打通津浦线的计划，11月23日拂晓，黄维兵团气势汹汹，以第十八军为中路，第十军在左，第十四军在右，第八十五军殿后，在飞机、坦克的掩护下，沿蒙宿公路及其两侧向南坪集、宿城方向进犯。

23日上午，国民党军十八军一一八师3个团，配属快速纵队全部战车及榴弹炮营，在8架飞机掩护下，向南坪集发起多路猛攻。霎时间，南坪集前沿阵地硝烟弥漫，弹片横飞。

南坪集阻击战战场旧址

胡庄坐落在南坪集正前方，地形复杂，战略位置非常重要，它与西南2里的杨庄如同两把尖刀，控制了杨庄、胡庄，也就控制了南坪集的咽喉。胡庄成为敌人强攻的首要目标。防守这里的三营八连阵地工事大部分被摧毁，战士们以弹坑作掩体，用炸药包、集束手榴弹、陷坑、燃烧柴草对付敌人的坦克，打退了敌人的进攻。敌人集中力量攻击胡庄西南坟地，连续攻击十几次，工事打平了，3个班长牺牲，排长身负重伤。卫生员挺身而出，继续指挥战斗。

中午时分，国民党军十八军军长杨伯涛乘战车指挥两个团的兵力向杨庄阵地猛扑。敌人集中12辆坦克，后面跟着步兵向二营六连阵地蜂拥而来，被暴风雨般的火力挡了回去。几百名敌人在执法队的威逼下，突入六连阵地，双方白刃格斗，敌人丢下大批尸体又退了回去。当敌人再次发起进攻，六连阵地仅剩二十几名勇士。共产党员郭栓柱主动出来指挥，把队伍编成两个班，他和机枪连杨排长担任班长，立即组织战斗。杨排长和4名战士牺牲，敌人又突入阵地。两侧的五连和十一连集中火力封锁突破口，郭栓柱与战士们用刺刀再次将敌人逼出阵地。

国民党军的进攻更加疯狂，炮弹倾泻，整个杨庄阵地像被炮火犁了一遍。敌人进至团指挥所仅300米左右。二营在一营、三营的配合下奋起反击，逐屋逐墙，反复争夺，寸土不让，杨庄阵地始终未被攻破。

接着三十二团一部也在南坪集以东阵地，打退了敌人两个团的进攻，粉碎了国民党军迂回南坪集侧背的企图。南坪集阻击战，重创敌人两个团，打破了黄维兵团北进宿城的企图，为围歼黄维兵团争取了时间。

根据总前委指示，中原野战军于23日夜主动放弃南坪集，四纵与九纵在浍河北岸布设袋形阵地诱敌深入。黄维兵团占领南坪集后，24日上午，十八军全部渡过浍河，进入解放军袋形阵地，发觉形势不妙，于是向南收缩。

双堆集歼灭战

双堆集地区歼灭战是整个淮海战役的第二阶段，前后23天，解放军中原、华东两大野战军并肩作战，经过阻击、包围、歼灭三个阶段的浴血奋战，在濉溪县双堆集地区歼灭了国民党军精锐黄维兵团。

黄百韬兵团在碾庄圩地区被围后，徐州集团吃紧。蒋介石严令驻扎在河南南部的黄维兵团疾速东进，准备北上参战。黄维率领的第十二兵团，辖第十、十四、十八、八十五4个军和1个快速纵队，共12万余人。该兵团大部分是美械装备，为国民党主力兵团之一。1948年11月6日至8日，黄维兵团兵分两路从河南确山和驻马店向阜阳、宿县方向前进。根据中央军委指示，中野主力于11月11日夜间向宿县地区开进。13日晚，中野第三纵队在第九纵队一部配合下包围宿城，16日晨，攻克宿城，斩断了徐蚌之敌北援

黄维兵团被歼灭后的双堆集战场

南逃的通道，造成了国民党军徐州集团完全陷于孤立的被动局面，为淮海战役第一阶段的顺利进行提供了有力保障，为第二阶段围歼黄维兵团准备了战场。

根据中央军委指示精神，中野攻占宿城后，主力立即南下，阻击黄维兵团的增援。至22日，黄维兵团被中野部队阻止在浍河以南赵集地区。与此同时，奉命北上接应黄维的李延年、刘汝明两兵团在任桥、固镇地区也遭到中野九纵和豫皖苏独立旅的顽强阻击，行动不得。蒋介石"北上解围、拱卫徐州"的迷梦破产。22日，淮海战役总前委开会动员部署围歼黄维兵团。邓小平在会上说，只要歼灭了南线敌军主力，中野就是打光了，全国各地解放军还是可以取得全国胜利，这代价是值得的。总前委的决心对于广大指战员是巨大的激励和鼓舞。23日夜，总前委向中共中央电告认为现在歼击黄维兵团时机甚好。因此决定放弃南坪集，在浍河以北布置袋形阵地诱敌深入，聚歼黄维兵团。24日下午，中央军委立即复电："（一）完全同意先打黄维；（二）望粟（裕）、陈（士榘）、张（震）遵刘（伯承）、陈（毅）、邓（小平）部署，派必要兵力打黄维；（三）情况紧急时机，一切由刘、陈、邓临机处置，不要请示。"根据中央军委的指示，总前委决定以中野全部7个纵队及华野第七纵队和特种兵纵队炮兵一部歼灭黄维兵团。中野各级领导在动员中反复强调战役的整体性、持久性、连续性，要求各级指战员顾大局，识大体，全力以赴，不怕牺牲，坚决彻底歼灭

淮海战役双堆集烈士纪念碑

黄维兵团。①②

　　围歼黄维兵团的作战，从 1948 年 11 月 23 日起至 12 月 15 日止，历时 23 昼夜，分为三个阶段。11 月 23 日至 24 日为第一阶段——阻击合围阶段。24 日黄昏，中野各部全线出击，至 25 日晨，将黄维兵团合围于双堆集地区。11 月 25 日至 12 月 2 日为围歼黄维兵团的第二阶段——准备攻击阶段。根据总前委的部署，中野所部从四个方面逐步压缩敌人。黄维兵团在中野的包围压迫之下，不甘心坐以待毙，决定乘解放军包围阵地还没有巩固的时机，向固镇方向突围，靠拢李延年、刘汝明兵团。27 日，黄维挑选 4 个主力师向蚌埠固镇方向突围，其中，第八十五军一一〇师在师长廖运周（中共党员）的率领下，有组织、有计划、有准备地举行了战场起义，打乱了黄维的突围计划，为双堆集歼灭战，乃至淮海战役的胜利做出了贡献。至 12 月 2 日，黄维兵团被压缩在以双堆集为中心的纵横 5 千米的狭窄地区内。这期间，为保障中野围歼黄维兵团作战，华野组成两大阻击兵团：一路北阻由徐州南犯的邱清泉、孙元良兵团；一路力挡由蚌埠北援的李延年、刘汝明两兵团。他们勇猛奋战，粉碎了敌人援救黄维兵团的企图。从 12 月 3 日至 15 日夜，为围歼黄维兵团的第三阶段——阵地歼灭战阶段。为全歼黄维兵团，总前委决定调集战役预备队，即华野七纵、十三纵和特种兵纵队炮兵一部，加入总攻力量。12 月 5 日，刘、陈、邓下达了《对黄维兵团总攻击命令》。根据黄维兵团的防御态势，人民解放军总攻部队分为三个集团：以中野四、九、十一纵及豫皖苏独立旅、华野特纵炮兵一部为东集团，由陈赓、谢富治指挥，向双堆集以东地区进攻；以华野十三纵、中野一、三纵组成西集团，由陈锡联指挥，向双堆集以西地区进攻；以中野六纵、华野七纵和陕南十二旅组成南集团，由王近山、杜义德指挥，向双堆集以南地区进攻。攻击的重点置于东集团，瓦解敌军的防御体系，暴露敌兵团部所在的核心阵地。东集团得手后，再置重点于南面，由南向北实施主要突击，最后歼灭敌人。12 月 6 日 16 时 30 分，总攻

① 中共淮北市委党史研究室：《中国共产党淮北地方史》，第 240、241 页，中共党史出版社 2004 年版。

② 《鏖战双堆集》，第 7 页，安徽人民出版社 1998 年版。

开始。12 月 12 日，刘伯承、陈毅发布了《促黄维立即投降书》。敌人拒绝投降。总前委为了迅速歼灭黄维兵团，决定调整部署，以南集团为主力，东西两集团配合，围歼黄维兵团残部；确定以华野第三、十三纵队及特纵一部加强南集团，由华野参谋长陈士榘统一指挥，向双堆集及其周围地区攻击。至 12 月 15 日午夜，全歼黄维兵团，生俘敌兵团司令黄维、副司令吴绍周等，共歼灭敌人 1 个兵团部、4 个军、12 个师、1 个快速纵队，计 12 万余人。历时 23 天的双堆集地区歼灭战以完全的胜利载入史册。[①]

这是人民解放军以伤亡 3 万余人的代价赢得的辉煌战果。黄维兵团被歼，使被围的杜聿明集团陷入绝境，为第三阶段全歼该敌，夺取淮海战役全面胜利创造了条件。

濉溪人民支援淮海战役

"战争的伟力之最深厚的根源，存在于民众之中。"中共中央、中央军委和毛泽东对淮海战役人民支前和后勤极为重视，一再指示中共华东、中原局必须会同华北局统筹解决全军及民工的粮食、弹药等物资，应用全力保证人民解放军的供给，以及伤员的转运治疗工作；对人民参战，必须实行"耕战互助"的方针。在总前委的统一筹划下，华东局、中原局、华北局、华中工委坚决贯彻中央的指示，组织发动各级党组织、人民政府和广大人民，迅速建立健全了各级支前工作机构，制定了支前的各项具体政策和措施，落实了各项支前任务，号召全体党政军民紧急动员起来，一切为了前线，集中一切人力、物力、财力，全力以赴支援人民解放军作战。

1948 年 11 月 3 日，邓小平、陈毅、张际春、陈赓等几位首长到达中共豫皖苏三地委驻地裴桥集，传达了毛泽东、中央军委关于淮海战役作战的方针、部署。邓小平说，中央决定在淮海地区组织一次大的战役，规模大，时间长，需耗费的物资多，地委、分区、专署要不惜倾家荡产，组织人力、物力支援前线作战。陈毅说，这个仗是要打的，而且会越打越大。

---

① 中共淮北市委党史研究室：《中国共产党淮北地方史》第一卷，第 241、242、243 页，中共党史出版社 2004 年版。

仗打起来，会在这个地区投入千军万马，后勤补给、兵站工作十分重要。邓、陈首长指示地委和各县成立支前指挥部，在永城设立中野总兵站。最后要求，一定要把工作做好，做出成绩来。①

11月15日，中原局发出《关于徐州会战工作布置》的电令，进一步阐述了取得淮海战役的大胜或全胜对夺取全国胜利的重要意义，指出这次战役"不仅是全中原人民的最高利益。而且是全中国人民的最高利益"。责成中共豫皖苏中央分局（1948年6月24日，中共中央决定撤销中共豫皖苏边区委员会，建立中共豫皖苏中央分局，分局书记宋任穷，副书记吴芝圃），尤其是地处战区的地委、专署，加强支前机构与支前工作，组织强大的供应站，不惜任何损失与负担，保证一切作战需要。11月24日、29日，豫皖苏中央分局就支前工作若干问题两次发出指示，责成三分区负责永城至前线各兵站及战时临时担架任务，并受豫皖苏区战勤司令部前方办事处的直接指挥。

根据上级指示精神，豫皖苏三专署成立了战勤司令部，司令部下设民力、财粮、动员、秘书等部。专署专员许西连兼任司令员，副专员李时庄兼任副司令员，地委书记寿松涛兼任政委，副书记王光宇兼任副政委，以确保对战勤工作的领导。

11月21日，豫皖苏三分区战勤司令部发出"为全力支前保证淮海战役胜利"的训令，要求全区"党、政、军、民、学和各级干部及人员必须立即动员起来，为战争服务"，"要有高度的战争观念，积极的支前思想"。训令对搞好转运站、修路架桥、架设电话线、统筹粮秣、赶做被服五大任务作了周密布置。三分区关于战勤工作的一系列文件，对动员和组织全区人民奋勇支前，完成赋予全区的各项任务，发挥了巨大作用。根据三分区的统一部署，豫皖苏三专署所属各县、区相应成立了支前组织机构。县成立了支前指挥部，区成立了民工支前供应站，并在乡、村层层设立支前点。各级支前机构均由当地领导分工兼职。其中，宿西县支前指挥部指挥兼政委田启松，指挥部设在百善；萧宿县支前指挥部指挥张绍烈，政委王尚三，指挥部设在濉溪口；宿怀县支前指挥部（其两县区现属濉溪县）指

① 中共淮北市委党史研究室：《中国共产党淮北地方史》第一卷，第250页，中共党史出版社2004年版。

挥崔剑晓，政委汪冰石；宿蒙县支前指挥部（其南坪、白沙、界沟区现属濉溪县）指挥马敦五，政委张治刚。

在建立各级各类支前机构的同时，各级党组织根据中共中央关于《全党动员，全民发动，全力以赴做好支援前线工作》的指示，进行了广泛深入的宣传发动工作。中共宿西县委在七闸口召开全县区、乡干部大会，进行支前动员。会议要求"全心全意全力支前，一切为着战争，一切为着保证战争的胜利。在干部上，要全力以赴；在物资上，不惜倾家荡产；在制度上，强调统一，强调战时命令和战时纪律；实行工作考核制，各级干部按功行赏，按过降罚"。

青壮年积极参加解放军

中共萧宿县委在濉溪口西刘庄召开支前动员大会，提出"一切为了前线胜利"的口号。各级干部在深入学习、统一思想的基础上，纷纷深入群众，召开各种形式不同范围的会议，如区委会、支委会、村干会、贫农团会、民兵会、村民大会等，反复地宣传淮海战役的伟大意义，介绍人民解放军胜利的消息，增强人民的胜利信心，把夺取淮海战役胜利与群众的根本利益联系起来进行教育，提出"不惜倾家荡产，支援淮海前线""前方流血，后方流汗""打倒老蒋有福享，永远过上太平年""保田、保命、保家乡"等口号。各级党组织还从阶级教育入手，开展忆苦思甜、诉苦复仇等活动，使人民进一步明确了"解放军打老蒋，百姓翻身有指望"的道理。通过一系列的宣传教育发动工作，广大群众对"一切为了战争，一切为了前线，一切为了胜利"有了较深刻理解，阶级觉悟有了较大提高，情

地方武装参战

绪高涨，支前成为群众的自觉行动。

濉溪是淮海战役的主战场之一。淮海战役期间，濉溪现辖范围共组织担架 1.36 万副，担架民工 8.2 万人。担架队以县为单位成立大队，区成立中队，乡成立分队，村成立小队。根据任务需要，又把担架队分为随军担架（直属部队调用）、转运担架（归属转运站掌握）、临时担架（承担短距离、紧急的支前任务）。担架队队员视伤员如亲人，冒枪林弹雨，顶风雪严寒，奔波在转运线上。雁鸣区担架队随中野三纵某团火线转运伤员，随时补充队员和担架，始终保持 93 副执行任务，直到战役结束，受到嘉奖。两县区 60 多副担架在谢子言的带领下，跟随豫皖苏军区独立旅活动，从阻击刘汝明兵团到歼灭黄维兵团，多次遭敌机、敌炮轰击（炸），无所畏惧。大王庄之战，部队伤亡严重，队员们从废墟中救出伤员，抬到渡口及时送往后方医院。白天敌机对渡口封锁严密，在渡口上空来回盘旋扔炸弹，队员们冒着生命危险，利用敌机转弯的片刻空隙，穿梭往返渡口百余次，终于完成任务。中队长董万仲支前的头一天，母亲病故，领导决定把他留下来办理丧事，他表示："母亲丧事是小事，支前才是革命大事；没有共产党就没有咱们穷人的今天，我不能不去！"当晚他草草掩埋了母亲，毅然奔赴前线。此后，他率领中队共赴战壕 1201 次，抢救伤员 856 人，抢运牺牲战士 355 人。为此，他受到中共宿怀县委的通报表扬，在火线上他光荣地加入了中国共产党。对伤员来说，时间就是生命。在小马庄火线，因双方炮火猛烈，担架队队员站立就会中弹。白沙区担架队队长祝永宽带着80副担架，队员们匍匐前进，把伤员轻托在背上，再爬回离前沿一里多路的团指挥所，有的队员累昏了，苏醒后再接着背，往返多次救出全部伤员。转运中，队员们把棉衣脱给伤员盖，用节省下来的柴票，换柴给伤员烤火。有的担架队队员，在敌机空袭时，奋不顾身扑在伤员身上掩护伤员，献出了自己的生命。宿西县小张庄担架队舍生忘死抢救伤员，有3人牺牲。此外，濉溪地区还涌现出吴西海、刘步新、陆万军、惠源斌等许多支前英雄模范人物。

支前民工担架队

为了把伤员及时转运到后方医院，濉溪地区共设立20多处转运站和五六个临时医院。转运站的工作人员对伤员也同样关怀备至，热情照顾。白沙转运站22名服务人员，每天接收、转运伤员百余人。他们热情服务，为伤员端茶喂饭，擦洗伤口，收到50多封表扬信。宿西县前线转运总站一分站遭敌机轰炸，房屋倒塌。民工们顾不上敌机扫射，奋力抢救伤员。女看护员吴云、侯志美也被压在墙下，获救后苏醒过来，不顾伤痛，立即用手扒土抢救伤员，双手磨出鲜血也不停止。杨柳转运站11月29日因接收伤员较多，照顾不过来，就把部分伤员安置在附近村庄。群众用自己家中的米、面、油、菜给伤员做饭，买鸡蛋、麻糖给伤员吃，并轮流看护伤员。为使伤员能及时得到医治，他们自动组织担架队，把伤员送到20公里外的医院治疗。事后，豫皖苏区战勤司令部前方办事处特派人前往各村致谢。转运伤员经过的沿途村庄都设有服务点，群众捧茶送饭，热情慰问，充分体现了濉溪人民对人民解放军的深情厚谊。

淮海战役期间物资消耗大，为此，中野在临涣、柳孜、百善设立弹药库以供应前线部队。同时指示三分区在永城设立总兵站，各县设分站。当时濉溪地区共设 10 多处兵站。宿西县总兵站设在百善，田启松任站长，中野前线总部参谋处处长姚继鸣任副站长。兵站下设军械股、粮秣股、被服股、运输股、警卫股、秘书室、事务处等。兵站另设一所医院。中野还为兵站配备一个汽车大队。兵站的工作是负责接收、转送华北、华中、山东等地运来的大量军械、军粮，还要组织担架队接送伤员，又要时刻保护露天粮堆，以防敌机轰炸。位于陈集的宿怀县总兵站，距离双堆集只有 10 多公里，担负着 7 个纵队的物资供给。他们以"敌人不灭、支前不停"的口号互相勉励，开展"为人民立功"活动，转运、接收米面 500 多万斤。兵站第六运输队队长胡明志带领 20 多辆牛车，每天往返双堆集前线运送物资。一次在许老庄遇敌机轰炸，不幸壮烈牺牲。淮海战役期间牺牲的支前民工仅宿西县就有 30 余名。

淮海战役规模大，战场转换迅速，交通顺畅是重要条件。双堆集歼灭战前夕，中共宿西县委动员民工一昼夜修好濉溪至临涣 40 公里的一条土公路，保证了大部队及时走向围歼黄维兵团的战场。在战役期间，濉溪地区共修复交通线 4 条、桥梁 6 座，架设、维护电话线路百余公里，为夺取双堆集地区歼灭战和陈官庄地区歼灭战的胜利做出了重要贡献。

濉溪人民不仅在人力上全力以赴支援前线，在财力上也做到了倾其所有。群众节衣缩食，忍饥挨饿，节省每一粒粮食、每一寸棉布，支援人民解放军。濉溪地区共设立濉溪口、孙疃、古饶、蔡里、渠沟、烈山、宋疃、土型、刘桥等 30 多处粮站供给部队。双堆集战场因部队突然集中，外地粮食一时运不来，只好就地筹集。来不及磨面粉，就供应绿豆、黄豆、豌豆，甚至连种子都吃光了。群众除将现有的白菜、萝卜等鲜菜供应部队外，还把家中的咸菜、干菜也都拿出来。当时食盐奇缺，三分区工商局虽然在临涣、百善、濉溪口、五沟等处设立供应站，也满足不了需求。一位老大爷病了舍不得吃盐，动员全家将节省下来的 1 斤食盐送到部队，战士们感动得热泪盈眶，全连战士宣誓：不消灭黄维，决不下战场。

支前中，加工粮秣是重中之重。县、区、乡支前机构发动群众一齐动手，掀起了"家家户户磨面忙"的热潮。老人、妇女夜以继日，磨盘吱吱，罗面声沙沙。有的妇女昼夜磨面，过度疲劳，竟晕倒在磨坊。当时提出的口号是"歇人不歇磨，不歇锅灶"。有的人家没有牲畜，就用人力磨面。不少农户日夜磨面，一天只吃一顿饭，但他们毫无怨言。龙桥、阎桥、百善、古城等27个村，每天供应前方面粉达10余万斤。为了保证前线部队穿暖，各县还担任了赶制军鞋、棉衣和被褥的任务。广大妇女在油灯下，千针万线密密缝，做成的军鞋成摞成捆，自己的鞋露着脚趾却顾不上缝一针，做成的棉衣千件万件，自己的衣服却露着棉絮。儿童团也担负了站岗、放哨的任务。

妇女赶做军鞋

为了及时把粮面、军衣、军鞋送到前方，人民还掀起了送物资热潮。在前线因牛、马车目标大，不好照看，就用手推小车和人力背运。天下大雪，车辆难行，就发动群众挑、扛、抬，赶送军粮。送粮队伍中有的民工的鞋湿结冰，有的磨掉了鞋底，就只穿袜子在雪地上行走，有的干脆把棉裤筒卷起来，用带子扎上，赤脚走，脚被冰碴儿扎烂直流血。在运粮路上经常可以看见洒在冰雪上的一滴一滴殷红的鲜血。千万双脚踏出来的雪地上，形成了一条条斩不断的"钢铁运输线"。

据不完全统计，淮海战役期间，濉溪地区共支援粮食近1135.2145万斤，柴草2715.0732万斤，军鞋33.64万双，大车2.4万辆，土布3.2万尺，牲畜6.48万头，担架1.2万副，支前群众30余万人。

在淮海战役中，濉溪地方武装和广大民兵积极配合，支援部队作战，出色地完成了任务。淮海战役初期，为保证徐州会战的胜利，中共豫皖苏三地委、三分区决定从县地方武装抽调人员补充军区独立旅。宿西县补充200名，萧宿县补充300名，白沙区补充37名。宿城解放后，宿西县大队配合豫皖苏军区独立旅攻占固镇，切断了南京和徐州的联系，阻止敌军北上支援徐州。双堆集战场形成后，宿西县、萧宿县民兵配合豫皖苏三分区三十三团，破坏津浦路徐蚌段曹村至固镇间铁路，截断了敌人的军运交通。宿怀县大队配合华野某团，组织民工3000多人，奋战两天两夜，将新马桥至曹老集段15公里铁路全部扒翻，敌人增援滞缓，有力地配合了围歼黄百韬兵团和黄维兵团的战斗。

1948年12月1日，杜聿明集团放弃徐州，沿萧永公路西逃时，宿西县大队、萧宿县大队以及各区武装，一边监视敌情，给部队带路；一边配合主力部队在洪河、巴河一带阻击杜聿明集团的先头部队，至12月4日将杜聿明集团包围在永城东北陈官庄地区。

人民战争，人民支援。为夺取淮海战役的胜利，濉溪人民做出了巨大贡献，谱写了一曲人民战争的壮丽凯歌。

1948年12月20日，华野代司令员、代政委粟裕在向中央军委汇报战役情况的报告中，高度赞扬了人民的支前运动。他说，地方党政军民不顾任何困难和代价，以全力支援前线，这是战役取得胜利的决定因素之一。

1949年1月17日，中央军委向参加淮海战役的部队及支前人员发出贺电说："凡此次巨大成绩，皆人民解放军指战员，人民解放军与人民群众，前后方党政军民团结一致、艰苦奋斗所取得的成果。"陈毅将军感慨地说："淮海战役的胜利，是人民群众用小车推出来的。"战役结束后，人民解放军前线负责人陈赓等致函豫皖苏人民，感谢人民对淮海战役的支持。总前委书记邓小平也曾赞叹，后方人民群众的历史功绩同人民军队的辉煌一样，将永远载入史册，值得世世代代称颂。[1][2][3]

恢复发展生产

淮海战役期间，不少百姓房屋毁坏，土地荒芜，流离失所。黄维兵团的12万余人，从1948年11月23日被围困到12月15日被消灭，在以双

---

① 《淮海战役》第一册，第268页，中共党史出版社1988年版。

② 《中共中央贺淮海战役彻底胜利电》，1949年1月17日、1949年1月19日《人民日报》。

③ 党史学习教育官网：《血与火：新中国是这样炼成的》，第27集"小推车推出来的胜利"。中共淮北市委党史和地方志研究室：《"小推车"精神研究》（上），第3页，中国文史出版社2020年版。

堆集为中心的方圆几十里地，采取"蹂躏战术"，扒屋、拆桥、填沟，形成几里长的开阔地带，防止人民解放军接近攻击。后来为寻找吃烧用的东西，连屋顶的茅草也掀得精光，到处乱挖，连地皮都翻转过来了。国民党高级将领文强回忆说，在重重包围之下，天寒地冻，没有柴火以及其他的燃料。只好连老百姓祖坟里的棺材都掏挖一空，老百姓的房屋也几乎被拆光了。灾民回家后没有房屋，有的只好住在战壕里，吃饭没有锅碗，只好用丢弃的钢盔烧火做饭。

据统计，以双堆集为中心的战区灾情统计为：重灾区 82 个村庄、2101 户、1.0871 万人；半重灾区 60 个村庄、534 户、3064 人；轻灾区 230 个村庄、2635 户、1.3935 万人，死伤群众 514 人。

为尽快帮助灾区重建家园，恢复生产，1949 年 1 月 20 日，豫皖苏三专署成立了生产救灾委员会，专署副专员李时庄任救委会主任，下设萧宿永（北战场）和宿蒙怀（南战场）两个分会，分别负责南北两个战场的救灾和恢复生产工作。宿西、萧宿、萧县、宿怀、宿蒙等县成立了生产救灾委员会，由县委、县政府负责人领导；各区、乡、村也建立了相应的生产救灾组织。

在"救灾如救火"的精神指引下，救委会日夜工作，各县党政机关全力打扫战场，医治伤病员，掩埋尸体，收缴散落的武器弹药，发放救济粮款。双堆集战场，敌人尸横遍野，救委会花了很大力量，组织人员日夜掩埋，前后达半月之久。萧县、萧宿、永城等县掩埋尸体达 10 万余具。

救济灾民，恢复生产，重建家园，这是压倒一切的中心任务。县、区干部背着米、扛着面，迎着呼啸的北风、漫天的飞雪，到地堡里、颓垣处寻找灾民，送去党和政府的温暖。许多灾民流着激动的泪水说："共产党真是俺的救命恩人！"政府调拨一批物资，搭庵盖棚，供灾民度过寒冬。接着重建家园工作全面展开，苏鲁豫皖几省支援战役余下的粮食大多用于救灾。党和政府逐村逐户安置落实。发放救灾粮按受灾程度分为三个等级，重灾区每人发粮 50 斤，半重灾区每人发粮 25 斤，轻灾区暂不发。政府发放的救济粮、安家粮和耕牛贷粮总计 1300 万斤。据统计，双堆集地区自 1948 年 12 月 18 日至 1949 年 6 月 1 日共发救济粮 5 次、460 万斤，领取救济粮的农户计 1228 户、7371 人。此外，还发放过一次性安家粮，平均每人 140 斤，计 103 万斤。同时，政府还帮助灾民建房屋，组织他们填平战壕、弹坑，修整农田，做好春耕生产的准备。为搞好春耕，党和政府及时发放耕牛贷款和种子（仅双堆区就发放中州币等 370 万元），运来耕牛和农具，帮助群众解决了春耕中的难题。为度过春荒，濉溪许多地方出现了互救互济、亲帮亲、邻帮邻、有帮无、多帮少、富济穷的现象。党和政府还组织群众发展副业生产，提倡多种春白菜、南瓜、扫帚苗及早熟庄稼，并发动儿童剜野菜，以补粮食不足；鼓励农民做小买卖，搞短途运输，开荒生产，同时号召勤俭节约，严禁浪费。通过生产自救、社会互济、俭省节约及政府扶助，顺利地度过了春荒。在生产中，掀起了代耕互助的生产运动，开展生产竞赛。县区干部和脱产武装人员率先协助群众耕种，为军工烈属代耕、代种、代收，极大地鼓舞了农民的生产积极性。大家一条心，积极生产，获得了解放后第一个丰收年。党和政府拨专款组织群众疏沟挖渠，兴修水利，为农业生产创造了良好的条件。

淮海战役结束后，各级注重防疫工作，政府组织 6 个医疗队，4 个小型医院，巡回医疗，3 万多人的疾病得到治疗。红十字会还派来人员，给战区 6 万多人注射疫苗。大战之后，没有发生疾病与瘟疫流行，这也是个奇迹。

各级政府还十分注意做好抚恤工作。战役期间，豫皖苏三分区民工有 100 多人牺牲。各县按照豫皖苏行政公署 1949 年 6 月 7 日《关于民工支前受到损失和赔偿的规定》，凡民工支前在前线牺牲者，一律按烈士待遇；受伤致残者，一律按荣誉军人待遇；民工支前在后方服务牺牲者，亦按烈士待遇。各级党委、政府负责人带着抚恤金、慰问品到烈士、因公致残者家中看望问候，并对烈属的家庭生活做出妥善安排。对在支前中伤亡的牲口、损坏、损失的车辆、工具等，都按价进行了赔偿。对因战争造成家庭生活困难的，政府发放救济粮款，帮助他们渡过难关。

贯彻中共七届二中全会精神

1949 年 3 月 5 日至 13 日，中共中央在河北省平山县西柏坡召开了中共七届二中全会。这次会议是在中国新民主主义革命即将取得全国胜利的前夜召开的一次重要会议。全会制定了促进革命取得全国胜利和组织这个胜利的方针，确定了革命胜利后新民主主义建设的蓝图；着重讨论了党的工作由乡村向城市实行战略转移的问题。全会特别提醒全党，在革命胜利后务必继续保持谦虚、谨慎、不骄、不躁的作风，务必继续保持艰苦奋斗的作风，警惕资产阶级"糖衣炮弹"的攻击。

为贯彻中共七届二中全会精神，中共宿县地委组织全区党员干部学习全会文件，认真贯彻全会精神。当时地委、专署及各县刚刚建立和调整，干部交流较大，由战争环境转到和平建设，由乡村转到城镇，在此历史转折关头，由于缺乏思想准备，少数干部发生了贪图安逸，贪污腐化，无组织无纪律，争名誉地位等不良倾向。为此，各级党委组织开展了反对不良倾向，加强党员、干部自身建设活动。工作的重点放在反对无组织无纪律上。各级党组织还召开不同形式的会议，讨论分析无组织无纪律的表现，并提出克服的办法。通过活动，广大党员、干部深受教育，端正了思想，从而大大增强了党员、干部的组织纪律观念和政策水平，大大提高了党的组织纪律性，进一步增强了党组织的战斗力。广大党员、干部同心同德，步调一致，以崭新的姿态，团结带领人民群众，迎接新中国的诞生。

支援渡江战役

1949 年 4 月 20 日，南京国民党政府拒绝在《国内和平协定》（最后修正案）上签字，和谈破裂。毛泽东、朱德发布向全国进军的命令。4 月 20 日夜至 21 日，人民解放军在西起九江东北的湖口、东至江阴的千里战线上，发起渡江战役。

为确保渡江战役的全胜，中共中央发出了"以支援大军渡江为压倒一切的中心任务""紧急动员起来，全力以赴支援前线""打到江南去，解放全中国"的号召。中共皖北区委员会做出支援解放军渡江作战的部署。中共宿县地委及所辖各县立即投入到支援渡江战役的热潮之中，进行了以武装整编充实主力、抽调干部集中、组织担架队南下及修路为主要内容的工作。

淮海战役之后，宿西县的武装被编入人民解放军第二野战军第五兵团十八军三十三师，各地人民政府为子弟兵离开举行了隆重的欢送仪式。

当南下解放军源源不断通过宿西等地时，沿途红旗招展，人民夹道迎送、掌声、歌声、锣鼓声此起彼伏，经久不息。路边还设有很多的茶水站或供应站，人民群众争先恐后地将茶水、毛巾和一些慰问品塞到战士手中。人民群众的真情实意，使南下大军受到极大鼓舞。

早在 1949 年 2 月，中共豫皖苏三地委还从各县抽调 263 人，集中待命，为支援渡江南下做准备。同时，豫皖苏三分区还组织成立了担架支队，随部队南下，准备参加渡江战役。担架支队由宿西、雪涡、雪商亳、雪枫 4 县组成，每县 250 副。担架队提出了"民工上前线，支援大军过江南，打到南京捉老蒋，人民好过太平年"的响亮口号。支前队伍于 2 月中下旬分别出发，随大军转战蚌埠、合肥、安庆等地。

为了方便大军南下通行和军用物资的运输，军民掀起了修路和架桥高潮。为了修复津浦铁路，靠近铁路的县区积极送铁轨、送枕木，经过军民的不懈努力，津浦铁路徐蚌段很快修复通车。

在筹集支援渡江战役物资中，虽然面临春荒，各县区人民仍尽最大努力，捐献物资，圆满完成了上级下达的任务。支援渡江战役，是濉溪地区人民继支援伟大的淮海战役之后为革命做出的又一大贡献。

剿匪反霸

三大战役之后，国民党反动派并不甘心失败，他们积极开辟所谓"第二条战线"，有组织、有计划地向解放区派遣了大批特务。他们搜罗国民党军的散兵游勇，勾结地方恶霸、反动会道门、土匪，采取制造谣言、组织暴动、暗杀抢劫等手段，做垂死挣扎，阴谋破坏推翻新生的人民政权。

淮海战役后，不少溃散的国民党兵散居农村，大量的枪支弹药流落民间，皖北土匪、会道门历来有名，加之各县大部分为新解放区，封建反动势力尚未得到根本打击，几股势力纠合在一起，兴风作乱，在濉溪地区出现了多股匪特组织和多起暗杀及暴动事件。1949 年春，国民党特务专员杨大文奉宿县调查室主任雷堂之命，潜入双堆区陈集乡东部，以行医为名，秘密发展反动的"一贯道",进行封建迷信宣传,造谣蛊惑民心。杨大文散布:"第三次世界大战快打起来了,天下要大乱!""只有入'一贯道',神佛才能保佑免劫难!"发展会众500余人,阴谋组织暴动。4月11日,宿西县杨柳区"天门道"道徒近400人在董楼发动武装暴乱,打死打伤干部、民兵多人。

这一系列的反革命阴谋活动及暴动事件,直接威胁了新生人民政权的安全,人民群众惶恐不安,基层干部没有人身安全保障,难以有效地开展工作,社会秩序混乱。消除匪患和反动会道门已是迫在眉睫。为了巩固新生政权,保护广大人民群众的切身利益,中共宿县地委、军分区开展了声势浩大的剿匪反霸运动。

在组织上,地委、军分区主要负责人抓剿匪,在几县交界地方成立剿匪工作委员会。如萧、宿、永,散兵游勇很多,土匪猖狂,即成立了萧宿永边剿匪工作委员会,主任由分区司令员李士怀担任。各县也成立了剿匪工委,由县委、县独立团负责人担任领导。

1949年6月9日,中共宿县地委为加强军事建设,成立军分区基干团,各县设团或大队,县以下成立区队。军分区还整编部队,加强党对部队的领导。为了帮助这一地区剿匪,上级派骑兵第二十五团进驻宿县。

早在豫皖苏部队组建为十八军时,刘伯承司令员就说,这个地方国民党盘踞多年,特务和反动残余势力还会乘机捣乱,我的意见还是给地方留一些兵力。按照刘伯承司令员的意见,地方留了两个团。这些军事武装,有力地支持了剿匪斗争。[1]

在剿匪的同时,开展了反霸斗争。1949年8月,中共宿县地委召开扩大会议,确定了组织发动群众、反匪反霸、合理负担的工作方针。会后,各县迅速传达贯彻会议精神。8月30日,中共宿县县委召开乡长以上干部会议,800多人参加。会议确定今后的工作方针为:集中力量发动群众,有步骤、有重点地普遍开展剿匪反霸斗争。新解放区以反霸着手贯彻剿匪,老区以剿匪达到反霸。县委扩大会议之后,为深入开展此项斗

---

[1] 中共淮北市委党史研究室:《中国共产党淮北地方史》第一卷,第270页,中共党史出版社2004年版。

争，每区集中 100 人至 150 人，县委分头领导和掌握，重点区突破取得经验后，即全面展开。为配合军事行动，中共宿县地委组织大批工作队到各县，指导剿匪反霸工作。9 月 12 日，宿县 800 多名干部（包括地委下派的300 名）分成 5 个工作队，分别到蕲县、符离、大店、常山、杨柳 5 个区开展工作。工作队下乡之前，集中进行了时事和政治学习，为胜利完成剿匪反霸斗争打下了坚实的思想基础。在《拂晓报》上还刊登捕灭匪特的标语口号，广泛散发，四处张贴，形成一场声势浩大的军事剿灭和政治瓦解相结合的运动。军分区部队分头出发，根据匪特活动特点，采取了追剿、围剿、游剿等办法，捕杀匪特。工作队和各级政府发动群众检举揭发零星散匪，开展政治攻心，孤立匪首和骨干分子，瓦解其组织。为准确掌握匪特的活动，各村都组织民兵，建立更房，打更放哨，昼夜侦察和监视匪特动向，一有情况立即上报。在剿匪期间，各级党委还加强对国民党党、政、军中旧人员的管理教育，进行思想开导，促使其转变立场，拥护人民政府的领导。并要求他们跟匪特划清界限，提供线索，积极检举，立功赎罪。

通过军事围剿和政治攻势，在党政军民及公安部门的努力清剿和瓦解之下，匪特的阴谋被打破，气焰逐步下降。据不完全统计，全区共清剿匪特 49 次，俘匪大队长以下 240 人，缴获长短枪 199 支，机枪 2 挺，子弹 1350 发，瓦解土匪 47 人、会道门 2400 人。大批反霸工作队员深入农村，广泛发动群众，大张旗鼓地揭发地主恶霸的罪行，开群众大会，控诉声讨，打击了地主恶霸分子的反动气焰，使他们威风扫地，对有血债的送交政府法办，使贫苦农民挺起腰杆，昂起头，当家做主，成为真正的主人。

经过有领导、有组织、有计划地开展剿匪反霸斗争，新生的人民政权得到巩固，党在广大人民群众中的威望得到进一步提高。

战胜自然灾害

1949 年秋，濉溪地区阴雨连绵，连月不止，河水陡涨，平地水深盈尺，遭受了历史上罕见的大水灾。据当年 9 月 20 日的《拂晓报》载："唐（河）濉（河）大小河流均已缺口，新河水势已漫出堤岸；永城巴河二十余里，有十多里不见河坝；永（城）商（丘）公路从会亭到郸阳已被水冲毁七段；宿城市四周亦成一片汪洋；濉溪口圩外，水已高过圩里二尺；宿城'小东京'一段新河已冲开二丈多长的缺口。上述各县大部分地区已一片汪洋，低洼处则三四尺深水。"大水吞没了庄稼，泡倒了房屋，给人民生命财产造成极大损失。宿县的濉西、濉溪、常山、铁佛等区，未收晚秋作物全部遭淹，南坪淹3/10，全县439.351万亩晚秋作物，受淹的有285.9737万亩。全县接连三次抢种晚秋作物，全部遭淹。

面对如此严重的水灾，中共宿县地委、专署进行全党动员，全民发动，全力以赴地投入抢险救灾工作，发出了"抢险救灾是当前头等重要任务"的紧急指示，要求一切人力、物力全部投入，并号召党员、干部要走上第一线，起模范带头作用。中共宿县县委、县政府及时成立了防汛救灾指挥部，由县委、县政府主要领导负责，县领导及各部门负责人下到重点险工险段上，与人民群众同吃同住。有关的区、乡成立护河队，负责本地内河流沟渠上的险工险段，日夜不离。同时，建立了严格的分工负责、奖罚结合制度，谁出问题找谁，表现好的表扬奖励，玩忽职守的则给予严厉处罚。还动员群众将门板、木棒、柴草等运往堤岸，堵缺口，修堤坝。经过群策群力，终于堵住了缺口，修复了堤坝，使汹涌的洪水不再肆虐横流。

水势下降以后，党和政府立即组织人民群众疏水、抢种，进行生产自救。县委组织的工作队，在剿匪反霸告一段落之后，迅速转入生产自救工作。积极在每乡组织2~3个真正起作用的互助组，每区办1个合作社，恢复和发展农业生产。工作队针对一些干部群众消极悲观情绪，及时进行思想教育，鼓励大家与水灾作斗争。各级政府积极组织群众围田抢种，尽量减少水灾造成的损失。广大农民积极响应政府号召，掀起生产自救热潮。抢种胡萝卜、荞麦、青菜、瓜果等晚秋作物，并组织各种副业小组，组织群众捕鱼、打席、卷烟、运输、烧窑、织布、纺线等，补贴生活之需。地委、分区号召机关部队杜绝浪费，生产节约，支援灾区。机关部队积极响应。宿县独立团采取多种措施，制订节约计划，加强经济管理，严格伙食制度，开荒种菜，把节约的粮食、柴草支援灾区。人民政府又调来大批的救灾物资发放，使人民群众的生产生活得以迅速恢复和发展。

为了根治水患，各地掀起了兴修水利高潮。1949年冬，宿县组织数万民工开挖了濉河、股河、唐河等内河，使数十万亩庄稼受益。

濉溪人民迎接中华人民共和国成立

渡江战役胜利之后，人民解放军各路大军以秋风扫落叶之势，继续向中南、东南、西北、西南各省胜利进军。

在这个伟大历史转折时期，党抓紧了思想、组织、作风建设，以适应新形势需要。1949年8月12日至9月16日，新华社连续发表了《无可奈何的供状》《丢掉幻想，准备战斗》等评论，揭露美国政府对华政策的侵略本质及其对中国革命的仇视，批评存在于一部分人中间的对于帝国主义的不切实际的幻想。为适应形势的需要，中共中央作出了《关于健全党委制》的指示，开展反对无组织、无纪律、无政府状态学习运动，要求各级党委对照检查。

中共宿县地委组织全体党员干部认真学习新华社评论，使他们受到爱国主义教育，坚定将革命进行到底的信心。同时，组织干部、战士以整风的精神，对队伍中的游击散漫作风进行检查，找出问题，查清原因，制定了相应的规章制度，保证了党的一元化领导。中共宿县地委举办了乡以上干部培训班，地委领导亲自上课。大家以整风的精神对照检查，开展批评各种无组织、无纪律的不良倾向和各种官僚主义的活动。中共宿县县委也召开了全县乡以上干部会议，到会300人，会期8天。会上学习贯彻中共宿县地委有关整顿组织纪律和作风的文件，联系实际进行严格的检查和自我教育，每个人都作了自我鉴定，并公开处理了一些违纪违法的干部。通过对干部进行轮训教育，增强了组织观念，与此同时，还加强党的基层组织和思想建设。地委对基层党组织进行了普遍整顿，通过整顿，建立健全了基层组织和政权，使党和政府有了稳定可靠的基础。

党和政府还组织开展对基层武装的整顿工作，并建立青年团、妇联会、工会等群众团体组织，兴办教育、文化、财政、工商等项事业。各项事业的逐步恢复发展，提高了人民群众的觉悟，改变了人们的精神面貌，对推动党的各项工作顺利开展产生了积极影响。解放区呈现出万象更新的崭新局面。

1949 年 9 月 21 日至 30 日，中国人民政治协商会议第一届全体会议在北平（今北京市）举行。会议通过了《中国人民政治协商会议共同纲领》，宣告了旧中国的灭亡和新中国的诞生。10 月 1 日，中华人民共和国中央人民政府成立。濉溪大地从城镇到乡村，到处锣鼓喧天，彩旗飘扬，党政军民纷纷集会，庆祝新中国的诞生。口号声、欢呼声响彻云霄，人民沉浸在胜利的喜悦之中。

中华人民共和国的成立，标志着中国新民主主义革命已经取得伟大胜利，标志着中国人民受奴役受压迫的半殖民地半封建时代已经过去，中国已成为一个新民主主义的国家。中国历史从此进入一个人民当家做主的新时代，中华民族的发展从此开启了新的历史纪元。濉溪人民在中国共产党的领导下开始了社会主义革命和建设的新的伟大征程。

濉溪党史上的杰出人物

朱务平

朱务平，原名朱焕明，号镜秋，化名朱大春、朱大生、冯心，1899 年 10 月 25 日出生于濉溪县临涣镇朱小楼村一个农民家庭。

1917 年，朱务平进入在临涣开办的宿县第二高等小学读书。五四运动爆发后，朱务平和徐风笑在临涣成立学生联合会、教职员联合会，声援北京学生的爱国行动。

1922 年 1 月，在外地读书的朱务平返回家乡，同刘之武、徐风笑、赵西凡、张华坤等人一起，总结反封建斗争的经验教训，在临涣创建了以"求得真知识，改造恶环境，推翻旧制度，实现真人生"为奋斗目标的青年进步组织群化团。推举朱务平、徐风笑、刘之武、赵西凡等为执行委员，其中，朱务平、徐风笑、刘之武为常务委员，这三人后来被称为群化团三杰。

朱务平

1922 年，朱务平考入芜湖赭山中学。1923 年 4 月，朱务平加入中国社会主义青年团。1924 年 5 月，朱务平转入徐州培心中学读书。5 月下旬，朱务平领导了徐州培心中学学生开展反对基督教会学校实行奴化教育的斗争，被培心中学开除，并遭到反动军警的追捕。为躲避追捕，他返回临涣，继续开展革命活动，并先后介绍群化团的主要领导人和骨干分子徐

风笑、陈文甫、吴醉松等加入中国社会主义青年团。1924年6月，朱务平经吴亚鲁介绍加入中国共产党。7月初，朱务平等帮助临涣地区的国民党党员组织成立了中国国民党临涣区党部。7月下旬，以朱务平等为首的共产党人，联合各区党部，组织成立中国国民党宿县临时党部，朱务平等被推举为执行委员。7月中旬，朱务平、徐风笑将在外地读书返乡的和本地的青年团员召集在一起开会，研究并正式成立了中国社会主义青年团临涣支部，推举朱务平为书记，属徐州团组织领导。会议还决定恢复宿县西南区小学教职员联合会和学生联合会。不久，朱务平主持召开中国社会主义青年团临涣支部全体团员会议，传达中共中央委员毛泽东关于组织农民协会和开展农民运动的指示。会议决定按照中共中央和团中央的有关决议精神和国民党中央农民部制订的农民运动计划，以国民党临涣区党部的名义，在中国社会主义青年团临涣支部的领导下，动员各社会团体的力量，尽快把广大农民群众组织起来，形成一支反对封建势力的重要力量。同年秋，朱务平以中国社会主义青年团临涣支部为核心，以国民党临涣区党部的名义，在群化团、宿县西南区小学教职员联合会和学生联合会等社会团体的大力协助下，联合各乡村农民协会，组成临涣区农民协会，朱务平、徐风笑分别当选为正、副委员长。临涣区农民协会的成立，推动了宿县农民协会的建立和农民运动的发展。

1925年，朱务平先后任共青团徐州地委秘书、委员和陇海铁路徐州车站工会党团书记，年末调中共豫陕区委工作，负责陇海和京汉两大铁路的工运工作。

1925年春，朱务平、赵西凡介绍陈钦盘、陈文甫参加中国共产党，组成中共百善小组。同年夏，朱务平介绍徐风笑、刘之武、谢箫九、张继光、刘敬秋等加入中国共产党，并组成中共临涣小组。夏末，中共临涣小组改建为中共临涣支部。1926年3月中旬，朱务平把共青团临涣支部已达转党年龄的团员转为中共党员。朱务平即在原中共临涣支部的基础上，组建中共临涣特别支部，朱务平任主任（书记），属中共南京地委领导。7月，与中共上海（江浙）区委联系，中共临涣特别支部更名为中共宿县（临涣）独立支部，主任（书记）朱务平，直属中共上海区委领导，统辖宿县各地中共组织。8月，共青团宿县特别支部要求把中共宿县（临涣）独立支部迁到宿城。朱务平经请示中共上海（江浙）区委，即去宿城，组建了中共宿城临时支部，朱务平任书记。10月，中共宿县（临涣）独支也迁到宿城，朱务平仍担任独支书记。11月，中共宿县（临涣）独立支部改建为中共宿县地方执行委员会，书记朱务平，有党员33人，先后建立临涣、濉溪、百善、古饶、徐楼、刁山、童韩、宿城东关私立高小，宿县安徽省立第四农业学校等中共支部。

1927年2月，朱务平出席中共江浙区第一次代表会，并当选为区委农民运动委员会委员。8月起，先后任中共宿县临委委员、中共宿县县委委员、常委。10月28日，中共安徽省临委第二次全体会议决定，将蚌埠、凤阳、泗县等地的党组织划归中共宿县临委领导。11月23日，中共中央决定，将安徽省境内津浦铁路沿线和皖东北各县的党组织划归中共江苏省委领导以后，中共宿县临委改为中共宿县县委，徐风笑任书记。1928年7月上旬，中共宿县县委所属党员已发展到220人。其中，农民占50%，工人占20%，士兵占9%，知识分子占21%。下辖5个区委、25个支部和2个独立支部。7月16日，中共宿县县委召开全县党员代表大会，改选了县委，徐风笑当选为书记，朱务平再次当选为县委常务委员，仍负责组织工作。

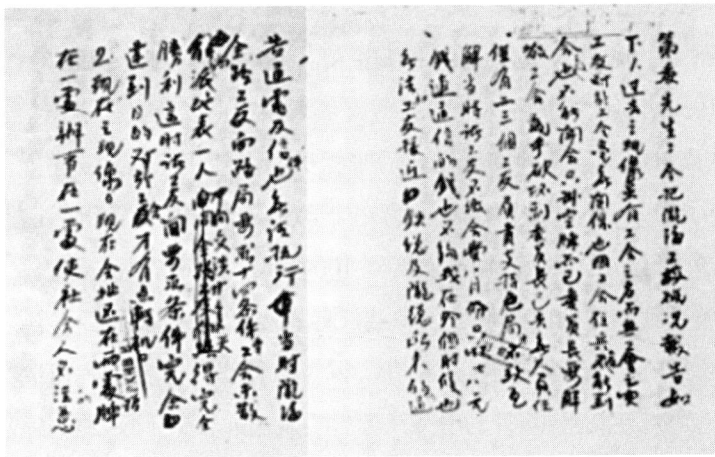

1925年10月13日，朱务平写给共青团徐州地委的报告

1928年7月以后，朱务平被任命为中共江苏省委特派员，负责开展蚌埠及其周围各县党的工作。10月，中共徐海蚌特委成立后，朱务平当选为

特委委员。1929年6月，中共徐海蚌特委撤销后，改任中共凤阳县委书记。1930年1月，由于抵制"立三路线"错误，朱务平被免去中共凤阳县委书记职务，改任组织部部长。3月，中共徐海蚌特委恢复，朱务平再次当选为特委委员，并恢复其中共凤阳县委书记的职务。11月，中共江苏省委决定把中共徐海蚌特委划分为徐州、东海（海州）和蚌埠（长淮）3个特委，朱务平被任命为中共长淮特委常委兼组织部部长。1931年6月，任中共长淮特委书记，直到1932年10月被捕。

朱务平在长淮工作的4年里，以非凡的毅力和胆略，克服常人无法想象的困难，使当地党组织得到前所未有的发展，工运、农运、兵运等各项工作都有很大进展。

1927年7月，国民党反动派在蚌埠实行白色恐怖政策以后，共产党员大多被迫离开蚌埠。1928年8月，朱务平到蚌埠地区工作后，重新组建中共蚌埠特支，当年党员人数发展到10人。1930年11月，中共长淮特委成立后，组建了中共蚌埠铁路工作委员会。1931年1月，又组建了中共蚌埠市工作委员会。后来，该地党员发展到60多人，建立了8个支部。中共凤阳独立支部成立于1926年10月，党员只有6人。1928年9月，朱务平上报中共江苏省委批准，成立中共凤阳县临委，1929年3月又改组为中共凤阳县委，党员人数发展到190多人，组建了6个区委和10个直属党支部。1930年10月以后，中共灵璧支部划归中共长淮特委领导，于1931年10月成立中共灵璧独立区委，后来党员发展到210多人，建立了18个党支部。1929年，盱眙县建立了第一个党支部。之后，党组织迅速发展，1931年9月建立了县委，党员发展到100多人，有6个党支部。

朱务平到蚌埠地区工作后，中共江苏省委开始还断断续续寄点生活费和活动经费，后来经费全靠自己筹集，除了自行解决生活费外，还要筹措活动经费。1930年2月16日，中共江苏省委发出通告，不仅要求各级党组织"实现党费自给"，还要向上级党组织提供捐助。朱务平家里穷，党组织也无力补助他生活费，但他艰苦奋斗干革命工作的精神始终没有松懈。白天他带着凉馍下乡工作，晚上就在学校找个地方，把席铺在地上，以砖头作枕头，数年如一日，从未有半句怨言，且始终洋溢着革命乐观主义精神。据与他

1924 年 6 月 18 日，中共中央机关报《向导》第七十期刊载朱务平《徐州教会学生奋斗的经过》一文

一起工作的战友回忆，他常年只穿一条裤子、一件褂子，鞋和袜子也是千补百衲，夜里洗白天穿，有时为了弄口饭吃，还得当小贩，卖油条和烟卷。蚌埠离凤阳 50 多里路，每次往返都是步行，甚至一天吃不上一顿饭。

1932 年 8 月，国民党反动派开始在长淮地区进行大搜捕。由于叛徒刘平出卖，10 月 6 日，朱务平被逮捕，关押在南京宪兵司令部拘留所。

朱务平被投入监狱后，敌人先采取软的一手，让他住"优待室"，吃"特殊"饭菜，并许以高官厚禄，还派施其芦、路大奎等叛徒劝降，但得到的是一顿臭骂和一番羞辱。敌人见软的不行，转而采用硬的手段，先让叛徒当庭与他对质，他拒不招供，敌人即对他施以酷刑。朱务平被打得遍体鳞伤，死去活来，但敌人始终没有撬开他的嘴巴。同监的共产党人在朱务平坚贞不屈的影响下，几乎人人都坚强起来。整个监狱的气氛变了，正气压倒了邪气，监狱变成了战场。

朱务平被投入监狱后，关押在 2 号监房，3 号监房关押的是共产党员李荣平。因 2 号监房和 3 号监房相连，中间只隔着一层用木板做的墙壁。他们把木板上的节子搞下来，可以小声说话。朱务平鼓励李荣平说："一个共产党员最可贵的是坚定的革命信念、坚贞的革命气节、坚强的革命意志。加入共产党，就是为了实现崇高的共产主义理想，就是为了实现中华民族的解放，就是为了推翻国民党的反动统治。要革命当然就有牺牲，没有牺牲就不可能换来革命的胜利。我们虽然被捕了，只要不出卖组织，不出卖同志，即使被敌人杀了头，献出了自己的生命，也是值得骄傲的，党和人民也绝不会忘记为革命牺牲的同志。"

朱务平在狱中从不考虑自己的安危，但却十分关心其他被捕同志。每天放风的时候，他总是乘机询问同志的案情，研究对付敌人的方法，鼓励同志们的斗争意志。但对被捕后意志不坚、变节投敌者进行严厉斥责，毫不留情。他曾当着刘平的面，大骂他泯灭人性，丧心病狂，刘平被朱务平的凛然正气所慑服，不敢与朱务平见面。

朱务平自被投入监狱，在普通监房和"优待室"往返了8趟，软的劝降，硬的酷刑，但敌人用尽办法，始终未能迫使其屈服。11月30日，朱务平在接受最后一次庭审后，回到2号监房。他从敌人的语气和表情判断，敌人要下毒手。他对李荣平说："你如果能够出狱，一定要向党组织汇报，叛徒是破坏长淮地区党组织最危险的敌人，党组织一定要记住这个血的教训，对他们决不能心慈手软。"朱务平还嘱咐同监房的裴香山说："明天敌人就可能要杀我的头了，请你转告同志们，不要为我难过。你们要团结起来，继续坚持斗争，防止新的叛徒出卖党的组织和同志。你的年龄比较小，案情也比较轻，即使判几年徒刑，还是可以出狱的。你出狱之后要设法寻找党组织，把狱中同志的情况向党组织汇报，防止叛徒混进我们党组织充当内奸。"裴香山眼含热泪，答应了朱务平的嘱托。

当晚，同监房的同志把身上的钱全部掏出来，买来酒菜，吃了一顿告别饭。吃饭时，朱务平谈笑自若，没把死当一回事，在场的同志无不为他的革命乐观主义精神所感动。饭后，朱务平给中共江苏省委写了一份报告，汇报了长淮特委被破坏的原因和被捕同志在狱中的情况。他把报告交给谢云巢，要他转交省委。

第二天天还未亮，几个荷枪实弹的宪兵来到2号监房。他们叫喊："朱大生，出来！"朱务平意识到自己生命的最后一刻到了，他艰难地翻转遍体鳞伤的身子，慢慢地站起来，整理好衣服，理理头发，拖着沉重的脚镣，昂首挺胸走出监房。几个刽子手企图把他拖上囚车，朱务平用力一甩，挣脱了刽子手的拖拉，自己爬上囚车。深受残酷折磨的朱务平不知从哪里来的力气，突然大声喊道："打倒国民党反动派！""中国共产党万岁！"

监牢里的"犯人"都争相向外张望，他们同时惊喊："是朱大生同志！"他们听着朱务平高喊的口号，不约而同地唱起了《国际歌》。囚车渐渐远去，但探视孔内的一双双眼睛，仍凝视着囚车消失的方向，久久不愿移去。

郑子瑜

郑子瑜，原名郑孝智，字子瑜，笔名子愚，1901 年生于濉溪县濉溪镇。其父郑言凤自幼读书，但一生未获取功名，即把希望寄托在郑子瑜身上。郑子瑜在很小的时候，就被送到养正初等小学读书。他的启蒙老师文词林（文陶生），是一位激进的民主主义者，治学严谨，既重言传，又重身教，善于用自己的言行教育影响学生，这对郑子瑜起到了重要的启蒙作用。

后郑子瑜考入宿县县立第三高等小学。校长是社会著名人士李卓云，教师李雪梅等也是进步的民主人士。他们坚决支持和拥护新文化运动，向学生宣传民主和科学，反对封建专制和迷信；提倡新道德，反对旧道德；提倡新文学，反对旧文学。在新文化运动中，郑子瑜开始用白话文写文章，成为濉溪地区开展新文化运动的带头人之一。

1919 年 5 月上旬，五四运动的消息传到濉溪，郑子瑜同进步教师李雪梅、学生王建东等人，在第四国民小学召开会议，研究如何支援北京学生的反帝斗争。会议决定第三高等小学（以下简称三高）罢课一天，动员濉溪镇各校师生举行集会和示威游行。5 月中旬，郑子瑜、文天情、李雪梅、沈春徇等组织濉溪各校师生，在三高操场上集会，要求北洋政府代表拒绝在《巴黎和约》上签字，严惩卖国贼曹汝霖、陆宗舆、章宗祥，会后举行示威游行。6 月，郑子瑜等一批进步青年学生受五四运动和中华全国学生联合总会成立的影响，冲破封建势力的阻挠，组建了第三高等小学学生会，郑子瑜等当选为学生会的执行委员。

1919 年暑假期间，郑子瑜、王建东、文天情等一批具有初步共产主义思想的青年知识分子，在濉溪镇创办了进步青年组织"青年社"。该社以向广大进步青年宣传马克思主义，介绍俄国十月革命的成功经验，推动新文化运动的深入开展为主要宗旨。他们借福音堂开设了图书馆和阅览室，订购一批马克思主义著作和进步刊物，供广大知识青年阅读。青年社还聘请社会著名进步人士郑灿章、陈省三、李雪梅、文陶生、周功斧等人，给广大青年讲解马克思主义，介绍俄国十月革命的成功经验，讲评国内外大事。为了让广大青年工人和城市贫民子弟学习文化，青年社还开办了夜校，编印了适合学员学习的课本，在郑子瑜等人的组织和领导下，学员曾发展到数百人，成为当时宿县地区最重要的进步青年组织。

1920 年冬，濉溪十三太保中的吴雨樵，勾结地方势力，采取行贿、伪造选民册等手段，企图当选省议员，引起濉溪各界人士的不满。为阻止吴雨樵当选，郑子瑜与学联、商会等团体的代表在第五国民小学举行联席会，商讨对策。同时，搜集吴雨樵贿选的证据，控告吴雨樵。宿县法院在社会舆论的压力下和大量的事实面前，只好做出吴雨樵初选当选省议员无效的判决，反贿选的斗争取得了胜利。

1923 年春，进步青年苏少立在濉溪青年社及其负责人郑子瑜、王建东等人的支持和帮助下，在濉溪创办《皖邮之光》报。该报以激发全省邮政职工的爱国热忱和反对帝国主义控制中国邮政为办报宗旨。报纸通过在省邮局工作的同事，发送给各地邮政职工阅读。

同年暑期，郑子瑜、王建东结伴去济南，分别考入工业专门学校和农业专门学校。郑子瑜在入学后不久，就先后加入山东省非基督教同盟和山东省马克思主义学说研究会，结识了王尽美、王翔千、丁群（丁基石）和尹宽等共产党人。当时，共产党员在学校的活动十分活跃，通过演讲、办报、出墙报等方式，宣传马克思主义，号召全国人民起来同帝国主义和封建主义进行斗争。郑子瑜积极参加学校组织的各种活动，系统地接触了马克思主义。

1924 年 1 月，郑子瑜、王建东放寒假，从济南回到濉溪，同文天情、张灿五等人一起，组成了濉溪非基督教同盟和旅外学生会。同年春，郑子瑜经王尽美介绍加入中国共产党。随后，他又遵照中共三大的决议，加入中国国民党，与济南的国民党员取得联系，改组了国民党济南市党部，被推举为市党部的主委。

7月中旬，郑子瑜和社会主义青年团员王建东利用假期，把濉溪地区的国民党员召集起来，研究成立了国民党濉溪区党部，郑子瑜等担任濉溪区党部的执行委员。7月下旬，朱务平、江善夫、郑子瑜等共产党人，在临涣、宿县、濉溪先后成立国民党区党部的基础上，联合组建中国国民党宿县临时党部。同年10月，郑子瑜为便于开展团工作，在济南加入中国社会主义青年团，并担任团济南地方执行委员会委员、济南第二团支部书记。

1925年1月，郑子瑜放寒假回到濉溪，介绍梁宗尧、文天情、丁茂修、刘景春等人加入中国共产党，组建中共濉溪小组，推举梁宗尧任组长，这是濉溪地区建立的第一个党小组。郑子瑜返回济南后，把组建中共濉溪小组的情况向王尽美做了汇报，经王尽美同意，将中共濉溪小组划归中共山东地方执行委员会领导，郑子瑜为二者之间的联系人。党组织成立后，郑子瑜等一批共产党员以中国国民党党部的名义，积极在濉溪和济南等地组织和领导反帝反封建斗争。1925年3月，孙中山因病去世。3月23日，济南各界举行公祭孙中山大会，郑子瑜代表国民党济南市党部发表演说，号召全党同志继承总理遗志，继续执行联俄、联共、扶助农工的政策，努力奋斗，完成国民革命。4月27日，郑子瑜又在山东各界追悼孙中山的大会上，向与会的近万名群众讲解孙中山的救国主张，并在会上散发了国民党山东省党部、国民党济南市党部和山东省国民会议促成会、女权运动委员会、非基督教同盟的宣言。5月30日，"五卅"惨案激起全中国人民的极大愤怒，工人罢工、学生罢课、商人罢市，形成了反对帝国主义的民族浪潮。济南市学生联合会联络其他社会团体，成立济南市雪耻委员会，郑子瑜当选为学生会和雪耻委员会委员。7月，他以国民党济南市党部代表的身份，参加了国民党山东省第一次代表大会。郑子瑜在山东积极参加反帝反封建军阀的斗争，引起了山东军务督办张宗昌的注意，遂下令逮捕他。

中共山东地方执行委员会考虑到郑子瑜已无法在山东继续工作，决定推荐他到苏联莫斯科中国劳动者中山大学学习。这批学员是由中共中央和国民党中央执行委员会选派的，去莫斯科需到上海找中共中央办理手续。郑子瑜离开济南，乘火车来到宿县，顺便回家探望父母。他回到濉溪后，看到蓬勃发展的革命形势，认为党组织也必须立即扩大，才能适应这一大好形势，才能更好地领导当地的革命斗争。他先后介绍苏少立、张灿五、萧亚珍等人加入中国共产党，将中共濉溪小组扩建为支部，推举苏少立任支部书记，下辖濉溪、刁山和濉溪通信3个党小组。此前，中共濉溪小组是属于中共山东地方执行委员会领导的，郑子瑜为中间联系人。由于郑子瑜已无法再回济南，濉溪的党组织无法与山东党组织取得联系，只好另外寻求与上级党组织联系的途径。郑子瑜到上海后，把中共濉溪支部的组建情况向中共中央做了汇报，得到中共中央的批准。中共中央还决定让郑子瑜留上海，带领山东选派的学员去莫斯科。9月，郑子瑜一行10人从上海出发，赴莫斯科中国劳动者中山大学参加第一期学习班学习。郑子瑜在该校学习两年，1927年毕业后，被送到苏联伏龙芝军事学院深造。

1928年6月18日至7月11日，中国共产党第六次代表大会在苏联莫斯科举行，郑子瑜和妻子秦曼云同时被抽调到大会秘书处工作。此间因婚姻变故，郑子瑜精神失常，被送进苏联的一所精神病院并退党。郑子瑜回国后，在济南从事教育工作，仍设法为党组织做些有益的工作。1930年6月，山东省立高中的共产党员因传阅党中央的机关刊物《红旗》，遭到国民党济南市公安局的搜捕，郑子瑜及时通知党员转移，才使得党组织免遭损失。郑子瑜回到濉溪后，想寻找自己一手建立的党组织，回到党内。但濉溪党组织也已遭敌破坏，他回到党内的希望破灭。之后，他与在苏联结识的邓演达取得联系，邓演达要他立即去上海，商讨筹建中国国民党临时行动委员会的有关事宜。郑子瑜欣然前往。

1930年8月9日，中国国民党临时行动委员会成立大会在上海举行，邓演达被推选为总干事，郑子瑜为北方区（包括北平、天津、河北、山东、山西、西安、兰州、绥远、察哈尔9个省市）筹备委员会负责人。

1931年，郑子瑜在西安被国民党特务秘密杀害，年仅30岁。

赵雪民

赵雪民，又名赵良文、赵雪门、赵雪盟，1904年出生于濉溪县古饶镇赵集村（今烈山区古饶镇赵集村）一个农民家庭。

赵雪民自幼明理懂事，知道家境贫寒，从不和富家子弟比吃、比穿。他读书用功刻苦，成绩良好，国语、算术名列全班第一。15岁时，正值五四运动爆发，他积极投入轰轰烈烈的反帝爱国运动，参加游行，喊口号，刷标语。1921年，从宿县第一高等小学毕业后，他考进徐州培心中学，除认真学好功课外，还如饥似渴地阅读一些进步书籍，开阔了眼界，增加了知识。随着年龄和知识的增长，对社会的光明与黑暗、正义与邪恶的认识

赵雪民

日益深刻。他经常接触吴亚鲁等一批进步人士，受其影响，思想有了新的飞跃，革命的世界观逐步形成。1924年底，经吴亚鲁介绍，赵雪民光荣地加入了中国共产党。同年。其父也来到徐州，在火车站旁边开了一家小饭馆，挣些费用供赵雪民上学和参加革命活动。这个小饭馆成了党的活动地点，一些党员经常来这里开会，研究工作。

1925年初，赵雪民被选派去黄埔军校（三期）学习。同去的还有徐怀云（睢宁人）。1926年初，他们从黄埔军校学习回来，参加中共江苏省委军委工作，主要负责军事训练。

1927年冬，受中共江苏省委军委委派，赵雪民回到皖北开展巡视工作，因时间较长，其间在临涣高小任教，和沈慈之共同负责党的支部工作，并开展革命宣传活动。当年年底，一天夜里突遭团防局搜查，赵雪民闻讯外出躲避，免遭逮捕。1928年初，赵雪民又到了夹沟，以教书作为掩护，组织开展革命活动，不久，当地的党组织遭到破坏，他再次返回省委工作。

1929年6月，赵雪民和徐怀云受中共江苏省委军委派遣，来到苏北泗县、泗阳、宿迁一带开展土地革命，发动和组织群众武装暴动。这时，党内的"左"倾路线占据着统治地位。党中央认为，只要红旗一插，群众就会热烈拥护，革命就会立即成功，因此盲目地要求各地举行暴动。赵雪民和徐怀云一到苏北，就和当地党组织负责人王子玉、魏正彬、许宝庭、许宝霞、马伦、朱凤章及郭子化、汤涤非等人取得联系，传达中共江苏省委

军委指示,研究暴动的方法、步骤。根据中央和省委指示精神,他们将县委改为革命行动委员会,赵雪民和徐怀云、郭子化、汤涤非等都担任了行委成员。当时,中央还确定在徐海地区成立红十五军,罗迈(李维汉)任军长,陈资平为副军长,赵雪民、徐怀云为委员,下辖七、八、九3个师。师长分别由陈资平(兼)、张达生、汤涤非担任。

6月下旬,赵雪民来到泗县,负责把当地农民武装改编为工农红军,指导农民武装暴动。8月1日,泗县石梁河举行农民武装暴动。赵雪民、徐怀云在陈吕庄召开农民自卫军负责人会议,宣布成立工农红军独立师。独立师挥师东进,在塘沟遭到国民党泗县警备队及地方武装团练的包围攻击,暴动失败。

暴动失败后,赵雪民、徐怀云等来到宿迁,准备继续组织武装暴动。8月中旬,行委活动于泗县、宿迁、泗阳边界的苏圩、孙桥、黑塔、佟圩一带。那时,土匪很多,又十分猖獗。上级决定,在这种情况下搞土地革命斗争,不和土匪打交道是不可能的,所以就把与土匪周旋列为兵运工作的一部分。利用土匪与国民党的矛盾,开展有利于革命的工作,壮大革命队伍。当时情况很复杂,在共产党内部也存在个别挂牌党员,如汤群墙的苏大天和佟圩的佟锡金,他们是官匪都通的地主,又各有自己的武装。正因为他们贯通各方,有这种关系的保护,活动才能顺利进行。

那时,行委、军委常在佟锡金家开会研究和布置工作。后来组织上决定,叫他们把手中的枪支交出来,这一下惹恼了他们。佟锡金背地里发牢骚说:"你们要真找麻烦,小心我叫你们一下子完蛋。"佟锡金的儿子又认土匪头子王存江为干爷。行委得知这一情况后,认为佟锡金有叛变的可能,对武装暴动不利,于是决定把佟锡金除掉。佟锡金被打死后,汤涤非、徐怀云、赵雪民等人把队伍拉到汤群墙。这是一个孤立的大宅院,有3个大门,苏大天带人驻西门,赵雪民、汤涤非等带领武装驻东门,由赵雪民、徐怀云负责军事训练。

8月22日(农历闰六月二十八日)正吃着晌午饭,有人报告说,苏大天队伍中有王存江的人,这引起了大家的警觉,估计王存江可能会为佟锡金"报仇"。赵雪民、徐怀云、马伦、汤涤非、朱凤章等立即召开紧急会议，决定马上带领队伍离开。天正下着大雨，雨止后已到傍晚，队伍集合出发了。赵雪民、马伦、徐怀云走在队伍后边，汤涤非、许宝庭、朱凤章等走在前边。刚出门100多米远，土匪王存江、陈小兔子、王开虎等人就带着匪徒向我军开枪，一场激烈的战斗打响了。

由于距离太近，敌我双方展开了肉搏战。赵雪民一边指挥队伍撤退，一边和敌人拼杀，战斗不到半小时，赵雪民腹部中弹，受重伤倒下。我军边打边往西撤，土匪紧追不放。到了小河边，我军利用河坎进行阻击，土匪怕伤亡太多，停止了追击。

天黑了，冲出去的有许宝庭、朱凤章、孙耀光、汤涤非（受伤）等人。旋即朱凤章回到战场，察看牺牲的战友，抢救受伤的同志。他发现赵雪民虽然倒在血泊里，还没有停止呼吸。于是，就趁天黑将赵雪民背起来，一口气走了10多里，安排养伤。

赵雪民的伤势急剧恶化，他预感到自己不行了，费力地对朱凤章说："老朱，别管我了，我给你写封信，快拿去到泗县霸王城找老魏（正彬），他那里有枪，再把队伍组织起来，革命道路虽很艰难，但总会成功的。"说完，赵雪民用颤抖的手写了生命中最后一封信。

朱凤章走后，赵雪民的伤势进一步恶化，第二天（8月23日）夜里，他与战友永别了，时年26岁。

孙铁民

孙铁民，1901年出生于濉溪县韩村镇小孙庄。幼年入私塾读书，后因家境贫寒而辍学。

1919年，五四运动爆发，反帝反封建的浪潮席卷全国，马克思主义得以迅速传播。孙铁民阅读了许多宣传马克思主义的文章和书刊，很快接受了马克思主义的思想观点，走上了革命道路。

1921年，朱务平在临涣地区领导反封建斗争失败后，开始总结斗争经验。1922年初，他把外地读书返家的同学召集在一起，认真分析形势，认为要推翻旧的社会制度，必须把各种进步势力联合起来，组成一个团体。最后决定成立一个进步青年组织，定名为群化团。群化团的宗旨是："用互助的精神使我们人群都得到真知识""用奋斗的精神改造现在恶劣的环境和畸形的经济组织""推翻旧制度，实现真人生"。孙铁民参加了群化团，并当选为群化团执行委员。同年暑假，群化团召开执行委员会议，形成了发展群化团组织、加强宣传工作、培训群化团员的决议。会后，朱务平、徐风笑、孙铁民等广泛宣传群化团宗旨，发展团员。群化团购买了《新青年》《觉悟》等进步书刊，供给团员和广大青年阅读学习，并对团员展开培训。群化团很快发展起来，由临涣发展到百善、徐楼、海孜、童亭、韩村、西五铺，后向宿城、东三铺、水池铺、夹沟等地延伸。在外地读书的团员也在徐州、济南、南京等地建立了群化团组织。

群化团的迅速发展，引起了中共党团组织的高度重视。为把群化团改造成为党领导下的进步组织，一批群化团的骨干分子先后被吸纳为社会主义青年团团员和共产党员。1924年6月，孙铁民加入中国社会主义青年团。7月，中国社会主义青年团临涣支部成立，孙铁民为支部的主要成员之一。7月，朱务平、刘之武、孙铁民等协助临涣地区国民党员成立了国民党临涣区党部，这是安徽省较早的国民党区党部之一，孙铁民、赵西凡、刘之武等被推举为执行委员。

同年秋，中国社会主义青年团临涣支部根据中共中央和团中央的指示精神，按照国民党中央农民部制订的农民运动计划，以国民党临涣区党部的名义，首先组建各乡村农民协会，并以此为基础，成立了临涣区农民协会，朱务平当选为委员长，孙铁民等为执行委员。接着，临涣的光蛋会、大领会相继建立起来。到1925年，临涣地区的农协会员已发展到四五千人，被喻为"安徽的小广东"。

1925年，经朱务平、徐风笑介绍，孙铁民加入了中国共产党。5月30日，上海的工人、学生为抗议日本资本家枪杀中国工人顾正红，走上街头举行反帝宣传和示威游行，遭到英国巡捕开枪镇压，当场打死13人，伤者不计其数，造成了震惊中外的"五卅"惨案，激起了中国人民的极大愤慨，很快形成了全国性的反帝浪潮。6月，孙铁民等组织临涣各界群众近万人举行集会，孙铁民发表演说，历数帝国主义屠杀中国人民的滔天罪行。会后，集会群众举行声势浩大的示威游行，并建立沪案后援会、宣传队和募捐队，支援上海人民的反帝斗争。

1926年春，临涣团防局按照宿县政府分配的烟捐款数，调查所属14个集镇种植的烟苗地亩。他们在统计地亩时，大肆收取贿赂，把大部分烟捐转嫁到一般农户身上。为了维护广大农民的利益，孙铁民等以临涣区农民协会负责人的身份，多次出面与临涣团防局交涉斗争，最终迫使团防局同意由农民协会重新复查地亩。复查的结果，广大农民的烟捐负担比原先减少2/3。3月，孙铁民等发动一批农协会员，组建了一支农民自卫军，这支队伍在党组织和农协会的领导下，坚决保护农民的利益，震慑地主豪绅的反抗。6月，孙铁民等发动临涣及其周围地区800多名农协会员，强割了大地主袁三的麦子。9月，孙铁民等人又组织和动员临北四里庙、五里郢等村农协会员二三百人，强收了袁三的六七十亩高粱。接着，又组织农协会员300多人，打开袁三家的仓库，将100多石粮食分给了贫苦农民。

同年，党组织派孙铁民、赵西凡等人到广州报考黄埔军校。他们到达广州后，情况发生了变化，未被军校录取，却被编进了教导大队。教导队的教员们在训练学员时，进行反动宣传，从事反共活动，引起了进步学员的强烈不满。孙铁民毅然离开教导大队，重新回到临涣，继续从事革命活动。

1927年，中共临涣区委成立，孙铁民任区委委员。4月19日，孙铁民和其他同志一道，发动300多名群众，到临涣基督教堂门前示威，抗议帝国主义利用基督教作掩护，进行文化侵略，并当众撕毁了教会的宣传品。5月末，孙铁民组织农协会员，强割了袁三临北小刘庄的几十亩麦子。9月，他再次发动农民开展反袁斗争。由于袁三在地方横行霸道，欺压乡邻，人们对其无不切齿痛恨。孙铁民等带领2000多名农民拥堵在袁三门前，与袁三展开清算斗争。袁三命令护院开枪恫吓，而广大农民针锋相对，由孙铁民带领农民武装鸣枪示警。斗争坚持了3个月，宿县政府被迫派人到临涣进行调解。最后，袁三被迫答应农协会提出的全部正当要求。

1927年，临涣、百善地区遭受严重的自然灾害，农民生活极端贫困，一些不法地主乘机放高利贷盘剥农民，引起农民强烈不满。孙铁民同赵西凡、陈文甫等10多名党员带领200多名农协会员，来到丁店、秦庄、宋庙等村，强行打开地主粮仓，把粮食分给贫苦群众度荒，并同高利贷者展开清算斗争。地主豪绅慑于农民协会的威力，不得不做出妥协让步，清算斗争取得了胜利。

1928年5月，孙铁民等发动各界群众，开展反对封建地主王老胡霸占校产的斗争。9月，他们又组织1000多债户，同高利贷者展开针锋相对的斗争，迫使高利贷者不敢催逼债款。同月，国民党临涣团防局局长谢文谟被击毙。临涣团防局为此强行向群众摊派抚恤捐，这引起广大群众的强烈不满。孙铁民等以中共临涣区委的名义，发动180多个村庄的5000多名群众，开展反对为谢文谟摊派抚恤捐的斗争。斗争遭到临涣团防局的镇压，共产党员王绍白和青年学生李景春被捕。

同年冬，国民党反动当局在临涣地区大肆搜捕共产党人，党组织遭受严重破坏。1929年秋，被国民党破坏的中共临涣区委才得以恢复。

1930年6月，以李立三为代表的"左"倾冒险主义在党中央占据了统治地位，他们认为"总的形势都表明中国新的革命高潮已经逼近到我们的前面了"，要求组织全国性的武装暴动。7月初，中共宿县县委派人陪同中共江苏省委李军委来到临涣、百善等地，决定成立土地革命行动委员会，把百善的农民武装改编成红十五军三师第一团，临涣的农民武装改编为第二团，并约定各地同时举行武装暴动。孙铁民任临涣区行委委员，负责组织临涣地区的武装暴动。7月6日，情况突变，暴动提前举行。红二团在孙铁民等率领下，先在海孜南王庄集合，黄昏时进驻徐楼。

7月7日，红一团、红二团在叶刘湖与陈志言、张华坤等率领的武装会合。8日上午，临涣、百善的团防队包围了叶刘湖，双方发生激战。由于敌我力量悬殊，暴动队伍没能打退敌人的进攻，李军委、陈钦盘、孙铁民等率队向东突围。在突围过程中，队伍各自为战，边打边撤，最终被打散。9日，李军委、孙铁民等来到宿县，在中共宿县县委秘书王东藩家隐蔽。

孙铁民并没有因为暴动失败而悲观失望，而是振奋精神，准备重整旗鼓，开展斗争。他秘密联络失散的同志，积极筹划支援古饶暴动。正在此时，一个孙姓地痞侦知孙铁民隐蔽在宿城东关桑园的消息，偷偷向宿县反动当局告密。孙铁民不幸被捕。

在监狱中，孙铁民受尽酷刑折磨，腿被打断，衣服被鲜血浸透，但他仍坚贞不屈。不管敌人怎样审讯，得到的回答总是："我是共产党员，要杀就杀，不必多问。暴动是我干的，革命不怕死，怕死不革命！"

在无计可施的情况下，敌人终于向他下了毒手。7月的一天早晨，天空阴霾，孙铁民被押上一个太平车，拖向宿县东关刑场。沿途，孙铁民奋力高呼："中国共产党万岁！""打倒蒋介石卖国贼！""黄花岗七十二烈士万岁！"孙铁民被国民党残酷杀害时，年仅29岁。

在中国共产党成立80周年前夕，孙铁民的英雄事迹被收入《中国共产党英烈大典》。

萧亚珍

萧亚珍，学名萧玉琨，字亚珍，濉溪县濉溪镇人，1904年3月13日出生在一个贫民家庭。

萧亚珍天资聪明，但因家贫无钱读书。当时，濉溪镇第六国民小学校长张彬如与萧亚珍是近邻，看到萧亚珍聪明伶俐，就免费让他到该校读书。1921年，萧亚珍升入县立第三高等小学读书。

五四运动后，新文化思潮蔓延到濉溪。知识界和青年学生首先受到新文化思潮的影响，并引起反响。县立第三高等小学成为当时传播新文化的中

萧亚珍

心。萧亚珍在新文化运动的影响和进步教师的支持下，开始用白话文写文章，阅读进步小说和鲁迅的作品，和同学们一起组织青年社，创办图书馆、夜校和俱乐部，组织演讲会等，利用各种形式传播新文化、新思想，宣传革命道理。在新文化运动中，他先后写了10多篇揭露北洋军阀

和日本帝国主义罪行的白话文章，提出"抵制日货，挽救民族危亡，打倒卖国贼"。

1925 年 5 月 30 日，上海发生"五卅"惨案，激起了广大人民的义愤，反帝思潮迅速在全国掀起。6 月 9 日，萧亚珍和余亚仙等进步学生，在第三高等小学操场召开各界人士参加的声讨帝国主义大会。会上，萧亚珍作了声援上海工人斗争的报告。会后，萧亚珍带领群众在濉溪前后街游行示威，接着在城内开展捐款活动，成立了濉溪口沪案后援委员会，把捐款汇给上海工人组织，以示援助、支持工人的罢工斗争。

1925 年夏，萧亚珍加入中国共产党。1926 年 7 月，任濉溪镇酒业工会负责人，在濉溪酒业、建筑业中秘密成立工人运动临时委员会，团结并教育各界人民，推动工农运动发展。同年冬，为了培养干部，萧亚珍被党派到武汉军事学校学习。

蒋介石"四一二"反革命政变后，武汉白色恐怖日趋严重，军事学校解散，他又回到了濉溪。通过在武汉几个月的学习，他的思想有了提高，革命意志更加坚定。回濉溪后，他以在第三高等小学任教师作掩护，继续进行革命活动。濉溪党组织决定大力开展工农运动，濉溪的工会、农民协会等群众组织相继成立，萧亚珍、杨履坤负责工会工作。1927 年 5 月，他发动 500 多名工人在濉溪前大街武营召开大会，宣布成立濉溪工人联合会。在演讲时，他慷慨激昂，声泪俱下地揭露帝国主义、封建主义和官僚资本主义的罪行，并号召工人"团结起来，齐心协力进行斗争"！会上，他被选举为工会负责人。

濉溪工人联合会成立后，萧亚珍一方面对工人进行阶级教育，另一方面领导工人与资本家展开斗争，向资本家提出"增加工资，改善生活"等要求。如提出木工、泥水工的工资每天增加 1 元；采曲酿酒工人每年旧历三月十八逢会放假一天，工资照发；要求改善伙食，夏天发扇子、毛巾等。由于工人有了自己的组织，人多心齐，资本家慑于工人的力量，不得不答应工人的要求。斗争的胜利，使工会的威信越来越高。不久，萧亚珍担任了中共濉溪支部书记。

1928 年夏，濉溪党组织发动夺粮斗争。萧亚珍与丁茂修等发动工人农民反对高利贷的斗争，抢收房庄地主的小麦 30 多亩，迫使地主当场表示不再放高利贷盘剥劳苦大众。

1928 年，国民党掀起了"清党"运动，年底，白色恐怖笼罩着濉溪城，国民党大肆搜捕共产党人，濉溪党组织遭到破坏。萧亚珍遭到宿县国民党的通缉，遂于 1929 年 2 月转移到萧县活动，暂住在萧县永堌乡张庄，以卖酒为掩护，不久与永堌的党组织接上关系，开展党的活动。在这里，他先后发展邵继昌、杨振升、李明章等 3 人入党，并成立了党小组，还办了一个《少年先锋》的宣传刊物，并辟出《打狗棍》副刊，专门揭露国民党反动派的黑暗统治。此时的永堌已是萧县党的活动中心之一。萧亚珍经常在永堌小学开会，给学生讲解革命道理。在对敌斗争中，他一面张贴标语、散发传单，积极宣传共产主义主张，一面隐蔽地割断敌人的电话线，破坏敌人的通信联络。

1929 年夏，萧亚珍担任中共萧县县委委员。不久，中共徐海蚌特委派张雨亭来到萧县筹建共青团萧县县委，萧亚珍被选为共青团第一届萧县县委书记。萧县师范学校，是他进行革命活动的重点场所。他经常到学校进行革命宣传，并建立团组织，发动学生办刊物，宣传党的主张，反对封建教育制度，抗议学校当局无故开除学生的蛮横举动。这时，萧亚珍由于没有职业作掩护，经济上十分困难，有时连饭也吃不上，但他毫不介意，革命意志更加坚决。

1930 年 6 月，中共徐海蚌特委派陈履真来到萧县，传达贯彻中共中央政治局通过的《新的革命高潮与一省或几省的首先胜利》的决议。中共萧县县委根据这一指示，召开扩大会议，要求各地举行暴动，夺取政权。为此，会议决定将县委和团县委合并，组成土地革命行动委员会，萧亚珍为委员。行动委员会研究了暴动的具体计划，决定采取"秘密准备，突然袭击"的方式，于 7 月 10 日在黄口、永堌、王寨三地同时举行暴动。萧亚珍、纵翰民负责永堌暴动。但因条件不成熟，王寨、永堌等地的暴动没有发动起来。

这次暴动，使党组织大范围暴露，萧亚珍等被国民党萧县县长王公玙悬赏通缉。这样一来，萧亚珍的活动更加困难。但他勇挑重担，继续在永堌坚持斗争。由于白色恐怖，很多党员不能立足，被迫离开了萧县，行动委员会只剩下纵翰民、萧亚珍、张舒民、戴晓东4人。在"左"倾路线的指导下，上级仍然要求组织暴动。他们多次向上级反映条件不成熟，不宜举行暴动，却被当作右倾，受到批评。在这种情况下，他们只好准备在山里、萧城、黄口、王寨4处地方组织暴动。萧亚珍主动提出，负责永堌这个特务爪牙活动多的地方，把危险留给了自己。

1930年11月6日，萧亚珍到永堌开会，路过闸河亭子渡口时，不幸被国民党永堌民团逮捕。

萧亚珍被押送到萧城监狱。国民党县长王公玙亲自审讯，先欲软化劝降，后严刑逼供，萧亚珍正气凛然，坚贞不屈，王公玙一无所获。

1930年11月23日，一群刑警闯进监狱，把萧亚珍押出牢房。萧亚珍神态自若，视死如归，大义凛然，一路高唱《国际歌》，高呼："打倒国民党反动派！""中国共产党万岁！"

萧亚珍英勇就义于萧城北关，时年25岁。

赵皖江

赵皖江，原名赵先俊，字明雄，号皖江，1880年出生于濉溪县古饶镇平楼村（今烈山区古饶镇平楼村）。

赵皖江自幼善思好学，博学多才，但因仕途坎坷，始终未获功名。遂放弃进入仕途，走上从军之路。1900年后，赵皖江从宿县正谊中学毕业，

赵皖江烈士故居

考入陕西陆军测量学校，在校参加了同盟会，追随孙中山先生，积极从事推翻清政府统治的革命活动。

甲午中日战争后，帝国主义列强确立了各自的在华利益，划分各自的势力范围，形成了共同统治中国的局面。腐败的清王朝面对西方列强的侵略，不但不采取抵御和自强措施，反而压制国内一切进步势力，听任帝国主义宰割。为改变祖国的境遇和命运，中国人民开始不间断的反抗斗争。1911 年，赵皖江参加了孙中山领导的辛亥革命，积极带领陕西陆军测量学校的学生起义响应。秦陇光复后，任秦军西路军司令。1913 年，任冯玉祥为团长的左路备补军二营营长。1917 年，于右任受孙中山之命，联合赵皖江、张销等人在陕西成立西北靖国军。1922 年，靖国军解体，赵皖江回到家乡。

辛亥革命虽然推翻了腐朽的清王朝，但革命果实很快被袁世凯窃取，形成了军阀割据的局面。各派军阀为争夺地盘相互混战，人民饱受战乱之苦。赵皖江希望这种局面尽快结束，人民早日过上安居乐业的生活。直系将领冯玉祥受李大钊革命思想的影响，反对军阀混战，支持国民革命和实行民主共和。赵皖江坚定支持冯玉祥的革命行动。1924 年 10 月，冯玉祥发动北京政变，囚禁了贿选总统曹锟，把溥仪赶出皇宫，把所部改为国民军。赵皖江闻讯北上，就任冯玉祥国民军第三军第三旅副官长，不久调任总参议。1925 年，冯玉祥任西北边防督办，在李大钊等共产党人的支持下，创办了西北陆军干部学校，赵皖江也来到该校。同年，在李大钊的影响下，赵皖江的思想发生了很大变化，不久即经李大钊介绍，加入了中国共产党。

1926 年，赵皖江参加了著名的北伐战争，他率领北伐军勇猛杀敌，屡立战功。1927 年，当他率部进驻浦口时，蒋介石叛变了革命，大肆逮捕和杀害共产党人，赵皖江被迫离开部队，回到家乡。之后，党组织通过关系，安排赵皖江重回部队，担任国民革命军中央直属第九方面军政治部部长。他遵照党的指示，继续做兵运工作。在此期间，他利用职务之便，宣传党的方针、政策，揭露蒋介石的反革命本质。他还鼓动驻信阳的余亚农部起义。为取得中央的支持，他亲自赴武汉向中共中央请示汇报，因陈独秀采取妥协投降的政策，建议未得到批准。蒋介石、汪精卫合流后，在"宁可枉杀一千，不可使一人漏网"的反动口号下，反动派大肆逮捕、屠杀共产党员和革命群众。赵皖江无法再返回部队，遂与北伐军总政治部主任邓演达、苏联顾问苏斯曼诺夫一道去苏联参观学习，后由苏联归国，辗转回到家乡。

回到家乡古饶后，很快与当地的党组织接上了关系。1928年1月，他遵照中共古饶区委的指示，组织农民开展年关借粮斗争，参加了反对国民党古饶区长黄荣卿贪污税款的斗争。1928年初，赵皖江担任中共平楼支部书记，不久后担任中共宿县县委委员。在此期间，他积极发展农协会员，开展农民运动；发展新党员，扩大党组织；组建农民武装，准备武装暴动。

1929年9月，安徽省政府主席方振武因反对编遣，在南京被蒋介石扣押。方部将领鲍刚和余亚农分别在芜湖和安庆举行兵变。赵皖江闻讯后，立即给余亚农写了一封亲笔信，派专人递交，要求余亚农率一三三旅撤往鄂豫皖革命根据地。为此，中共宿县县委还给中共江苏省委写了专门报告，要求转告中央，请求进一步指示。10月，蒋介石调集第六、十、十六3个师的兵力围攻余亚农部，一三三旅被打散，与鄂豫皖革命根据地红军会合的计划未能实现。

1930年3月，烈山煤矿总局以重金收买工贼和惯匪，将中共烈山煤矿特别支部书记梁文焕杀害。5月，赵皖江接任中共烈山煤矿特支书记。为给梁文焕报仇，他派人查找出卖梁文焕的帮凶栾振义，并命人在矿井下将其处决。当月，中共烈山煤矿特别支部、共青团古饶区委和烈山煤矿工会联合会联合成立古饶区土地革命行动委员会，赵含宏任书记，赵皖江任委员。5月9日，赵皖江等按照指示，组织和领导200多名农民、学生，在夹沟、卢村等地举行武装暴动，夺取了地主卢相臣家的枪支，收缴了夹沟车站铁路巡警的武器，打开地主的粮仓，把粮食分给贫民。暴动武装还扒毁了铁路，破坏了铁路上的通信设施。国民党宿县警备队前来镇压，暴动失败。

1930年7月中旬，赵含宏、赵皖江等人，按照中共江苏省委李军委的指示，在孙吴窑召开会议，研究在古饶地区举行武装暴动的问题。7月下旬，赵含宏、赵皖江等率部分农民武装，在孤山地区举行武装暴动，一举攻克国民党孤山乡政府。国民党宿县政府派警备队前往镇压，双方发生激烈战斗。由于农民武装缺乏训练和战斗经验，被迫撤出孤山，同敌人展开游击战。斗争坚持了七八天，终因敌众我寡，农民武装伤亡过重，弹尽粮绝而失败。赵皖江等人遭到通缉，被迫到外地隐蔽。

1930年9月召开的中共六届三中全会，纠正了李立三的"左"倾冒险主义错误。10月，中共中央即派赵皖江到西北军将领杨虎城部工作。后经甘肃省政府秘书长杜斌丞介绍，被杨虎城委任为西安绥靖公署高级参议。1931年5月，杨虎城任命赵皖江为边防督办代表，在兰州开展活动。此时，冯玉祥在甘肃策动旧部反对蒋介石。

8月25日，国民党新编第八师师长雷中田和国民党中央视察员马文车发动政变，扣押了蒋介石新任命的甘肃省政府主席马鸿宾。赵皖江是"雷马事变"的积极策划和参与者。事变的第二天，甘肃省临时政府即宣告成立，赵皖江被推举为临时政府委员，并代理印花税局局长。不久，甘肃省临时政府内部发生了尖锐的矛盾。暂编第四师师长兼兰州城防司令高振邦与马鸿宾有交情，力主释放马鸿宾，赵皖江坚决反对。在处理金融等方面的问题上，二人意见也不统一。当时的金融秩序十分混乱，纸币不能流通。赵皖江在稳定金融会议上，提出将纸币折价使用的方案，把一元纸币折值两角使用。高振邦刚领取了30万元的纸币军饷，所以极力反对纸币折价方案。他认为赵皖江处处与自己作对，遂怀恨在心，决定刺杀赵皖江。

1931年10月22日傍晚，高振邦指使公安督察长马阁麟，在黄家花园省农会门前将赵皖江杀害。

陈文甫

陈文甫，1894年出生，濉溪县百善镇土营村人。少时读书，初中毕业后，考入安徽凤阳师范就读，后回百善小学任教。

五四运动爆发后，陈文甫受到新文化思潮和俄国十月革命的影响，思想起了很大的变化。他阅读了大量的进步书刊，如《湘江评论》《新青年》等，向学生宣传革命真理。

1922年1月，陈文甫参与创建青年进步组织群化团，并被推举为执行委员。1924年5月，加入中国社会主义青年团。1925年春，经朱务平、赵西凡介绍，加入中国共产党。同年秋，参与组建百善区农民协会，并任秘书。1926年上半年，任中共百善支部委员兼中共土营小组组长。同年秋，在陈文甫和萧亚珍的领导下，在百善召开由1000多人参加的农民誓师大会，喊出了"打倒贪官污吏，取消苛捐杂税"和"农民协会是农民自己的会，加入农协会，才能不受罪"等口号。到10月，百善、临涣地区的农民协会已发展会员1200多人，各乡、村已普遍建立了农民协会。

1926年10月，徐凤笑、陈文甫等人被选派到国民党（左派）安徽省临时党部在武汉举办的党务干部学校学习。在学校，陈文甫系统地学习了马列主义，进一步确立了唯物主义和科学社会主义观念，更加坚定了革命信念。1927年5月，根据中共宿县县委指示，陈文甫和其他同志一道，开展了同大地主袁三的斗争。

9月，中共百善区委成立，赵西凡任书记，陈文甫等为委员。同时，陈文甫还兼任铁佛支部书记。在此期间，他和广大党员一起，克服因大革命失败而造成的不利局面，就地坚持斗争，秘密开展革命活动，使工农群众运动得到较大发展。1929年春，中共百善区委进行改组，陈钦盘接替赵西凡任区委书记，陈文甫仍为委员。在国民党反动派的白色恐怖下，在严峻的生死考验面前，中共百善区委在上级党组织的领导下，继续坚持斗争，将工作重点转向了农村，并适时发动和组织农民协会开展反对高利贷者的斗争。

1930年7月，根据上级党组织关于发动广大群众开展政治斗争，掀起革命高潮的指示精神，中共百善区委改为百善区土地革命行动委员会，陈文甫等任委员。7月初，在上级党组织的领导下，陈文甫参与了胡楼、徐楼、叶刘湖武装暴动。由于受党内"左"倾错误的影响和主客观条件的限制，暴动最终失败。但是这次暴动有力地打击了国民党反动派的嚣张气焰，表现了共产党人大无畏的革命精神，扩大了共产党的影响。暴动失败后，中共百善区委遭到严重破坏。1932年2月，中共宿县中心县委派人恢复了部分支部，但没能把百善区委恢复起来。1933年夏，中共徐州特委和宿县县委被破坏，陈文甫等一批与上级党组织失去联系的共产党员，一边开展革命活动，一边寻找党组织。1935年，他到临涣小学任教，与其他党员一起继续发动群众，开展反帝反封建的斗争，创办了"共学处"，推动开展全民识字运动。

1937年，全面抗战爆发，萧、宿地区抗日救亡运动高涨。陈文甫积极投身救亡图存的洪流，自发组织抗敌救亡社，开展抗日救亡活动。1938年5月，临涣、百善相继沦陷后，陈文甫组织起一支上百人的抗日队伍。1939年6月，与萧（县）宿（县）抗日游击大队合编为八路军苏鲁豫支队独立营，约500人枪，丁茂修任营长，于铁民任教导员，陈文甫任副营长，活动在宿西地区。濉溪西南的周圩子据点驻有日伪军100多人，经常四处抢掠，为害当地。独立营决定采取长途奔袭的战术攻打该据点。6月的一个晚上，4个连从四面出击，相互配合，陈文甫率领二连从东门攻入，其余各连也都向敌人猛攻，冲进圩内，全歼守敌。

同年8月，苏鲁豫支队独立营和宿西另一些游击队合编为八路军宿西独立大队，辖3个营和1个特务连，共800人。陈文甫任一营营长。12月，宿西独立大队被升编为新四军游击支队第三总队八团，李时庄任团长，陈文甫任副团长。

1939年底至1940年春，日伪军不断对豫皖苏边区抗日根据地进行"扫荡"，企图摧毁根据地，扩大伪化区，保护津浦和陇海铁路交通动脉的安全。新四军游击支队（1940年2月改番号为新四军第六支队）所属各部与日伪军展开激烈战斗。陈文甫协助团长李时庄率部参加了反"扫荡"的一系列战斗，并取得重大胜利。

1940年3月17日，国民党军第五十一军一部，由陇海路北南下，途经宿县附近，与日军遭遇，该部经过新四军第六支队八团一营驻地向南转移，日军尾追不舍，国民党部队于是向新四军请求支援。陈文甫率部驻扎在孙疃西北王浅孜、柳树湾一带。为掩护友军撤退，抗击日军，他毅然接受国民党军队的请求，命令二连在王浅孜以西设伏，准备阻击日军。

敌人的先头部队两辆汽车驶进一片坟地时，新四军战士发起攻击。他们首先掷出手榴弹，将汽车炸翻，日军死的死、伤的伤。敌见势危，又从宿县、南坪、临涣派兵增援汽车16辆，炮数门，机枪10余挺，日伪军600多人，向二连阵地冲击。当得知友军和群众已脱离危险后，二连撤出了战斗。

　　住在柳树湾的陈文甫与副营长张锡凡率领一排战士增援，赶到王浅孜时，得知二连已经撤退。陈文甫率部准备撤回柳树湾时，已经来不及了，很快被敌人包围。陈文甫指挥若定，命令战士们占据村子坚守，与敌人展开巷战。在遭到敌人火炮和机枪的猛烈轰击下，战士们英勇机智，打退了日军一次次冲锋，给敌人以很大的杀伤，血战竟日，最后退守到村子的一处院落。日军恼羞成怒，遂用重炮、机枪向院内疯狂轰炸、扫射，顿时，墙倒屋塌，并燃起了大火。陈文甫和战士临危不惧，奋勇抗敌，同敌人展开了肉搏。战斗持续到黄昏，终因弹尽粮绝，陈文甫及副营长张锡凡、排长朱克广等30多名指战员壮烈牺牲。

　　王浅孜战斗，消灭日伪军近百人，击毁敌人汽车10余辆，掩护了友军撤退，沉重打击了日军的嚣张气焰，极大地激励了抗日斗志。

王浅孜战斗旧址

丁茂修

　　丁茂修，原名丁在德，字剑修，又名丁超五，濉溪县土楼乡黄里村（今淮北市曲阳街道黄里村）人，自幼入学读书，思想比较活跃，敢于冲破封建桎梏的束缚，去追求自己的理想。

1919 年，五四运动爆发后，反帝反封建的爱国运动席卷淮北大地。丁茂修与宿县第三高等小学的广大师生一道，举行罢课和示威游行，在集会上发表演说，历数帝国主义侵略中国的罪行和北洋政府的腐败无能，坚决要求北洋政府拒绝在《巴黎和约》上签字。

1925 年 1 月，在济南加入中国共产党的郑子瑜、王建东回到濉溪，着手组建党组织。他们先后发展丁茂修等一批党员，组建成立中共濉溪小组。"五卅"惨案发生后，党组织在濉溪北关奶奶庙召开有三四千名群众参加的大会，丁茂修等人在会上发表演说，谴责英、日帝国主义屠杀中国工人、学生的罪行，号召各界群众支援上海人民的反帝斗争。会上宣布成立沪案后援会，丁茂修担任后援会的执行委员。会后，丁茂修等组织了声势浩大的示威游行，组织罢课、罢工、罢市，成立宣传队、仇货队和募捐队，深入乡村做反帝反封建宣传，号召人民不要购买洋货，分头集资捐款，有力地支援了上海人民的反帝斗争。

随着党组织的扩大和国共合作的不断深入，工农群众运动轰轰烈烈地发展起来。1926 年 7 月，濉溪农民协会成立，丁茂修任农协委员。当月，濉溪镇酒业工人和搬运工人成立工会，丁茂修担任酒业工人工会负责人，在党的领导下，积极组织工农群众开展斗争。同年冬，濉溪地区的"东霸天"朱香远强占民女为妾，引起公愤。中共濉溪支部为杀一杀恶霸地主的威风，派丁茂修当场将其击毙，群众无不拍手称快。

1927 年 5 月，濉溪镇工人联合会成立，丁茂修任联合会委员。当月，国民党濉溪区党部改组，王建东、丁茂修等分别任常务委员、执行委员，这样，国民党濉溪区党部就完全处于共产党人的控制之下。中共濉溪支部为促进工人运动的开展，还派丁茂修深入烈山煤矿工人中间，做工人的思想工作，帮助组建烈山煤矿临时工会。

丁茂修

在党的领导下，濉溪地区工农群众运动得到持续发展。1927 年 6 月上旬，中共濉溪区委组织 200 多名农协会员，强收了周姓大地主的麦子。7月，中共濉溪区委和刁山支部发动农民开展向大地主袁三的借粮斗争。

蒋介石叛变革命后不久，汪精卫也公开叛变革命，蒋汪合流，大搞白色恐怖，逮捕和杀害共产党人。徐凤笑与中共安徽省临委取得联系后，被任命为中共宿县临委书记。1927 年 8 月下旬，徐凤笑从武汉辗转回到宿县，正式组建中共宿县临时委员会，并先后成立临涣、濉溪等 5 个区委。丁茂修任中共濉溪区委书记。

1929 年 2 月，国民党在濉溪开展大搜捕行动，丁茂修被迫撤离。其后，被党组织派往泗县，担任中共泗县县委书记。

1930 年 6 月 11 日，李立三主持召开中央政治局会议，通过《新的革命高潮与一省或几省的首先胜利》的决议，标志着李立三"左"倾冒险主义路线在中央领导机关占据了统治地位。为贯彻执行中央的决议，6 月 13日，中共江苏省委发出第二十三号通告，要求所属各级党组织组织罢工和地方暴动，占领城市，组织苏维埃政府。7 月 20 日，丁茂修主持召开中共泗县县委扩大会议，根据上级党组织的要求，决定把党团组织合并，成立泗县土地革命行动委员会。会议还决定于 8 月 1 日在石梁河地区举行武装暴动。暴动队伍在仇岗地区同国民党反动武装发生激烈战斗，打垮了泗

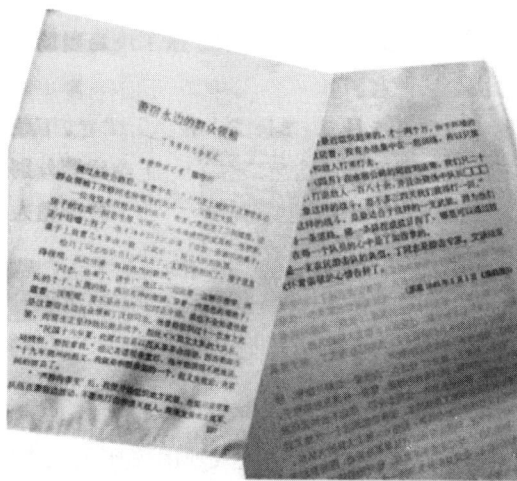

1940 年 5 月 1 日《拂晓报》报道：萧宿永边的群众领袖——丁茂修同志会见记

县自卫队第二中队，又乘胜围攻上塘集团练局。农民武装愈战愈勇，接着又打败了傅圩、周桥、罗岗、官塘等地的团练武装。当晚，中共江苏省军委委员赵雪民、徐怀云在陈吕庄召开各地农民自卫军负责人会议，宣布成立中国工农红军独立师，丁茂修任副师长。8月2日，丁茂修等带领武装进攻邓湾、邓圩等地的地主武装，收缴他们的武器。接着，红军独立师挥师东进，准备与泗县行委委员王子玉率领的农民武装会合。刚到塘沟，突遭国民党泗县警备队和3个区的团练武装包围，激烈的战斗一直持续到黄昏，红军独立师弹尽粮绝，被迫分散突围。在突围中，师长何凤池被捕，丁茂修受伤，暴动失败。国民党泗县政府下令追捕武装暴动人员，丁茂修秘密回到家乡隐蔽疗伤。

1937年7月，日本帝国主义发动全面侵华战争，国难当头，中国共产党号召实行全民族抗战，拯救民族危亡。在中国共产党的号召和领导下，全国很快形成抗日民族运动高潮。李时庄、丁茂修等一批共产党员，在一起研究决定，在党组织恢复以前，先行组建抗日救亡组织，开展抗日活动。10月，宿县抗敌救亡社成立后，濉溪等地相继成立分社，李时庄任濉溪分社主任，丁茂修等任委员。1938年2月，濉溪民众抗日总动员委员会成立，丁茂修任主任。

1938年1月初，戴晓东在徐州与中共苏鲁豫皖边区特委书记郭子化取得联系。6月，中共宿县特别支部成立，戴晓东任书记。丁茂修的组织关系得到恢复，宿县地区的党组织也逐渐恢复和发展起来。在党的领导下，濉溪地区的抗日救亡运动轰轰烈烈开展起来。他们以救亡社为基础，利用动委会的合法地位，组织抗日宣传队、联庄会和抗日人民自卫队，成立教育人员战时后方服务团，深入城乡和部队做抗日宣传动员。

1938年5月，日军进攻宿城，国民党宿县县长出逃，濉溪口、临涣、百善等城镇相继沦陷。日军所到之处，烧杀淫掠，激起了人民的极大愤慨，纷纷组织抗日游击武装，反抗日本法西斯的侵略。4月，古饶抗日游击队、濉西抗日自卫队先后成立。5月下旬，烈山煤矿游击大队成立。6月，丁茂修在濉溪组织了100多人的游击队。宿西地区的抗日游击队集中在濉溪口整训，被编为8个大队，丁茂修等任大队长。8月，宿县抗日游击总队在古饶乔店孜成立，周龙凤任总队长，丁茂修任参谋长。10月16日，日军二次进犯濉溪口，路过东三桥时，遭到游击队的猛烈袭击，日军小队长楚云井被击毙。

1939年2月，八路军苏鲁豫支队派于铁民来到濉溪，把丁茂修率领的游击队和萧县的一个中队合编为萧宿抗日游击大队，丁茂修任大队长，于铁民任指导员，200多人枪。这支队伍活动在萧宿的边境地区，配合八路军主力在白顶山、化家湖等地开展游击战，抗击日军的侵略。6月，萧宿抗日游击大队被编为八路军苏鲁豫支队独立营，丁茂修任营长，于铁民任教导员。随着抗日活动的不断增多，抗日队伍随之扩大。根据需要，独立营又被编为八路军苏鲁豫独立大队，经常活动于永城以西、盐河以南地区。8月，这支武装又划归中共宿西县委领导，改编为宿西独立大队。12月，宿西独立大队上升为新四军游击支队三总队第八团。1940年3月，丁茂修又重新组建了宿西独立大队，并担任大队长。他从组建第一支抗日武装起，在不到两年的时间里，先后组建了11支抗日队伍。这些队伍有的升编为八路军、新四军主力，有的成为中共萧县中心县委、中共宿县县委领导下的抗日武装，为扩大抗日力量，抗击日军的侵略，做出了积极贡献。在艰苦的对敌斗争中，他紧紧依靠群众，同群众结下了深厚情谊，他本人获得了"萧宿边群众领袖"和"游击专家"的美誉，他领导的抗日游击队也被誉为"游击队的典型"。

1940年6月，丁茂修调到豫皖苏边区保安司令部政治部工作。10月以后，蒋介石发动了第二次反共高潮，日伪军也加紧对我豫皖苏边区"扫荡"，形势日趋紧张。12月12日，豫皖苏边区保安司令耿蕴斋、八路军四纵六旅十七团团长刘子仁、六旅副旅长兼十八团团长吴信容等裹挟所部近2000人，于萧永边境叛变，豫皖苏边区抗日根据地遭受重大损失。此时，正在宿西做伪军策反工作的丁茂修闻讯后，只身冒险赶赴萧宿边界马海川部驻地，准备策反国民党军马海川部。马海川不但不听，反而残忍地将丁茂修杀害。

丁茂修虽然牺牲了，但他为民族解放所做出的贡献将载入史册，流芳后世。

谢箫九

谢箫九，原名谢文韶，濉溪县五沟镇谢圩村人，1903年出生于一个农民家庭。

幼年在家乡读私塾，后来转入宿县第二高等小学就读。1919年5月4日，北京爆发以青年学生为主体的五四反帝爱国运动，消息传到临涣，5月7日，以朱务平、谢箫九等为首的第二高等小学的学生和进步教师，联合临涣各校师生，举行反对帝国主义的集会和示威游行。师生们情绪激昂，纷纷发表演说，号召各界人士迅速行动起来，反对北洋政府代表在《巴黎和约》上签字，要求北洋政府取消与日本帝国主义签订丧权辱国的"二十一条"，收回被日本霸占的原德国在山东的权益，严惩卖国贼曹汝霖、陆宗舆、章宗祥。

童亭老渡口

在五四运动的影响下，谢箫九等一批学生，冲破封建势力的阻挠，成立第二高等小学学生会，谢箫九是学生会里的积极分子。其后，朱务平、谢箫九等分别联络宿县西南地区的学生会，组建宿县西南区学生联合会。学生会成立后，积极组织学生开展反对帝国主义和封建势力的斗争。同年秋，谢箫九等发动第二高等小学学生，开展反对校长张大中的斗争，并把张大中赶出校门。1920年夏，谢箫九参加反对帝国主义分子利马诺的斗争，大杀了帝国主义分子的威风。9月，他参加由第二高等小学学生会组织的临涣抗税斗争，赶走了在临涣征收苛捐杂税的刘子英。

1921 年春，段广朋当上宿县教育局代理局长后，着手为其侄子段砚农谋取第二高等小学校长职位。为达此目的，他利用削减教学经费等手段，刁难校长陈海仙，陈海仙愤然辞职后，段广朋乘机将段砚农塞进学校担任校长，这引起广大师生的强烈不满。徐风笑、谢箫九等组织师生，把段砚农赶出第二高等小学。段砚农雇用一批地痞、流氓冲进学校，对学生大打出手，并强占学校。小学毕业后，谢箫九考入徐州培心中学就读。

1922 年 1 月，从第二高等小学毕业到外地求学的学生返回家乡。春节刚过，朱务平、谢箫九等把前一时期参加反段斗争的师生召集在一起，分析斗争失败的原因，总结失败的经验教训，认识到团结多数人和共同反对封建势力的重要性和紧迫性。会议决定成立一个以进步青年为主体的组织，定名群化团，谢箫九等被推举为执行委员。他们共同起草了《群化团宣言》在报上公开发表，还把内容写在一面红色的大旗上，悬挂在临涣城隍庙大门上。接着，谢箫九等即以群化团为中心，组织开展反对封建势力、反对洋教的斗争。

1924 年 1 月，谢箫九参加朱务平主持召开的群化团负责人会议，会上明确指出帝国主义在华办学，实际上是对华实行文化教育侵略服务，号召国人共同反对文化侵略。会议决定成立临涣非基督教大同盟。同年夏，经朱务平介绍，谢箫九加入中国社会主义青年团。7 月初，他与朱务平等组建国民党临涣区党部。7 月中旬，他与朱务平、徐风笑等组织临涣当地的团员召开会议，正式成立社会主义青年团临涣支部。同时还决定恢复宿县西南区学生联合会和教员联合会。

7 月下旬，团临涣支部召开全体团员会议，传达中共中央关于组织农民协会和开展农民运动的指示，决定按照中共中央和团中央决议精神以及国民党中央农民部制订的农民运动计划，以国民党临涣区党部的名义，在团临涣支部领导下，广泛开展农民运动。同年秋，朱务平、徐风笑、谢箫九等以团临涣支部为核心，在群化团、学生联合会、教职员联合会的大力支持下，联合各乡村农民协会，组建临涣区农民协会，谢箫九为农民协会的负责人之一。谢箫九还深入大五柳地区，发展农协会员，组建农协组织，当地农协会员很快发展到 500 多人。

1925 年 6 月，经朱务平介绍，谢箫九光荣地加入中国共产党。6 月，他参加了朱务平领导的反对国民党右派的斗争，参与组织游行示威，反对英、日帝国主义国家制造的"五卅"惨案，支援上海工人、学生的反帝斗争。他还参与组织成立徐州工农活动委员会、妇女活动委员会、学生活动委员会、国民党活动委员会和宣传委员会，并担任共青团徐州地委委员。同年秋，王子玉、梁昭光从徐州返乡，谢箫九介绍二人到童亭和韩村，以教书作掩护，负责发展团员，组建成立共青团童韩小组。1926年夏，谢箫九从徐州培心中学毕业回乡任教。9月，他联络童亭、韩村两地的党员，成立了中共童韩支部，并担任支部书记，支部下辖童亭、韩村两个党小组。

1923年至1924年，谢箫九在徐州就读和活动的地方——徐州培心中学

1927年3月初，童韩农民协会成立，谢箫九任农协会委员。3月9日，薛凤楼、谢箫九等以中共童韩支部、童韩农民协会的名义，发动1500多名农协会员，同北张集集董赵天相、罗天作进行清算斗争，迫使他们取消了摊派的苛捐杂税。当月，在中共童韩支部的组织和领导下，童韩妇女协会和儿童团先后成立。童韩农民协会还在薛凤楼、谢箫九等领导下，提出了"反租税"的口号，得到广大农民的热烈拥护，在很短的时间内，童韩农协会员由三四百人，迅速发展到一两千人，连杨柳、孙疃等地的农民也纷纷加入童韩农民协会。很快，在童韩地区一个强大的农协组织建立起来。童韩农民运动的发展，使当地的贪官污吏、土豪劣绅不敢任意欺压百姓，不敢肆意摊派苛捐杂税，连称霸一方的大地主周允尧也不敢再向农民

强收地租。

1927年，蒋介石、汪精卫发动反革命政变，宿县的党团组织遭受很大破坏。面对日益残酷的环境，广大党员仍继续坚持斗争，使党组织得以恢复，工农群众运动继续发展。8月，中共临涣区委成立，下辖中共临涣、童韩等6个支部，谢箫九任区委书记。同时，临涣区农民协会等群众组织也相继恢复建立，谢箫九任区农民协会委员长。1928年3月上旬，薛凤楼、谢箫九等组织发动1500多名农协会员，在抬头寺开会，与大地主周元尧开展清算斗争，迫使其退回租粮200多石。接着，他们又组织领导农协会员与童韩地区150多户中小地主展开清算斗争，为农民收回多缴的租粮500多石。同年7月，谢箫九任中共宿县县委农运委员会委员，负责指导全县农协会开展工作。

轰轰烈烈的农民运动，极大地触动了当地封建地主的利益，他们不甘心失去既得利益，非常仇视农民协会，想方设法破坏农民运动。临涣团防局团总谢文谟极力活动，企图谋取宿县清党委员会主任的职位，扬言要把宿县的共产党人斩尽杀绝。为打击反动分子的嚣张气焰，中共宿县县委指示临涣区委，设法除掉谢文谟。农历八月十五前的一天晚上，谢箫九、王兴吉将谢文谟击毙。事后，宿县法院以杀人嫌疑为由，逮捕了谢箫九、王兴吉二人。为此，党组织多方展开营救。1929年初，安徽省高等法院以查无实据为由，宣判二人无罪，谢箫九、王兴吉得以释放。

谢箫九出狱后，已不适宜在当地继续工作。1929年6月，上级党组织将其调往湖北蕲春地区，后又转到江西九江、湖南等地。新四军成立后，谢箫九被调往新四军一支队。

1941年1月，蒋介石发动了震惊中外的皖南事变，谢箫九同广大新四军指战员浴血奋战7昼夜，终因弹尽粮绝，在突围时壮烈牺牲。

马广才

马广才，1900年出生于濉溪县百善镇马乡村一个贫苦农民家庭。

马广才很小的时候，父亲就因病去世，是母亲含辛茹苦带着马广才兄弟4人艰难度日。家里虽然还有几亩薄田，但收成却极少。全家人辛苦劳累了一年，除缴纳苛捐杂税外，所剩无几，整日过着衣不遮体、食不果腹的生活。年事稍长，他对社会的黑暗腐朽和贫苦人民的生活有了初步的认识，滋长了对封建土豪劣绅的仇恨和对社会的不满。

马广才天资聪明，到了上学的年龄后，看到同龄的孩子坐在学堂里读书，心里好不羡慕，但因家中经济实在困难，付不起学费而未能如愿。马广才的身体素质特别好，喜爱武术，闲暇之余，苦练武术，十几岁时练就一身功夫。他性格刚直，爱憎分明，最不愿看穷人的孩子遭富家孩子的欺侮，为此，经常遭受富人家孩子的围攻和母亲的责罚。长期艰苦的生活环境，不仅培养了他坚忍不拔、吃苦耐劳的品格，也造就了他敢于反抗的斗争精神。

1924年，马广才成家立业，娶妻赵学兰，挑起了家庭的重担，终日为解决生计奔波。在赵学兰的娘家百善前赵营村，中共党员赵西凡以当小学教员作职业掩护，宣传和发动群众，发展党组织，组织农民开展抗暴斗争。1925年春，中共百善小组成立，赵西凡任组长。他很早就听说了马广才的情况，对马广才颇为赏识，党组织建立后，他决定把马广才作为发展对象。马广才一来前赵营村，赵西凡就主动与其接触，做马广才的思想工作。在赵西凡的启发下，马广才逐渐懂得了"要想得解放，过上好日子，就得闹革命。只有在共产党的领导下，才能取得革命胜利"的道理，决心跟着共产党干革命，使穷人翻身得解放。不久，他经赵西凡介绍，光荣地加入了中国共产党。

当时，党的中心任务是组织工农群众运动，开展反帝反封建的斗争。马广才遵照党的指示，经常深入各个乡村，和农民谈心，同农民交朋友，向他们宣传革命思想，让农民明白地主豪绅的剥削压迫是农民贫困的根源，号召农民团结起来，同封建势力进行斗争。在马广才等人的宣传和启发下，马乡农民的思想觉悟逐步提高，农协会在各个乡村建立起来。1925年秋，中共百善小组联合各乡村农民协会，组成百善区农民协会。在马广才的影响和带动下，妻子赵学兰也加入中国共产党，走上了革命道路。同年秋，百善妇女协会成立，赵学兰担任了委员长。二人相互鼓励，互相促进，决心把一切都献给党的事业。

1926年春，百善地区发生严重饥荒，农民生活极为困苦。但一些不法地主乘机发放高利贷盘剥农民，引起农民的强烈不满。马广才与20多个党员分头联络200多名农协会员，到丁店孜、秦庄、宋庙等村庄，同地主、高利贷者进行斗争，还打开他们的粮仓，把粮食分给贫民。农民协会的威望大大提高，农民纷纷要求加入农协会，农民运动在百善地区轰轰烈烈地开展起来。

中共马乡支部旧址

1927年春，中共马乡小组成立，马广才任组长。农民运动的发展，触动了封建统治者的利益，他们千方百计诋毁农民运动，破坏农民运动的发展。马广才等组织农协会员同阻挠农民运动的各种势力进行坚决斗争。他亲自带领农协会员，在鲁甸等地，把进行反动宣传的反动分子赶走。12月5日，马广才、满时强等组织1000多名农协会员，手持大刀、长矛，把百善团防局团团围住，点名要百善团总陈梦周出来说话，并高呼"打到团总陈梦周""打到狗腿子寿振岭"等口号。愤怒的农民冲进了团防局，吓得陈梦周、寿振岭落荒而逃。

随着农民运动的不断发展，党员人数不断增多，党组织也逐步扩大。1929年春，中共马乡小组扩建为支部，马广才任支部书记。1929年下半年，国民党反动派在百善大肆搜捕共产党员，党组织受到严重破坏，农民运动被迫转入低潮。马广才在群众的掩护下到了镇江，同当地的党组织取得联系后，继续从事革命斗争。他经常秘密深入到工人群众中，了解工人的生活状况，揭露资本家剥削工人的实质，号召工人们团结起来，同资本家进行斗争。在他的组织和带领下，工人们展开了同工头刁昌言的斗争，迫使刁昌言补发克扣工人的工资。1929年秋，百善地区的形势稍有好转，马广才就从镇江回到百善，把隐蔽的党员联络起来，首先恢复了马乡支部。接着他们又分头深入乡村，做农协会员的工作，把农协组织逐步恢复起来。

1930年春，农村正处在青黄不接、生活困难之时，国民党地方政府和土豪劣绅不顾农民死活，相互勾结起来，任意摊派苛捐杂税，逼得农民没有活路。马广才和共产党员满时强组织1000多名农民，同地主谢玉明、谢玉经和劣绅黄老海进行斗争，打开了他们的粮仓，把粮食分给贫民，帮助农民度过春荒。

1930年6月13日，中共江苏省委发出第二十三号通告，要求各地的党组织积极组织群众开展政治斗争，掀起革命高潮，在中心城市组织工人大罢工，在农村地区暴动，占领城市，组织苏维埃政府。为执行省委的指示，马广才等迅速行动起来，筹集武器，在农民协会中挑选人选，组建农民武装。7月7日，马广才率领农民武装参加了攻打百善团防局的战斗。7月8日，马广才又参加了叶刘湖战斗。战斗中，他始终坚守在第一线，率领战士们打退敌人一次又一次的进攻。暴动失败，国民党在临涣、百善等地进行大搜捕，共产党员和武装人员大多分散外地隐蔽。马广才突围后，冒着生命危险在马乡隐蔽下来，继续坚持斗争。他把自家作为联络点，联系失散的党员。上级党组织派人来联系工作，他管吃管住，还为他们筹集回去的路费。那时，上级党组织已停止下拨活动经费，不仅活动费用全靠自己想办法，而且还要向上级党组织缴纳部分经费。马广才同妻子赵学兰坚持白天干农活，晚上织布，把白布拿到集市上贩卖，收入充作活动经费。在最困难的时期，他为筹措经费，不惜卖掉了自家仅有的四亩二分坡地和一头耕牛。他对待同志比家人还亲，他的家也因此被比喻为"革命的老饭店"。

1932年2月，马广才等在史广敬等人的帮助下，重建了中共马乡支部，并担任支部书记。他积极组织党员开展秘密活动，发动群众同反动势力进行斗争。同年夏，马广才担任中共宿县县委交通员、宿西联络站站长。在中共宿县县委的领导下，他经常往返于宿县、萧县、永城、宿西、涡阳等地，传递情报，做党组织之间的联络工作。1933年8月，中共徐州特委和宿县县委遭敌破坏，宿西地区党组织与上级党组织的联系中断。为与上级党组织取得联系，马广才冒着生命危险，到宿城、永城、涡阳、徐州等地寻找党组织，但最终没能成功。之后，马广才回到百善，在马乡一边坚持地下活动，一边寻找党组织，时间长达3年多。

1937年，抗日战争全面爆发，全国很快掀起了抗日救亡运动的热潮。在宿西地区长期坚持斗争的中共党员迅速行动起来，纷纷自发地成立抗日救亡组织。马广才联络部分党员和农民武装，成立抗敌救亡社，积极开展抗日救亡活动。他以救亡社的名义，组织宣传队，深入乡村做抗日宣传，动员群众参加抗战。他在救亡社的基础上，组建了联庄会和抗日人民自卫军。1938年5月，百善沦陷后，日军大肆烧杀淫掠，无恶不作。为抗击日军的暴行，马广才同陈钦锋、陈文甫等一起，组织一支百余人枪的抗日游击队，马广才任队长。他率领这支武装同日伪军展开游击战，打击作恶多端的土匪恶霸和汉奸。10月，马广才与上级党组织取得了联系，恢复了党籍。1939年，由他率领的游击队上升为新四军游击支队，而马广才却被党组织留在地方，担任了中共宿西县委农运部长。

1940年10月，国民党掀起了第二次反共高潮，日伪军也加紧对抗日根据地"扫荡"。同年12月，豫皖苏边区发生了"耿（蕴斋）、吴（信容）、刘（子仁）"叛变事件，根据地遭受重大损失，宿西地区的形势迅速恶化。在极其严峻的形势下，马广才担任了中共柳孜区委书记。他遵照上级党组织的指示，发动群众，扩大抗日力量，开展对敌斗争。1941年5月，新四军四师暂时撤出豫皖苏边区，边区的党、政、军人员随主力部队撤出，同时留下一批党员、干部坚持隐蔽斗争，马广才被组织留了下来。其间，他组织部分党员开展了一系列卓有成效的工作，很快在自家建立了秘密联络点，召集党员召开秘密会议，研究斗争方法，负责宿西与其他地区的联络；收集敌人的情报；为来往宿西的同志提供生活和安全保障；组织群众同反动势力进行斗争。

马广才频繁地开展活动，引起了日伪的注意。1941 年 7 月的一个晚上，日伪军逮捕了马广才。敌人让他交出枪支和隐蔽下来的共产党员名单，马广才斩钉截铁地说："你们要杀就杀，想要我供出一个共产党员，那都是妄想！"在各种酷刑面前，他宁死不屈。敌人无计可施，终于向他下了毒手。

马广才英勇就义，时年 42 岁。

刘之武

1943 年 10 月 5 日，苏北运河特区双河区三岔河北高庄树林中正在举行隆重的追悼大会，沉痛悼念被国民党反动派杀害的运河特区敌工部长刘之武等烈士。淮海行署主任李一氓送来亲笔挽联："未死于敌，而死于友，人间何世？轻视生命，重视组织，党性无亏！"表达了对国民党反动派反共反人民罪行的无比愤慨，对刘之武等烈士优秀品格的崇高礼赞。

一

刘之武，原名福至，号宽成，曾用名知吾、之芜、神武、逸奇、战敌、斗洋等，濰溪县临涣镇人，1902 年 11 月 7 日生于一个比较殷实富裕的家庭。

其父刘兆平，读过几年私塾，略通文墨，为人勤谨，治家有道，为乡里所尊重。刘之武是独生子，两岁时母亲病故，父亲视其若掌上明珠，希望他能守业创业，安家乐业，阖家福至，于是，在他入塾读书时便起名刘福至。

1908 年，刘之武入私塾读书。1918 年，考入宿县县立第一高等小学。在此期间，五四爱国运动爆发，反帝反封建的浪潮冲击着这颗年轻的心，他萌发了强烈爱国热忱。1921 年，考入上海中国公学。在学校，他如饥似渴地阅读各种进步书籍，不断开阔自己的视野。中国共产党的诞生，使黑暗的中国从此出现了胜利的曙光，给人们带来了光明和希望。刘之武的思想也随之发生新的飞跃。

1922 年初，刘之武和其他旅外学生寒假返回乡里，经常相聚，议论时弊。他们认为，要同封建势力作斗争，必须建立组织。经过一番筹划，成立了进步青年组织——群化团，由朱务平、刘之武、徐凤笑等人负责。

1924 年，刘之武考入齐鲁大学。在校期间，他认真学习阅读马列主义书籍，参加学生革命运动，并加入中国社会主义青年团。当时，他即以沉着积极著称。1925 年暑假，经朱务平介绍，加入了中国共产党，是中共临涣小组负责人之一。1926 年 3 月，刘之武回到家乡，在临涣、百善、宿县一带从事革命活动。他与共产党员孙铁民、陈文甫、徐凤笑等人组织农民协会，开展抗捐、抗税、抗租、抗债斗争，清算土豪袁三的剥削压迫，揭露各集董的贪污敲诈罪行，迫使他们当众赔礼认错，大灭土豪劣绅的威风。广大农民群众认识到组织起来力量大，于是纷纷加入农协会。宿西地区农民运动一时风起云涌，震撼了淮北大地。

1928 年 5 月，刘之武与张公干、刘展一等 20 多人考入冯玉祥主办的西北军官学校。在军校里，他是党的负责人之一，与张公干等近 20 人组建了共产主义小组，秘密开展工作，扩大党的政治影响，动员进步青年参加党的组织。1929 年 7 月，军校毕业后，进入西北军三十三师，开始在师部任参谋，后任师学兵队大队长，先后在西安和湖北麻城一带从事革命活动。1935 年，三十三师师长葛云龙因倾向进步而被撤职，刘之武被迫离开该师，返回家乡，从事教育工作。当时，临涣一带的党组织，受到国民党反动派的血腥镇压，遭到严重破坏，党员有的牺牲，有的被捕，有的外出避难。刘之武与党失去联系，心情异常苦闷。但他矢志不渝，以从事教育工作为掩护，为革命尽力工作。对革命者的家属他嘘寒问暖，资助帮扶，为此，他曾一次卖掉自己家的 60 亩土地。在临涣小学任国文教员时，他一面向学生们传播革命思想，一面对学生进行军事训练，为革命培养思想进步、体魄健全的人才。他在室内自书一联"健康的精神寓于健康的身体，革命的情操寓于革命的理想"，以此自勉并勉励学生。

二

"七七"卢沟桥事变后，日军大举进犯，大敌当前，国难日深。在中华民族存亡攸关的时刻，刘之武愤然而起，义无反顾地投身抗日洪流之中。他是宿县抗日动委会和救亡社领导人之一，他利用教育工作之便，积极推动临涣地区的抗日救亡活动。他常常在课堂上或逢集的日子，向学生和群众宣传抗日救国的道理，激发人们的抗日热情。他组织起30多人的抗日宣传队，深入街头和乡村演出。1938年农历四月初一，临涣逢集，宣传队演出《放下你的鞭子》，群众被剧情深深打动，都抑制不住地流下热泪。在他的宣传影响下，一些学生和进步青年纷纷奔赴抗日圣地延安，成为抗战的中坚力量，一部分就在当地参加了抗日工作，有的还献出了宝贵的生命。

他对革命坚信不疑，抱定了毁家纾难的决心。队伍缺乏武器，他就把家里仅有的几支保家枪支和马匹献出来；没有经费，他就从家里拿，甚至连夫人积蓄多年的500块银圆也拿出来作抗日经费。他的叔伯哥哥劝他说："家里面安稳日子不过，成天东闯西荡图个啥？"他意味深长地回答："前人栽树，后人乘凉。"

1938年5月，徐州失陷后，宿县教育局局长王乔英和原西北军的军官王化荣趁机集合一批青年学生、散兵游勇，搜集社会上的遗散枪支，组建

刘之武烈士哀启

了一支抗日队伍。刘之武、徐风笑受邀担任这支队伍的参谋长和政治部主任。后该部开赴河南东部，与宋克宾部合并，编为河南第二督察专员公署保安第三总队，刘之武任总队参谋长。不久，刘之武调任新四军游击支队二团参谋长。

刘之武在二团时间不长，但他对问题的犀利观察、入微分析及恰当处理，显示了他的深谋远虑。1940年春，游击支队二团在永城大茴村与日军发生激烈战斗。在指挥战斗中，他审时度势，提出并采取了收拢部队、防敌偷袭、追击敌人的制敌措施，取得了重大胜利。二团的同志都说他头脑冷静，考虑周到，军事水平高，是位好参谋长。

随着豫皖苏边根据地的不断扩大，游击支队决定成立宿西独立团，任命刘之武为团长，刘瑞方为政治委员。这个团有两个营，由原宿西县大队等地方武装组成。刘之武对部队的发展壮大充满信心，他说："现在有七八支抗日武装跟咱接头，只要统战政策掌握好，咱们独立团

刘之武（刘逸奇）烈士纪念牌（位于宿迁市陆集镇运河大堤）

就有扩大到2000人的趋势，经过战争锻炼，就可能上升为主力部队。"独立团在宿西、永东的百里隋堤两侧，巧妙与敌人周旋，屡屡战胜敌伪，对抗日政权的巩固和发展发挥了重要作用。

1941年皖南事变后，国民党汤恩伯部陈兵涡河沿岸，向我豫皖苏边区和新四军四师进逼，整个边区处在敌伪顽的夹击之下，斗争形势更加尖锐复杂。在彭雪枫的领导下，宿西独立团转战数月，同敌伪顽进行了殊死战斗。后因寡不敌众，于5月转移至津浦路东。在路东地区，刘之武先后任新四军九旅二十七团参谋长和泗阳县总队副总队长。在职期间，对部队的军事工作和地方武装建设，屡立勋劳，建树颇多。

三

为了沟通淮北、淮海两个抗日根据地之间以及新四军三师、四师的联系，1942年9月，华中局决定建立运河特区。刘之武被任命为特区敌工部长（对外称联络站长），参加中共运河特区工委，具体抓敌工工作。特区位于宿迁县东南、泗阳县西北两县接合部，辖5个区，有30多万人口。境内大都是敌伪顽和新四军各方争夺的边缘区，斗争异常尖锐复杂。

对于敌工工作的重要性，刘之武有远见卓识。他曾对战友刘瑞方说："敌工工作大有可为。敌军力量薄弱，靠伪军维持局面，而伪军包括军官在内，大都不愿当汉奸。如果这项工作做好，一旦日寇失势，配合国际反法西斯力量，便可里应外合，一举收复失地。"对于特区军事政治等方面的工作，刘之武均能悉心研究，尽力筹划。

为了提高敌工人员的业务素质，他严格要求，加强训练。规定必须做好三门功课：一是敌工工作专业课，包括工作性质、对象、方法、纪律等。强调"不入虎穴，焉得虎子"的道理，要求大家培养沉着、勇敢、机智、灵活的品格和不怕牺牲的精神。二是政治、时事和文化课。对于文化水平低的同志，规定每天读《拂晓报》，抄录报纸、习字等，他亲自辅导课程，检查和批改作业。三是武术课。每天起床后和睡觉前，把敌工人员带到野外练"八段锦""三十六擒拿法"等防身自卫术。有的工作人员感到太辛苦了，他就勉励说："干我们这工作，要能文能武，身体好，能说能走脑子快，目前紧张些，今后在工作中大有用处。"那时他身体虚亏，咳嗽得厉害，痰中有时还带血，但他不肯休息，仍坚持带领同志们学习和锻炼。

他生活艰苦朴素，克己奉公。按规定，他每月有肉、油、菜补贴，可以吃"小灶"，而他却把补助的东西全部送到伙房去，改善大家的伙食。他有3套灰军服，穿了5年，都快洗白了，他仍穿着不换。上级发的一套新军服，总是放在包袱里，只有接待客人时才穿。根据工作需要，他可以特制"工作服"，也可买些香烟之类的东西。但他没有这样做，仍穿着发白的军装，抽着旱烟袋。他常说："为了争取抗战早日胜利，节约经费，支援部队吧。"

为不断打击削弱敌人，发展壮大自己，巩固和发展抗日根据地，特区开展对敌斗争，采取的方法是"插进去，蹲下来，挤出去"，即插进敌区，站稳脚跟，挤出敌人，使这个敌顽我交叉占领的边缘区政权完全变成我们的政权。为此，除军事上的打击外，重要的是开展敌伪军工作。刘之武通过各种渠道，及时掌握敌情动态，向特区工委报告，并根据不同情况，及时提出对策方案，确定争取友军和中间势力及瓦解敌伪军的办法。当时，特区腹地史集、毕大滩、熊码头一带被伪军毕雨昌、于维龙所盘踞。毕是大队长，于是第九中队长，他们经常向六塘河以南骚扰，特区受到严重威胁。为了争取这部分伪军，刘之武和敌工部的路艺不避艰险，亲自到敌占区众兴集同毕、于二人见面，动以民族之情，晓以抗战大义，终于没动一兵一弹，就把这支近百人的武装策反过来。后来以这部分武装为基础，成立了运河特区游击大队，不久参加了攻打史集据点的战斗，做了一些有益于抗日的工作。在毕、于的影响下，伪军刘纯鲁部和日军情报组相继起义。这对特区的巩固和发展起到一定作用。

四

1943 年 8 月，特区所辖古城区的形势突转动荡。紧急时刻，刘之武欣然领受艰巨任务，带领敌工干事董战、王凤源和通信员吴长珠，于 27 日越过敌人的封锁线，晚间到达运河南岸敌占区小张庄，当即召开秘密会议，研究问题对策。次日凌晨，会议始告结束。他们即从罗圩渡口乘船原路返回。当船行至离运河北岸 10 余米时，突遭国民党宿迁县武装伏击。刘之武当机立断，命令："跳水，分头撤退！"不幸，王凤源在战斗中英勇牺牲，刘之武和吴长珠被俘，董战潜水突围。

敌人企图用诱降和收买的办法软化二人。国民党宿迁县长时亚武亲自粉墨登场，他说："刘部长，只要你同我们合作，我可以保你当副县长；你要不愿意干，我可以给你 1000 块现大洋，回家养老。"刘之武回答："我们共产党人，为的是打败日本侵略者，不做亡国奴，为的是解放全中国，实现共产主义。你们升官发财那一套东西，用在一个真正的共产党人身上是不起作用的。相反，我倒要劝劝你这位'县长'，要看清目前形势，日本侵略者已到了穷途末日，识时务者为俊杰，否则，后悔莫及。"这正义的语言，铿锵的声音，使敌人气急败坏，暴跳如雷。时亚武凶相毕露，疯狂地吼叫："动刑，快动刑！"

名为抗日友军，实为破坏抗战的反动派，对刘之武滥施酷刑，棍打、皮带抽、灌辣椒水、坐老虎凳、"烧肉香"（把香的两头点燃，从衣领上往前胸后背丢下，烧得胸背皮焦肉烂），无所不用其极。刘之武被折磨得遍体鳞伤，鲜血淋漓。然而，他始终临难不苟，坚贞不屈，表现出共产党人的高风亮节。

敌人软硬兼施，刘之武大义凛然，威武不屈，时亚武毫无所获。他们又企图从 18 岁的通信员吴长珠身上打开缺口，结果同样遭到一顿申斥。

9 月 2 日，时亚武对刘之武二人进行最后一次审问。刘之武义正词严地回答："我们共产党人，生为人民而生，死为人民而死，你们苟且偷生，如同行尸走肉，人民是不会饶恕你们的！"吴长珠斩钉截铁地说："不必再啰唆，要杀要砍随你们便。"面对这一对铮铮铁汉，时亚武黔驴技穷，气急败坏地叫道："拉出去，拉出去！"

在杨圩东边河滩上，刘之武、吴长珠二位同志被杀害了。临刑前，他们高呼："抗战必胜，日寇必败！""中华民族解放万岁！""共产党万岁！"这雄壮的口号声，如雷鸣，震撼苏北大地；似闪电，划破阴暗的长空。

为了纪念英勇献身的刘之武（逸奇）同志，经中共运河特区工委批准，把大兴区倪渡村命名为逸奇乡（江苏省宿迁市宿豫区大兴镇逸奇村）。

1995 年 9 月，由宿迁市当地革命老人薛云亭发起，宿迁市宿豫区陆集镇人民政府出资在刘之武烈士被捕处——陆集镇陆墩村二组京杭大运河北大堤内，建刘之武（刘逸奇）烈士纪念碑。纪念碑正面刻"刘逸奇烈士永垂不朽"几个大字，背面镌刻着刘之武烈士生平事迹。

张华坤

张华坤，1901年出生，濉溪县百善镇叶刘湖人。早年就读于宿县（临涣）第二高等小学（以下简称"二高"）。

1919年5月4日，北京爆发了五四运动，二高师生群情激愤，坚决支持北京学生的反帝爱国运动。5月7日，以张华坤等为首的二高学生和教师余松龄等人，不顾校长张大中的阻拦，联合临涣各国民小学的学生，举行集会和示威游行，号召各界人民迅速行动起来，反对北洋政府代表在《巴黎和约》上签字，要求北洋政府取消与日本帝国主义签订的丧权辱国的"二十一条"，收回被日本霸占的原德国在山东省的权益，产生了深远的影响。在五四运动和中华全国学生联合会的影响下，6月下旬，张华坤等冲破封建势力的阻挠，组建了二高学生会，张华坤等被推举为学生会的负责人。学生会成立后，张华坤等即以学生会的名义，组织学生积极开展反帝反封建的斗争。同年秋，二高学生会组织学生首先斗争了封建校长张大中。张大中任二高校长后，对师生实行严格控制，不准教师向学生讲授白话文，禁止师生阅读进步书刊，阻挠学生参加反帝爱国行动，引起二高师生的严重不满。张华坤等在进步教师的支持下，以二高学生会的名义，同张大中进行斗争，迫使宿县教育局免去了其职务，改任陈海仙为二高校长。

1920年2月，陈海仙正式担任二高校长后，一改前任校长的做法，把新文化和革命思想带进学校。为宣传新文化和新思想，他订购了一批进步书刊供广大师生阅读。从二高毕业到外地求学的学生，还把《共产党宣言》《共产主义ABC》等有关马列主义著作带进学校。在革命思想的熏陶下，张华坤等一批学生的思想开始发生重大转变，为他们成为坚定的马克思主义者，加入中国共产党的组织打下了思想基础。

1920年夏，二高学生在校园内打篮球，不慎将球扔到与二高仅一墙之隔的天主教堂院内，学生朱焕业翻墙捡球，被神甫利马诺当作小偷关押起来，校长陈海仙前去要人，遭到无理拒绝。张华坤等立即召开二高学生会执行委员会议，决定同帝国主义分子进行斗争。会后，他们组织二高学生游行示威，抗议利马诺非法拘禁二高学生，要求临涣团防局严惩利马诺。示威学生冲进教堂，救出朱焕业。

暑假，张华坤等还以二高学生会的名义，分别联络童亭、韩村、海孜、白沙等地的学生会，组成了宿县西南区学生联合会。9月，宿县知事袁励震为搜刮民财，派刘子英到临涣征收工商税。刘子英与临涣团防局局长纪如贤勾结，私自增加税种，加大税额，引起临涣手工业者和商民的不满。张华坤等组织召开二高学生会执行委员会议，决定组织临涣手工业者和商民，举行抗税示威游行。经过斗争，赶走了刘子英，取得抗税斗争的胜利。袁励震对刘子英被赶一事十分不满，决心惩治一下二高学生中的"捣乱分子"。

11月，他以巡边的名义，来二高"视察"，他在向二高师生训话时，竟诬蔑学生阻挠税收人员征税，影响正常的税收秩序。张华坤等人为杀一杀袁励震的威风，指责袁励震身为一县之长，进校不下轿，不懂礼仪。袁励震被弄得面红耳赤，无言以对，只好灰溜溜地离开二高。同年冬，张华坤还参加了反对赵军九贿选省议员的斗争，并取得胜利。

1921年2月，张华坤同朱务平等一起去南京，考入建业大学附中，当时的南京，还处在封建军阀的统治之下，附中的师生也分为新旧两派。张华坤等坚定地站在新派一边，同旧派势力展开激烈斗争。

1922年1月，在外地读书的张华坤等返回家乡，把参加反对段砚农斗争的师生召集在一起，决定建立一个以进步青年为主的进步组织，定名为"群化团"。张华坤等被推举为执行委员。同年2月，张华坤等因反对封建势力失败，被迫转入芜湖育才中学读书。暑假，张华坤等回到家乡，参加群化团执行委员会议，研究培训群化团员，发展群化团组织等方面的问题。会后，群化团得到迅速发展，在皖、苏、鲁三省产生很大的影响。

群化团的迅速发展，引起我党团组织的重视。上级党组织为把群化团改造成为我党直接领导下的进步组织，决定先把群化团的一批骨干分子吸收加入中共党团组织。1923年春，张华坤被中国社会主义青年团芜湖地方执行委员会吸收，加入中国社会主义青年团，并担任育才中学团小组组长。8月20日，他遵照中国社会主义青年团第三次全国代表大会的决定，以个人身份加入中国国民党。1924年5月12日，当选为中国社会主义青年团芜湖地方执行委员会委员，负责组织工作。7月，张华坤回到家乡，同朱务平等人一起，组织成立中国国民党临涣区党部，这是安徽省建立的第一个国民党区党部。7月中旬，张华坤等人召集临涣地区的团员开会，决定成立中国社会主义青年团临涣支部，直属团中央的领导，与团江浙区委也取得了联系。7月下旬，张华坤又协助朱务平等，组建了中国国民党宿县党部。此后，朱务平、张华坤等一批青年学生，即以国民党县、区党部的名义，组织领导青年团员、国民党员、群化团员，积极开展革命活动。

1924年，张华坤等根据中共中央有关决议，按国民党中央农民部制订的农民运动计划，以中国社会主义青年团为核心，组成了临涣区农民协会，这是中共党人在安徽建立的第一个区农民协会，对推动宿县地区农民运动的开展，产生了巨大的促进作用，在安徽农民运动史上产生了重要影响。1925年夏，张华坤由团员转为党员，与朱务平等一起共同创建中共临涣小组，后改为支部。1926年秋，他与谢箫九、王兴吉、卢化民等一起，先后组建了中共童韩支部和共青团童韩特别支部，并担任共青团童韩特别支部干事会干事。

1927年，北伐军占领宿城后，全县人民的革命热情十分高涨，工运、农运、妇运、学运、兵运等群众运动蓬勃开展起来。张华坤等一批中国共产党员，抓住这一有利时机，在童韩地区领导农协会员开展了反对封建地主、贪官污吏、土豪劣绅的斗争。经过斗争，迫使称霸一方的地主不敢强收地租，贪官污吏不敢肆意摊派苛捐杂税，农民协会得到空前发展。

1930年6月，中共江苏省委为执行中央政治局会议决议，要求各地党组织组织罢工和武装暴动，成立苏维埃政府。中共江苏省委派李军委到徐海蚌地区组建中国工农红军第十五军，领导当地的武装暴动。李军委来到临涣、百善等地后，多次召开党组织负责人会议，决定把中共临涣、百善两个区委，分别改组为行动委员会，把两区的农民武装改建为中国工农红军第十五军三师第一团。

张华坤在叶刘湖负责组织和训练农民武装，准备于7月10日在各地同时举行武装暴动。7月7日，暴动提前举行。红一团进攻百善团防局失利，只好转移到叶刘湖，与张华坤率领的武装会合。李军委在张华坤家召开会议，决定集中兵力先攻取百善，然后再乘胜夺取临涣。

7月8日上午，宿县警备队，百善、临涣团防队联合包围了叶刘湖，双方发生激战。张华坤率武装利用有利地形，多次打退敌人的进攻，至黄昏，敌援兵愈来愈多，农民武装孤立无援，李军委只好下令突围。在突围时，队伍被打散，张华坤没有找到失散的队伍，只好找地方隐蔽起来，失去了与党组织的联系。

1937年7月，抗日战争爆发后，张华坤联系一批与党组织失去联系的共产党员，组建了抗日救亡社和抗日游击队，开展抗日活动。1939年，张华坤在率游击队同日伪军作战时，不幸牺牲，年仅38岁。

徐风笑

徐风笑，原名徐清奎，字风笑，又名徐竹天、徐行远，1899年10月30日生于濉溪县临涣镇徐楼村一个中医世家。

徐风笑的童年和少年时代，亲耳听到帝国主义列强的侵略，亲眼看见清政府的腐败无能和人民所遭遇的苦难生活。父亲希望他能学习中医，悬壶济世，但徐风笑认为，行医看病虽好，但要报效国家，不如从军。1918年，徐风笑到上海，进入卢永祥部当兵。为尽快掌握军事知识，他努力学习，刻苦钻研，在新兵考

徐风笑

试时，获得第一名。不久，调到淞沪护军使衙门。五四运动爆发后，一些青年学生到淞沪护军使衙门请愿，要求"废督裁兵"，遭到当局镇压，酿成了惨案。徐风笑目睹了惨案的全过程，从中认清了反动军阀的真实面目，思想发生了变化，认为从军救国之路走不通，于是离开部队，返回家乡。

1919年，徐风笑考入宿县师范讲习所，被选为该校学生会委员长和宿

县学生联合会委员。1920年初，从宿县讲习所毕业后，徐风笑回到家乡临涣任宿县县立第二高等小学初级部教员。任教期间，他联络临涣周围的小学教职员，成立了宿县西南区小学教职员联合会，并当选为该会的委员长。这时，陈海仙担任了第二高等小学的校长，政治上比较开明，作风比较民主，深得师生的爱戴和拥护。陈海仙因反对宿县教育当局削减克扣第二高等小学的办学经费，愤然辞职。宿县教育局代理局长段广朋乘机把自己的侄子段砚农塞进学校当校长，引起师生的强烈不满。徐风笑组织全校师生罢教、罢课，与段广朋、段砚农进行斗争，并把段砚农及其支持者逐出了校门。段砚农不甘心失败，则另请教员任课，致使反段斗争白热化。徐风笑带领学生到宿县政府请愿，要求撤销段砚农的校长职务。因请愿无效，师生义愤填膺。徐风笑带领学生冲进学校，不少学生被段砚农预雇的几十个流氓打伤。一场反封建反豪绅的斗争失败了。暑假后，徐风笑无法继续在临涣任教，便到凤阳英语补习班学习。

1922年初，徐风笑与朱务平等一起，组建青年进步组织群化团。徐风笑被推举为常务委员。群化团成立后，组织开展了一系列反帝反封建的斗争，为临涣地区党团组织的建立做了组织和思想上的准备。

1924年秋，中国社会主义青年团临涣支部根据中共中央和团中央的决议精神，按照国民党中央农民部制订的农民运动计划，以团支部为核心，利用国民党临涣区党部的名义，先组建乡村农协，继而组成临涣区农民协会。朱务平和徐风笑分别当选临涣区农民协会正、副委员长。

1925年4月，朱务平从徐州返乡为祖母奔丧期间，先后介绍徐风笑、刘敬秋等人由团员转为中共党员。同年夏，朱务平、徐风笑等组建中共临涣小组，徐风笑任组长。夏末，中共临涣支部成立，徐风笑任支部书记。1926年3月，中共临涣支部改为特别支部，徐风笑任特别支部干事会干事。7月，中共临涣特别支部又改为直属中共上海区委（江浙区委）领导的独立支部，徐风笑先后任独立支部干事会干事、代理书记。

1926年冬，北伐军占领武汉，国民党（左派）安徽省临时党部从上海迁到汉口，并在武昌黄土坡开办安徽省党务干部学校。徐风笑、陈文甫、赵建五、丁晓被派往该校学习。这个学校名义上是国民党所办，实际上是共产党人主持的。在校期间，徐风笑任党总支宣传委员。

1927年3月8日，北伐军占领安庆，国民党（左派）安徽省临时党部从武汉迁回安庆。徐风笑受命带一个宣传队，随省临时党部来到安庆，参加安徽省政府的筹建工作和筹备召开中国国民党（左派）安徽省第一次代表大会。徐风笑当选为国民党（左派）安徽省一大代表，并被任命为安徽省农业厅秘书。安庆的国民党右派十分猖狂，在国民党（左派）安徽省第一次代表大会召开的当天（22日）下午，右派总工会的暴徒就在北伐军总司令部行营门前，殴打省党部常务委员光明甫，抓走张从吾。23日，他们雇用100多个流氓打手，捣毁国民党（左派）省党部、省总工会和省农民协会筹备处，殴打省一大代表薛卓汉、严于敬、刘剑冰、王昌焕等人，致使国民党（左派）安徽省一大会议无法继续下去。省党部主要负责人光明甫、周松圃、朱蕴山、沈子修等，即日避往安庆北门外集贤关。徐风笑、赵建五亦随省党部、省总工会撤往安庆北门外的二龙山。

4月1日，徐风笑、赵建五、陈文甫等人随省党部和省总工会负责人回到武汉。当时，国民革命军第三十三军驻扎在六安，军长柏文蔚，政治部主任常恒芳，都是省党部的负责人，依靠他们可以开展工作。省党部决定搬到六安，即派徐风笑带着一个工作组前去六安筹备省党部的办事机关。但刚走到半路，传来消息说，六安已被奉军占领，第三十三军开往长江下游。六安去不成，又折返回到湖北省的黄梅县，在那儿遇见了柯庆施和中共宿松县委书记徐文藻、自卫队长钟国汉以及他们带领的100多名自卫队员。柯庆施在黄梅召集徐文藻和徐风笑等人开会，决定去宿松。经过协商，借了黄梅县的一部分武装，加上徐文藻、钟国汉带来的自卫队员，打进了宿松县城，赶走了敌人。徐风笑带领一个工作组住在一个教堂里。

30日拂晓，敌人卷土重来，打进了宿松县城，围住教堂。工作组一位吴姓人员（怀远人）向外突围时，当场牺牲，除陈文甫躲到教堂看门人的屋里幸免于难外，徐风笑和工作组的人员全部被抓走。徐风笑被捕后，化名赵殿臣，遭到敌人毒打，后被关进宿松县监狱。在狱中，他得知了徐文藻、钟国汉和纠察队长等人被捕的消息。不久，徐文藻壮烈牺牲。纠察队长是湖南人，跟围攻宿松的团长曾经是同事，在这位团长的斡旋下，纠察队长和徐凤笑及工作组人员被全部释放。

徐凤笑再次回到武汉的时候，宁汉已经合流，汪精卫公开叛变革命，在武汉到处搜捕共产党人。徐凤笑与中共安徽省临委书记柯庆施取得联系后，被任命为中共宿县临委书记。

8月下旬，徐凤笑回到宿城，组建成立中共宿县临时委员会。徐凤笑任书记，朱务平、孔禾青、董畏民、李一庄、李仲华为委员。临时县委辖宿、泗、永、涡各县党组织，与灵璧也有联系。临时县委成立后，即着手恢复和发展党和群团组织，领导工农群众进行反剥削、反压迫和提高工人工资、改善工人生活的斗争。1928 年 7 月，全县建立 5 个区委，25 个党支部和 2 个独立支部。县和各区、乡都建立了农民协会，会员约 2 万人，并开办农民训练班，县和各区还建立了人民自卫团。县总工会下辖 16 个工会，会员约 2000 人，组织了工人纠察队。全县创办平民学校 6 所，补习学校一处，恢复了定期刊物《宿县周报》。妇女协会和儿童团、学联、读书会等组织亦有相当发展。

1928 年 7 月，中共宿县县委改组，徐凤笑仍任书记。同年秋，被调往上海，任中共法南区委委员，负责工运和学运工作。

1929 年春，党组织派徐凤笑到苏联莫斯科东方劳动大学学习。同去的共 5 个人，徐凤笑任组长，一位姓傅的任副组长。5 人分两批从哈尔滨来到苏联。当徐凤笑得知姓傅的贪污路费时，即给学校党支部写了一份检举报告，并在会议上揭发傅的贪污行为，但在王明等人的包庇下，却对傅未做处理。徐凤笑不齿于王明的宗派行径，王明则借口徐凤笑参加瞿秋白组织的座谈会，说他搞派别活动，给予党内警告处分。

1931 年，徐凤笑从苏联回到上海。这时，已夺取中共领导权的王明，对反对过他的人进行刁难，长期不分配徐凤笑工作，也不派人与他联络，致使徐凤笑失去了与党组织的联系，只好在勤业女校、新生工厂做工，以维持生计。后来，徐凤笑与中央军委工作的吴公勉取得联系。1934 年春，吴公勉派徐凤笑到温州组织武装暴动。由于敌人提前得到了暴动的消息，温州全城戒严，徐凤笑只好躲进城里的一所学校里。过了几天，风声稍微过去了，才在当地党组织的帮助下逃出温州，几十天后辗转回到上海。

1936 年春，徐风笑返回家乡，在家乡创办小学和"共学处"，组织平民识字班，经常带领学生到街头开展抗日宣传。

1937 年 7 月，抗日战争全面爆发，一批与上级党组织失去联系的共产党员，在宿县和各区先后建立抗敌救亡社，徐风笑与徐爱民、刘之武等人筹建了临涣分社。12 月，第五战区民众抗日总动员委员会宿县分会成立后，徐风笑任临涣区动委会委员。

1938 年 5 月，徐州、宿县相继失守。曾在西北军做过团长的王化荣和宿县教育局局长王乔英，在津浦路沿线集合一批散兵和一些青年学生，组建起一支抗日游击队。不久，王化荣、王乔英率队来到海孜，徐风笑、刘之武加入了这支队伍。抗日游击队定名为苏鲁豫皖抗日游击第一军，王化荣任司令，刘之武任参谋长，王乔英任秘书长，徐风笑任政治部主任。

1938 年夏秋之际，王化荣率部到虞城与蔡洪范部会合。不久，开往鹿邑，与国民党豫东保安司令部司令兼河南省第二督察公署专员宋克宾部合并。宋克宾把豫东地区的游击队统一整编为 4 个总队，委任蔡洪范为第三总队司令兼永城县县长，王乔英任参谋长，徐风笑任政训处长，王化荣任三总队第一团团长。

同年 10 月，共产党员寿松涛等 12 人奉命前来国民党政府军中开展统战工作。他们被派到第三总队政治处。为了培养军政干部，寿松涛、徐风笑在龙岗举办抗日干部训练班。参加干训班学习的主要有：永城县的学生队、原宿县抗日救亡工作团以及三总队的连排干部。干训班共开办三期，培训干部 300 余人，其中，秘密发展中共党员 30 多名。

1939 年 3 月初，三总队发生内讧，王化荣扣押了蔡洪范。为了建立广泛的抗日统一战线，寿松涛和徐风笑受命进行调解。经过二人的努力，王化荣释放蔡洪范。王化荣接任三总队司令兼永城县县长，徐风笑任三总队政训处处长兼县政府民政科长。3 月 15 日，永城、商丘等地的日伪军围攻龙岗，在战斗中，三总队受挫，王化荣率残部离开永城，国民党永城县政府垮台。6 月，根据豫皖苏边区党委指示，由我党直接领导的华中地区第一个县级抗日民主政府——永城县抗日民主政府正式成立，徐风笑署任代理县长。

永城县抗日民主政府成立后，即发出布告，号召各党派、人民团体，在豫皖苏边区党委和新四军游击支队司令部的领导下，团结各界群众进行抗日。接着，成立了县参议会，县长徐风笑兼任参议长，吸收各界人士参加政权管理。其后，县参议会和各人民团体联名向国民党河南省第二督察专员公署上书请愿，保荐徐风笑为县长。专员王寿五怀疑徐风笑是共产党员，不予批准，另派人接任永城县县长，遭到永城各界人民的反对，国民党委派的县长被群众轰走，徐风笑成了事实上的县长。

永城县抗日民主政府成立后，先后设立秘书、民政、财务、保卫、教育、军事等8个科，1个机关警卫连。整编了永城县的5个地方独立大队，除一部上升为主力部队外，又成立了1个独立团，寿松涛任团长。同时，成立了永城县自卫军司令部，徐风笑兼司令。全县区、乡政府也相继成立。在徐风笑任县长期间，统一了货币，印发了永城县流通券；以户为单位按亩征收农业税；在交通要道、集镇征收贸易税，保证了抗日民主政府和武装部队的供给。此外，中共永城县委、县政府还创办了《永光报》，组建了"永光剧团"，创办了抗日家属子弟小学和县医院。县政府还动员全县人民破路挖沟，号召人民有人出人，有枪出枪，有钱出钱，有粮出粮，支持地方政府和武装部队的建设。全县迅速掀起捐粮、捐钱、捐枪和参军的热潮。11月，刘少奇来到永涡边境地区的新兴集，视察了永城县抗日民主政府的工作。[①②]此后，在华中局的一次会议上，专门表扬了永城县所取得的突出成绩。

1939年底，在新四军游击支队的支持下，抗日民主政府已控制永城县的大部分地区，人口54万人。12月26日，徐风笑在写给彭雪枫的慰问信中说："我永在此一年以来，县政权得到初步建立，敌奸敛迹，土匪肃清，人民群众获坦安生活，实为司令员领导有方所致。"[③]

1940年，中原局根据党中央的指示，组建成立豫皖苏边区联防委员会，为边区的最高行政机构，徐风笑出任联防委员会常委兼司法处长。1941年5月，新四军四师主力和地方武装先后转移至津浦路东，徐风笑亦随军转移。同年10月，淮北苏皖边区行政公署成立，徐风笑任行署委员、

---

①② 《淮北市党史大事记》，第38页，安徽人民出版社1989年版。《新四军第四师大事记》第68页，中国人民解放军陆军第二十一集团军编印，1989年12月1版。

③ 《皖东北革命史》，第101页，当代中国出版社2005年版。

常委、司法处长和法院院长。1945 年底，任苏皖边区政府高等法院副院长、党组书记、中共边区政府总支委员会委员。

1946 年夏，蒋介石不顾全国人民的反对，撕毁"双十协定"，悍然向解放区大举进攻，解放军被迫撤出"两淮"地区。苏皖边区部分战斗人员和党政干部组成黄河大队，徐风笑先后任队长、大队长、大队政委、党委书记等职，辗转山东、河北等地，为保存和训练干部做了大量工作。

1949 年，徐风笑任中共河南省委委员、司法厅厅长、省高等法院副院长。1950 年，中南军政委员会成立，徐风笑任司法部副部长。1953 年，中南军政委员会撤销，徐风笑调任武汉市政法委员会副主任。他长期从事司法工作，为建立健全民主革命和社会主义时期的法制付出很多心血，做出了较大贡献。

1955 年至 1983 年，徐风笑先后当选武汉市政协第一届至第五届副主席。在此期间，他虽身患疾病，仍以忘我的革命精神坚持工作，团结各党派和民主人士，坚持党的统战政策，发挥了积极作用。

"文化大革命"期间，他对林彪、江青反党集团的倒行逆施，表示极大愤慨，并进行了坚决的斗争。他虽然被强迫下放"五七"干校，遭受批判、诬陷，仍然坚信伟大、光荣、正确的党一定会战胜邪恶。粉碎"四人帮"后，他异常兴奋，对中国的前途充满信心。他虽年事已高，身体不好，仍做些力所能及的工作。

1985 年，徐风笑离职休养。1986 年 11 月 17 日去世，终年 87 岁。

赵西凡

赵西凡，原名赵宗喆，字锡藩，1902 年生于濉溪县百善镇前营孜村。

1921 年，赵西凡在南京建邺大学附中读书期间，开始阅读马克思主义著作，参加进步教师组织的各种社会活动。1922 年 1 月，赵西凡在临涣与朱务平、徐风笑、刘之武等一道，创建了进步青年组织群化团，赵西凡等被推举为执行委员。

1923 年，在芜湖育才中学读书期间，经同乡江善夫介绍加入中国社会主义青年团，任育才中学团小组组长。1924 年，转为中国共产党党员。1924 年 7 月，与朱务平等创建中国社会主义青年团临涣支部，同时任国民党临涣区党部执行委员。

1925 年春，朱务平、赵西凡介绍陈钦盘、陈文甫加入中国共产党，正式组建中共百善小组，赵西凡任组长。1925 年秋，先后组建了胡楼、前赵营、后赵营、后李家、百善集、大朱家、满乡、马乡、王桥等乡村农民协会和百善区农民协会，赵西凡兼任区农协副委员长，组织农协会员开展了一系列反对封建地主、土豪劣绅和贪官污吏的斗争。

1926 年上半年，中共百善小组改为中共百善支部，赵西凡任书记。当年，他还当选为中共临涣特别支部和中共临涣独立支部委员。1926 年冬，经中共临涣独支批准和中国国民党宿县党部推荐，赴广州报考黄埔军校。因未与党组织接上关系和考期已过而未能入校，遂返乡继续从事革命活动。

1927 年 2 月，朱务平去上海开会，赵西凡暂时代理中共宿县地方执行委员会书记。5 月，为援助北伐军，亲率农民自卫军截击奉系军阀孙传芳部，俘敌数十人。9 月，中共百善区委员会成立，赵西凡任书记。不久，国民党右派掌握了宿县的党政军大权，开始搜捕和镇压共产党人及革命群众。赵西凡根据中共中央和县委决议，退出国民党组织，转入地下坚持斗争。

1930 年 6 月，中共江苏省委派省军委有关负责人到徐海蚌地区，负责组建中国工农红军第十五军和组织武装暴动。7 月，赵西凡任百善区土地革命行动委员会委员，参与组织领导胡楼、徐楼、叶刘湖武装暴动，暴动失败后去上海隐蔽。1931 年夏，赵西凡通过同乡王久福与中共江苏省委接上关系，在上海从事工人运动和宣传工作。后因故被迫中断了与党组织的联系。1935 年，返回家乡以教书作掩护，秘密开展革命活动。

1937 年抗日战争爆发，赵西凡同徐风笑等人在家乡组织抗日救亡社，从事抗日救亡活动。1938 年 6 月，与胞兄赵建五组建抗日游击队，在宿永公路伏击侵华日军。1940 年说服黄海观，把一个营的兵力交给中国共产党领导的宿西独立团。1941 年新四军第四师主力撤往津浦路东，赵西凡因病未能跟随，后与其他留守同志在家乡创办一所小学，为掩护中共宿西秘密县委做了大量工作。1944 年，新四军第四师收复津浦路西抗日根据地，赵西凡被任命为宿西县三区总校长，负责该区教育工作。

1946年内战爆发，赵西凡随宿西干部大队西撤，入晋冀鲁豫军政大学学习。学习结束后，在豫皖苏留守处工作，任干部大队司务长。1948年夏，到豫东中学工作。1949年任睢县中学副校长。1950年10月经谢梓宜、张学圃介绍，重新加入中国共产党。1957年，任永城县高级中学副校长。

1974年1月，赵西凡在永城病逝。

梁文焕

梁文焕，1887年生，字渊如，号学海，原籍山东省曲阜。

梁文焕早年受到康有为、梁启超的影响，拥护维新。随着形势的发展，又投奔革命党人，加入了同盟会，积极从事革命活动。

1915年12月，袁世凯悍然称帝，复辟帝制。袁的倒行逆施，激起了全国大规模的反抗浪潮。孙中山发表《讨袁宣言》，蔡锷、唐继尧等人在云南宣布独立，组织护国军讨袁。梁文焕亦在山东积极从事倒袁活动，宣传孙中山的革命主张。后被捕入狱，被关押了8个月，经亲朋营救方得出狱。

梁文焕

梁文焕出狱后，四处奔走，先后去河北、东三省、内蒙古、广东等地，辗转万里，寻找革命团体，联络革命同志。

1922年，孙中山在两广组织北伐军，梁文焕随军北上江西。北伐受挫后，梁文焕返回家乡。

此时，梁家为革命已家产荡尽，全家搬迁到枣庄煤矿谋生。在枣庄煤矿，梁文焕亲身体验到矿工的疾苦和悲惨生活，激起了满腔义愤。后经人介绍，到江苏贾汪煤矿教书，由于对学生宣传革命思想，为地方当局所不容。

1924年，梁文焕离开贾汪，到安徽烈山普益煤矿公司工作。由于他性格豪爽，不畏强权，敢为矿工伸张正义，深得矿工们的爱戴，大家都亲切地称他为"老焕"。当地人谢新启租给他两间草房居住，又替他过继一子，名叫福田。矿主对他的行为又恨又怕，借故将他辞退。当时，烈山煤矿的煤炭主要靠船队由濉河运到符离集，再上火车外销，梁文焕又在运煤船队找了工作。

1926 年秋，共产党员王香圃受党组织委派，回到古饶地区开展农运和创建党组织工作。在党组织领导发动的一次揪斗反动区长黄荣卿的集会上，梁文焕挺身而出，慷慨激昂，历数黄荣卿强行推派团丁费，强夺农民土地，收买地痞流氓贩卖鸦片，纵容团丁抢劫等罪行。又讲了北伐的形势，呼吁农民团结起来打倒土豪劣绅。他带领船工登台高呼："打倒土豪劣绅！""反对增加捐税！"梁文焕的举动，给古饶群众留下了深刻的印象，也引起了王香圃等人的注意。王香圃邀请他留在古饶，帮助开展农民运动。梁文焕随即把家迁到古饶。1926 年底，经王香圃介绍，梁文焕加入中国共产党。

1927 年，烈山煤矿工人声援国民革命军北伐

1927 年春，中共古饶支部建立，梁文焕担任支部委员。同年 3 月，中共古饶支部决定采取有力措施支持北伐战争。梁文焕建议从矿方控制较松的运煤船队打开局面。支部采纳了他的建议，大家凑钱打造木船，加入运煤船队，并加紧在船队开展活动。

这时，古饶准备成立农民协会，但发展的会员人数不多。对于农民协会发展不快的原因，梁文焕认为，主要是黄荣卿还没有真正被打倒，地方反动势力联成一体，农民还没有得到实际利益，也没有看到自己的力量。

1928年10月、11月，徐海蚌党员统计表

经他分析，大家很快统一了认识。决定由王香圃和赵克英（中共党员）负责抓住黄荣卿的问题不放，利用赵氏宗族势力，把黄拉下来，由赵克英任区长，把区乡政权控制在共产党手中，由梁文焕、姚文武负责武装工作。

同年夏初，烈山、古饶地区仍在军阀控制之下。农村土匪猖獗，闹得百姓日夜不安。为了保一方平安，梁文焕负责召集各村农协会骨干开会，决定组织联庄会（亦称红杆子会），建立农民自卫武装。联庄会发展很快，不久会员就达到3000人，中共党员成为骨干，梁文焕被选为会长。他们动员各村购置大刀、长矛，加上各村原有的土枪土炮，形成一股较大的武装力量。大家约定，一村被劫，鸣枪举火为号，各村一齐出动，相互支援。从此，土匪不敢再来骚扰，乡村的安全得到了保证。会长梁文焕的名字传遍了宿县各地。

1927年夏，梁文焕等人在古饶集组建摊贩工会。当时，凤阳府派了两个税收员，驻在集上肆意征收苛捐杂税。面对这些苛捐杂税，小商小贩苦不堪言。梁文焕等发动部分群众，集体到税收员门上抗议，高喊"取消凤阳捐，打倒贪官污吏"等口号，经过多次斗争，最终赶跑了两个税收员。

梁文焕在烈山煤矿下过窑，挖过煤，投过师傅，带过徒弟，社会交往广泛。他利用这些关系，在矿工中传播革命思想，宣传马克思主义，培养积极分子，发展党员。1927年8月，经中共宿县临委批准，成立了中共烈

山煤矿特别支部,梁文焕担任支部书记。9月,中共古饶区委成立,梁文焕兼任区委组织委员。

8月,梁文焕和中共古饶支部的同志一起,决定利用岁荒,组织船运工人罢工。这是党在烈山煤矿领导的第一次罢工斗争。工人们提出"陆上不走一车,河内不行一船"。罢工开始,数千名工人举行了声势浩大的游行,提出的条件是:一是增加工资运价,二是建立工会,三是不准打骂工人。从黄桥到古饶,河内停满了空船,从宋疃到横口,路上摆着空车,所有烈山煤矿煤炭外运通道都被阻断。最后矿方被迫答应工人提出的全部条件,罢工取得了胜利。罢工斗争的胜利,对淮北地区工人运动的发展起到巨大的推动作用。此后,烈山煤矿船运工会和濉溪码头搬运工会相继组建成立,梁文焕当选为会长。

土地革命战争时期烈山煤矿总公司山厂全景

1927年底,中共烈山煤矿特支组织发动烈山煤矿工人和烈山船运工人举行同盟罢工,有5000多人参加。为了确保罢工斗争的胜利,成立了罢工指挥部,梁文焕任总指挥,同时还组织成立了工人纠察队、宣传队、生活互助组和对外联络组。濉溪、临涣等各业协会和古饶、蔡里、宋疃的农民协会也声援和支持。梁文焕、赵皖江代表工人向矿方提出了增加工资、提高待遇、开设煤矿工人子弟学校等要求。矿方不仅不答应工人提出的合理要求,而且派矿警进行镇压。面对强暴,工人们毫不屈服,决心斗争到底。罢工斗争持续两个多月,最终取得胜利,迫使矿方答应为工人每人每天增加工资 3 角，吸收工人参加食堂管理，照发罢工期间的工资，增加船运费等要求。

1928 年 6 月，国民党南京政府农工部接管烈山煤矿，成立了烈山煤矿总局，因管理人员新旧交替，造成混乱。加上铁路的车皮忙于军运，煤炭无法外运。煤矿当局为摆脱困境，大批裁员，全矿上下人心浮动。矿区疾病流行，煤矿当局无视矿工生命安危，未采取任何防治措施，引起了矿工的义愤。根据这种情况，中共烈山煤矿特支果断决定，发动工人罢工，保护矿工利益。梁文焕和特支同志组成全矿大罢工指挥部，梁文焕任总指挥，并对罢工进行周密的部署。6 月中旬开始罢工，全矿大井和小窑几千名矿工、抬煤工人及船运工人一起行动，整个煤矿顿时陷入瘫痪。罢工坚持 5 天后，煤矿当局怕水淹矿井，损失更大，又看到矿工人心齐，罢工来势猛，不敢用武力镇压，只得接受矿工代表提出的增加工人工资、改善生产条件和医疗保健、允许建立工会、不得随意裁减工人等条件，罢工获得了胜利。此后，以梁文焕为首再次组建烈山煤矿工会，参加工会的工人达2400 多人，梁文焕当选为会长。烈山煤矿工会正式成立时，中共宿县县委和宿县总工会的负责人朱务平、董畏民及古饶、符离、濉溪、临涣等地的工会、农会代表都到会祝贺。

1929 年 8 月，梁文焕任中共宿县县委常委，负责组织工作之后，仍经常在烈山煤矿活动。此时，白色恐怖日益严重，煤矿当局又以小恩小惠笼络工人，为坚持斗争，梁文焕一面加紧正面宣传，一面揭露煤矿当局的伪善嘴脸，准备进一步发动为矿工争权益的斗争。

1930 年 3 月 16 日，烈山煤矿特支和船运工会利用煤矿当局急于处理矿区大量存煤，督促船队加紧赶运的时机，组织船运工人再次举行罢工，要求增加装卸费和运费。矿局被迫同意了抬煤工人和船运工人增加工资的要求。

工人们的斗争触怒了烈山煤矿当局，当获悉屡次罢工都是梁文焕领头组织的，便蓄谋加害。但慑于梁文焕的威望，不敢明目张胆地下手。于是重金收买工贼栾正义、张正远和土匪头子沙克银伺机暗算。

1930 年 3 月 26 日，梁文焕从古饶集去烈山煤矿，中途被栾正义看见，栾假意邀请梁文焕到家中做客。不一会儿，张正远进来，说有要事相告。

三人一道出门走到雷河大堤上，早已埋伏在那里的沙克银伺机向梁文焕射出罪恶的子弹，梁文焕壮烈牺牲。

梁文焕被害的消息传出后，烈山和古饶地区的群众义愤填膺，成千的矿工、船工和农民及社会各界人士纷纷赶来吊唁。中共古饶区委和烈山特支组织2000多名工人在烈山游行示威，抗议煤矿当局的罪恶行径。

4月5日，党组织在古饶集召开有几千人参加的追悼大会，沉痛悼念和缅怀这位为党的事业、为工人运动而壮烈牺牲的伟大战士。中共宿县县委委员赵皖江主持追悼大会，并亲笔撰写追述梁文焕奋斗一生的祭文：

欧风东渐，大地翻身，革命健儿，风驰雷奔。呜呼文焕！生当前清，奔走革命，始终不渝。呜呼文焕！遍走南北，推翻清朝，君与有力。呜呼文焕！受命倒袁，被捕八月，备尝艰辛。呜呼文焕！潜入东省，复入内蒙，到处经营。呜呼文焕！奔波途穷，风雪万里，不畏艰辛。呜呼文焕！潜行入南，初次北伐，君最主先。呜呼文焕！继向北征，济南惨案，幸逃余生。呜呼文焕！关心政局，移民滩上，聊度岁月。呜呼文焕！是无产者，生计累人，颇费心血。呜呼文焕！舍身为群，穷苦群众，如胞如亲。呜呼文焕！防御匪患，费尽心血，匪不南侵。呜呼文焕！力争运价，船员工会，一致无他。

呜呼哀哉！文焕为公，被邀赴山，运价虽加，惨死黄泉。呜呼哀哉！文焕被杀，凶手何人？噩耗传来，惨不忍闻。呜呼哀哉！文焕同志，死最可惨，钢弹无知，胸部洞穿。呜呼哀哉！文焕同志，流血不止，奔走半生，死于盗贼。呜呼哀哉！文焕同志，妻弱子幼，衣食无着，上天无路。凡我同仁，矢志复冤，死者之志，生者复肩。誓将旧世界打个粉碎，敢把一切盗贼杀个干净。若不把大地翻个身，怎能叫死者地下而安。呜呼！哀哉死者，勉哉生者。尚飨！

赵立汉

赵立汉，原名赵礼汉，濉溪县四铺镇五铺村人，1908年出生于一个农民家庭。

五铺是革命活动开展较早的地区。1925年，党组织在五铺一带大力发展农协会员，建立农协组织，开展农民运动。17岁的赵立汉毅然投身于革命的洪流中，他加入农民协会，带头与贫苦乡邻一道抗租抗捐。1926年，赵立汉加入中国共产党，并担任五铺农协会的执行委员。他以五铺农协会的名义，多次组织发动农民，同地主、土豪劣绅开展清算和说理斗争。

　　1927年7月，汪精卫在武汉发动"七一五"反革命政变，蚌埠也很快笼罩在白色恐怖之下，当地的党组织受到严重破坏，共产党员或被捕，或离开蚌埠。为重建蚌埠党组织，1928年8月，上级调派朱务平到蚌埠开展党的活动。朱务平来到蚌埠，联络在当地隐蔽的党员，又从其他地区抽调一批党员到蚌埠工作，重新组织成立了中共蚌埠特别支部。赵立汉被朱务平调到蚌埠，协助其开展工作。

　　赵立汉怀着一腔热情，来到淮河边上这座城市。触目可见的都是反动军阀、豪绅巨贾的荒淫无耻，巧取豪夺；充耳所闻的仍是劳苦大众的啼饥号寒的痛苦呻吟……他激愤，他沉思。在蚌埠，他一身尘土，往来奔波，日夜往返于津浦铁路沿线车站、淮河码头、电灯厂，做工人的思想工作，先后领导开展了码头工人和卷烟厂、毛巾厂、面粉厂工人要求增加工资的斗争。他还以拉黄包车作为职业掩护，深入到车夫中间做工作，成功带领车夫开展了反对增加牌照费和车租费的斗争。

　　在不懈努力下，1928年当年发展了10名党员。随着党员队伍不断扩大，赵立汉又帮助朱务平组建了中共蚌埠市委。1930年6月，中共中央下发"各党组织和总同盟罢工"的指示。为贯彻执行这一指示，朱务平、赵立汉根据当时的形势和蚌埠当地实际，采取了机智灵活的策略，不仅使党组织免遭破坏，而且使革命力量进一步发展壮大起来。1930年11月，中共江南省委决定将中共徐海蚌特委划分为徐州、东海（海州）和长淮（蚌埠）3个特委，赵立汉担任中共长淮特委委员和职工部部长（职委书记）。

　　党的活动经费十分紧缺，中共江苏省委开始还断断续续寄点生活费和活动经费，后来就全靠各地自己想办法筹集。为了减轻党的负担，赵立汉夫妻二人靠做些小生意来维持生计和筹集革命经费。他们经常吃了上顿没下顿，破衣烂衫，疾病缠身，但其革命斗志未曾稍减。1931年腊月三十，

1931年春，中共长淮特委领导蚌埠宝兴面粉厂、黄包车工人开展罢工斗争。图为宝兴面粉厂

雪下得特别大，朱务平安排常委负责人在赵立汉家开会。会议从上午一直开到下午。赵立汉看到同志们饿着肚子坚持开会，心里很难受。由于一连几天的大雪，赵立汉夫妻二人没能出去卖雪花膏，自家已断炊了，实在没有东西给同志们充饥。最后，一个叫陈隐慧的同志，叫其弟弟冒雪回家，设法弄到一点红薯煮了，分给大家吃，才使大家没有饿着肚子过大年三十。

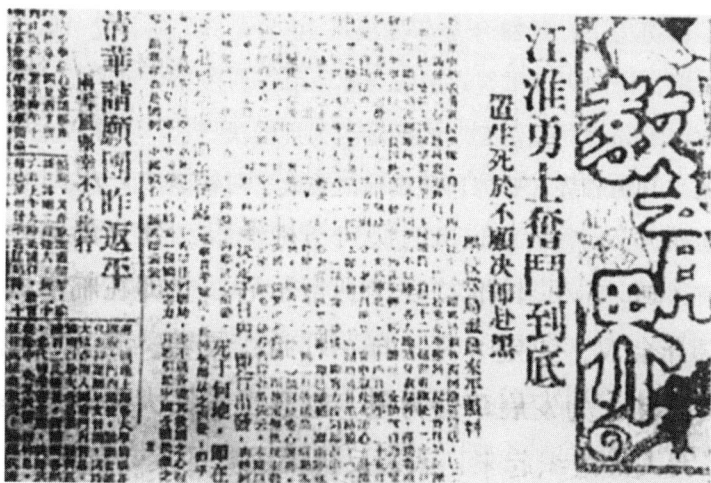

《北京晨报》1931年1月30日报道蚌埠江淮中学共青团组织的"援黑队"在北京的情况

1931 年夏天，淮河流域发生了历史罕见的洪涝灾害，地处淮河岸边的淮上火柴厂被迫停产。广大工人因停发工资而断绝了经济来源，生活发生严重困难。赵立汉等积极想方设法，帮助工人渡过难关。同年 9 月，赵立汉被调到凤阳，担任中共凤阳县委书记。此时大水已过，淮上火柴厂也恢复了生产。工人开始上班后，要求厂方补发停工期间的生活费，竟遭到无理拒绝。赵立汉立即组织领导全厂工人举行罢工，提出补发工资，喊出不补发工资决不复工的口号。经过顽强斗争，资方被迫答应了工人提出的正当要求。

九一八事变后，中共长淮特委组织党团员到车站、码头、游戏场举行"飞行集会"，发表演说，散发传单，宣传抗日救国，揭露国民党的不抵抗政策。11 月，按照中共长淮特委的指示，赵立汉动员全县的工农群众和青年学生，在临淮关组建"反帝同盟会"，以此来团结各界抗日力量，共同抗击日本帝国主义的侵略。12 月，他发动安徽省立第五中学学生组成请愿团，到南京向国民政府请愿，要求南京政府对日本宣战。他还向校方提出建议，成立"抗日义勇援黑队"，准备奔赴东北，与东北抗日军民并肩作战。

1932 年 3 月，叛徒路大奎带领特务来到蚌埠，逮捕了中共长淮特委组织部部长许立民和妇女部部长耿建华。为让特委工作正常开展，朱务平把赵立汉调回特委，负责组织工作。1932 年，鄂豫皖苏区的反"围剿"斗争进入了艰苦的阶段。为扰乱敌人后方，牵制敌人的兵力，减轻根据地的压力，5 月 27 日，中共江苏省委给长淮特委发出指示，要求长淮特委组织武装力量，独立地领导并扩大民族革命战争，反对帝国主义瓜分中国；巩固并发展游击战争，实行土地革命，建立新的红军，发展新的苏维埃区域。中共长淮特委接到指示后，立即在临淮关淮河北岸的尤家岗召开会议，决定 8 月 1 日在盱眙、灵璧、泗县、凤阳等地同时举行武装暴动。为发展革命力量，赵立汉等又大力开展政治宣传工作，号召广大人民组织起来，武装反抗国民党的反动统治。5 月 30 日，中共长淮特委还在蚌埠西游戏场召开"五卅"纪念大会，赵立汉在会上发表演说，散发传单，号召人民起来反对帝国主义，反对国民党反动派。

国民党的逮捕行动过后，朱务平、赵立汉又积极联络各地武装，准备举行武装暴动。7月31日，长淮特委军委书记刘平擅自更改亮岗地区的武装暴动时间，泄露了暴动计划，致使整个暴动失败。事后，赵立汉等在临淮关铁路南的太平桥下召开会议，对刘平进行了严肃批评，决定给予他留党察看处分。刘平表面上承认了错误，实际上却怀恨在心。8月26日，他偷偷跑到南京，向国民党投案自首，还把长淮特委176名党员的名单，全部交给国民党中央党务调查科。8月30日，刘平带着大批国民党军警特务，到临淮关、蚌埠、怀远等地大肆搜捕共产党人。赵立汉不幸被敌人逮捕。

赵立汉被捕后，被解往上海关押。在狱中，赵立汉同反动特务进行了不屈不挠的斗争。敌人先用金钱、地位引诱，让他写自首书，说出其余党员的下落，供出所属的各级党组织，遭到赵立汉的严词拒绝。敌人见用软的不行，就用硬的，他们采用各种惨无人道的手段，对赵立汉的身心进行摧残和折磨，但始终没有摧毁他的坚强意志，没有让他有丝毫的屈服。在无计可施的情况下，敌人对赵立汉下了毒手。

1936年，赵立汉在上海被杀害，时年28岁。

周龙凤

周龙凤，濉溪县宋疃镇前周圩村（今烈山区宋疃镇周圩村）人，1904年出生于一个贫苦的农民家庭。

其父周元盘，兄弟4人，因家庭贫寒，其余3人都没有成家。家中仅有茅草屋两间，无一寸耕地。周元盘在集市当斗行，借此分得少许脚粮糊口，全家过着衣不蔽体、食不果腹的困苦生活。

周龙凤幼年时，因家贫无力读书，六七岁即在家拾柴、放羊。他秉性刚直，见义勇为，好打抱不平。每当看见富家的孩子欺压穷家的孩子，就义愤地走上前去，帮助弱小的和贫苦人家的孩子进行反抗。到了十四五岁时，跟着父亲学司厨。20岁时，到宿县第四职业学校给学生做饭，学校管吃饭，不发薪水。在校期间，周龙凤结识了孙良道、王文远等进步学生，受他们的影响，懂得了不少革命道理。于是，他积极参与学生运动，和同学们一道闹学潮，示威游行。

1926 年 8 月，共产党员王香圃受宿县党组织派遣，回到古饶地区组建党的组织和农民协会。积极做宣传发动工作，团结了一批青年。周龙凤在他的教育下，逐渐懂得了阶级和阶级斗争的道理。他认识到，穷人要翻身，不再受压迫和剥削，就得起来革命，取得政权。他对王香圃说："你讲的，都是我自身感受到的。"在王香圃的指导下，他积极动员农民加入农协会，并被推选担任会长，领导开展抗捐抗税斗争。同年腊月初八，由王香圃、赵克英介绍，周龙凤加入了中国共产党。

1927 年 5 月，周龙凤担任古饶区农民协会委员，他带领农民斗争反动古饶区长黄荣卿，并把他残酷剥削农民的种种罪证当场公示于众。群众异常愤怒，高呼口号："打倒劣绅黄荣卿！打倒贪官污吏！"周龙凤提议罢免黄荣卿，推举赵克英（共产党员）当区长，群众掌声如雷，一致拥护。地主劣绅却对他恨之入骨，急欲除之，但慑于农民协会的威力，他们又无可奈何。转而又想拉拢他，年节时送粮送肉，均遭到周龙凤严词拒绝。

1927 年 8 月，为支援烈山煤矿工人的罢工斗争，在中共古饶支部的领导下，周龙凤带领农民在濉河上拦河筑坝，使河道不能畅通，煤炭无法外运，迫使资方做了让步，给煤矿工人增加工资，赔偿沿河损失，在古饶修建大桥，每年补助古饶小学教育经费 1500 银圆。

1928 年 1 月，中共古饶区委发动群众向地主进行年关借粮斗争。周龙凤和共产党员赵培元、赵克英首先领导古饶河东奶奶山周圩子的群众起事，斗争取得了胜利，影响了全区，提高了党的威信，密切了党同群众的关系。

同年秋，为严厉打击封建势力，周龙凤、赵含宏、王廷杰、陈龙英、雷良振等发动数十村农民，在赵集召开斗争劣绅赵士珍的大会。周龙凤首先发言，揭露赵士珍利用宗族权势压榨农民群众的种种罪行。各村农会会长，拿着缴纳苛捐杂税的收据当场对证。在真赃实据面前，赵士珍无法抵赖，只好低头认罪，退赔赃款。这次斗争取得了完全胜利。

1929 年 5 月，国民党宿县县党部逮捕了中共古饶区委书记王香圃。周龙凤、赵克英、赵含宏、周汝治等带着古饶区各村及古饶集各商店的保状，冒着生命危险，前往宿县县政府保释王香圃。古饶区国民党分部书记黄太然和劣绅赵汉鼎、赵介藩向县政府控告周龙凤等人包庇共产党员王香圃。但周龙凤没有被吓倒，而是顽强地同赵汉鼎一伙作斗争。

1930年8月，周龙凤、赵含宏等又发动群众，揭发赵汉鼎剥削农民的种种罪恶事实，向宿县县政府请愿，迫使当局撤销了赵汉鼎的区长职务。

1932年，由于连年饥荒，广大农民生活饥寒交迫，可国民党反动当局不顾人民死活，反而向宿县增派烟捐。为向农民勒索这笔巨额烟捐，宿县派了大批烟苗查勘委员下乡，强行征收。查勘委员横行霸道，对农民拘捕羁押，严刑催逼，农民群众受到残酷压榨，痛苦不堪，无法生存。为了减轻农民的赋税，打击国民党反动势力，中共宿县县委决定在古饶组建农民武装，举行抗烟捐暴动。

8月初的一天，中共江苏省委巡视员王香圃、赵干，徐州特委委员孙叔平，宿县县委书记任训常和周龙凤、王洁清等人，在周圩子周龙凤家召开会议，传达中共徐州特委关于组织抗烟捐暴动精神，研究暴动事宜，决定于8月11日攻打古饶区公所。

8月10日晚，周龙凤、周茂森、蔡积礼、周汝领用土车子推了40多支枪，来到古饶集东秫地里等候赵培元、黄元泉带人来会合。等到夜间两三点钟，仍不见来人。周龙凤临时决定先打。他带人摸进古饶区公所，趁区队熟睡之机，翻进院内，没放一枪，缴获敌人长枪27支，短枪1支，俘虏区队40余人，遗憾的是区长赵汉鼎、查勘委员均不在，未能捕获。8月13日，国民党宿县警备队队长房树桐（华岩）带领队伍进行反扑。因寡不敌众，抗烟捐暴动失败。

七七事变后，抗日战争全面爆发。王香圃、赵含宏、周龙凤等人在古饶地区成立抗日组织，开展抗日救亡运动。

1938年5月，宿县、濉溪相继沦陷。为建立武装，打击日寇，收复失地，拯救人民，共产党员孔子寿、董畏民、李时庄、赵汇川、邵奎等人经过筹划，会合多支抗日武装队伍，于8月在古饶乔店孜组建成立宿县抗日游击总队，由周龙凤等人负责。

这时，一些土豪劣绅、恶霸地主，置民族大义于不顾，纷纷投敌卖国，勾结日寇，成立"维持会"，充当了汉奸。黄湾孜的黄太勋成立了"新民会"，自任会长。半峭圩孜的赵介藩和费寨的费宏阁也都蠢蠢欲动，欲与抗日武装相对抗。

费寨战斗旧址

为了打击地主豪绅的嚣张气焰，打开当地的抗战局面，8月中旬，周龙凤带领游击队联合另一支赵先德的地方武装队伍，攻打费寨土顽。但因费宏阁装备较强，且据寨负隅顽抗，致使未能攻克。10月12日，多支抗日游击队集合在古饶南草庙开会，决定攻打古饶半峭圩孜。战斗由赵汇川指挥，周龙凤带队在古饶南赵家祠堂埋伏。13日拂晓开始进攻，激烈的战斗进行了一个多小时，最终未能打开圩孜，赵汇川身负重伤，抗日武装旋即转移。

赵先德此人，私心自用，随着艰苦的抗战局面到来，他逐渐丧失了抗战斗志，转而偷偷与日军接洽，卖国求荣，投靠日伪，充当汉奸。

1939年3月的一天，赵先德邀请周龙凤到古饶河东一家饭店商议事情，交谈中，赵先德提出要与周龙凤互换配枪。赵先德早已把自己枪内的撞针抽掉，而周龙凤却未有察觉。赵先德换枪后，马上借故走出饭店。片刻间，日军的数辆军车包围了饭店。周龙凤举枪反抗，但没有打响，日军一拥而上，将其逮捕。

日军用铁丝穿透他的手心，把他带到宿城。刚开始，摆下一桌丰盛的酒菜，又叫来几个日本军妓招待，日军队长亲自陪周龙凤饮酒，企图以高官厚禄和美女引诱他投降。周龙凤对此毫不动摇。他痛斥日寇："你们用诡计把我弄来，不知羞耻，若是英雄好汉，战场上比比看。"诱降不成，敌人对他施以酷刑，他坚贞不屈，大义凛然。日军软硬兼施，手段使尽，却丝毫没有达到他们的目的。

日军把周龙凤押往宿城西门外刑场。一路上，周龙凤昂首挺胸，怒视敌人，沿街高呼："打倒日本帝国主义！""中国共产党万岁！"惨无人道的日本侵略者放出狼狗，活活把他咬死。

周龙凤英勇牺牲了，但他那威武不屈的英雄形象，永远活在人民心中。当地一直流传这样的歌谣。

（一）

周龙凤生来志气宏，汉奸与日寇，誓死要肃清。

领游击，当司令，屡建杀敌功。

日本维持会，视如眼中钉，百方生诡计，捉送日本营。

威武不屈服，为国来牺牲。

（二）

全体抗日队，大众义勇兵，足踩地，手捶胸，

个个怒不平。此仇若不报，何以慰英灵。

愿我同胞们，举枪勿再停，

齐上前去杀敌寇，祖国江山得安宁。

赵建五

一

赵建五，原名赵宗信，又名赵扶汉、赵济民、赵亮，1898 年出生，濉溪县百善镇前营孜村人。

赵建五弟兄 4 人，他居长，二弟赵宗喆（字西凡）是濉溪县最早的党员之一，三弟赵宗礼也是共产党员。

赵建五

1919 年，五四运动爆发，新文化运动蓬勃兴起。辍学在家的赵建五经常接到在南京读书的赵西凡寄来的《新青年》《创造月刊》和鲁迅杂文等进步书刊。他爱不释手，认真阅读，丰富了他的社会知识。

1925 年，赵建五加入青年进步组织——群化团。他积极参加群化团组织的"青年读书会"活动，阅读《共产主义 ABC》《马克思主义浅说》《向导》《新青年》等书刊，对马克思主义有了进一步了解和认识。

1926 年春，百善区农民协会纷纷建立。在党组织的带领下，赵建五参加了农协会，同地主豪绅进行抗捐、抗税、抗租、抗债斗争。在斗争实践中，他清楚地看到，封建地主的剥削是农民贫困的根源，他的思想得到进一步升华。1926 年 10 月，经徐风笑、陈文甫介绍，赵建五加入中国共产党，开始了新的革命历程。

赵建五入党后，情绪高昂，决心实现"推翻军阀统治，解放劳苦大众"的入党誓言。他没有留恋家庭的优裕生活，没有被新婚宴尔的缠绵之情所羁绊，毅然离家抛舍，投身革命洪流。

二

1926 年冬，经中共临涣独立支部推荐，赵建五与徐风笑等人一起到安徽省党务干部学校（地址：武昌）学习。当时是国共合作时期，党务干部学校表面上挂着国民党的牌子，实际是我党培养干部的学校。校长李宜春，共产党人，主要讲课人有董必武、恽代英、高语罕等。在干部学校，他系统地学习了马列主义的唯物史观和科学社会主义学说，进一步懂得了什么是阶级和阶级斗争，明确了中国革命的性质和革命的对象，坚定了走推翻帝国主义、封建主义和官僚资本主义的革命道路。

1927 年 3 月，结束了训练班的学习生活，赵建五被分配到安徽省总工会统计科工作。23 日，国民党右派雇用流氓打手，捣毁国民党（左派）安徽省党部、省总工会、省农民协会。赵建五随省总工会撤到安庆北门外的二龙山。因在安庆无法工作，又随省党部、省总工会返回武汉。这时，国共两党分裂已成定局。为加强宿县党的工作，中共安徽省临委任命徐风笑为中共宿县临委书记。赵建五也被派回家乡，担

1927 年安徽省总工会旧址（今安庆市内）

任中共临涣区委书记。不久，临涣区委重新改组，赵建五改任中共临涣支部书记。同年秋，北伐军撤退，党的工作转入地下。过去出头露面的同志，多数被迫转移外地，赵建五和少数共产党员仍坚持就地斗争。

1928 年秋，受中共宿县县委调派，赵建五来到宿北的夏桥开展党的工作。夏桥党的工作比较薄弱，赵建五以教书为掩护，在师生和群众中积极进行党的建设工作，发展了一批党员，建立了党小组，并担任组长。后来又建立党支部，担任支部组织委员。这时，白色恐怖笼罩了全县，赵建五在领导农运、学运的斗争中，经常和国民党右派发生冲突，随时有被捕的危险。因此，党组织决定把他调回家乡工作，担任中共胡楼支部委员兼小组长。

三

1930 年 6 月，中共中央政治局会议通过的《新的革命高潮与一省或几省的首先胜利》的决议，使以冒险主义为特征的"左"倾错误统治了中央领导机关。

为了贯彻这条冒险主义路线，中共江苏省委军委委员老李（名字不详）人称"李军委"，受组织派遣，来到百善地区，具体领导这个地区的农民暴动。他住在赵建五家，了解一些情况后，即召开百善区行委扩大会议。在会上传达了中共中央政治局的决议和在徐海蚌地区成立中国工农红军十五军的决定。他说："为了坚决贯彻执行中央的决议，凡是有党、团

组织的地方，即使只有一个人、一条枪，也要举行武装起义。"对于这个意见，有的同志支持，要与国民党反动派大干一场。但赵建五、赵西凡等人则认为，几年来，由于国民党实行了一系列反共政策，百善地区党团组织遭到很大破坏，农村的革命力量比较薄弱，暴动的条件还不成熟。他们建议，要充分做好准备工作，待时机成熟后再举行武装暴动。赵建五、赵西凡等人的正确意见没有被采纳。经过研究，决定于7月10日举行暴动。赵建五服从组织决定，兄弟4人全都参加武装暴动，并把平时看家的十几支长短枪拿了出来。

叶刘湖暴动失败后，赵建五根据党组织安排，又前往夹沟等地，同李军委一道，再一次组织武装暴动，但暴动没能成功。暴动后，赵建五赶去徐州寻找中共徐海蚌特委，把暴动情况向特委做了汇报。在徐州过了月余，风声仍然很紧，家乡无法再回去，中共徐海蚌特委决定派他到国民党军队中去搞兵运工作，奔向新的战场。

四

1930年秋，根据组织决定，赵建五多方搜集情报，打探消息，弄清了徐州驻军情况，决定打入国民党的一个杂牌军内部。不料，该部不为国民党当局所承认，粮饷、武器、弹药无着，在徐州驻扎不下去，只得转移他处。先到苏州，后又开往九江，被国民革命军第五师师长熊式辉收编。赵建五被编入第十四旅三十团一营二连当上等兵。在部队，他通过谈心、交朋友等途径，加强与士兵的感情交流，赢得大家的信赖。另一方面，为及时得到党组织的指示，他多次向中共徐海蚌特委发信函，但信件有的被退回，有的石沉大海，杳无音信。这时，他苦闷焦急，像大海中的一只孤舟，望不到前进的彼岸，看不见指引航行的灯塔。

1931年春，蒋介石发动对湘鄂赣苏区进行第二次"围剿"，令第五师师长熊式辉率部自九江向奉新进犯。行军途中，赵建五发现了红军的标语、布告，知道已经进入苏区。他心情很激动，好像见到了红军，见到了党。于是，积极而谨慎地向士兵做工作，做好投往苏区的准备。

夏初，中国工农红军第十六军军长孔荷宠率部向国民党第五师十四旅三十团二营进攻。一营奉令增援二营。在途中，赵建五率领全班士兵乘机脱离国民党军队，加入红十六军，回到了革命队伍。

五

赵建五加入红军不久，即参加了奉新县的会埠战斗。战斗中，赵建五光荣负伤，左腿胫骨被打断，被送往医院治疗。同年秋，到万载县红军第三残废教养院休养。在此期间，他向院党委汇报了自己的历史。同年冬，院党委讨论了他要求恢复党籍的报告。经教养院政委李振亚和在院休养的红军排长聂海如二人介绍，赵建五重新加入中国共产党。

赵建五重新入党后，革命精神更加旺盛。尽管他的腿残废了，体质还没有完全恢复，但在教养院里躺不下去，主动向院党委提出要求工作。院党委同意了他的请求，先后分配他担任院文书和司务工作，在党内还担任支部书记和总支书记。1932年底，赵建五身体健康状况有所好转，被任命为教养院院长、政委，同时，还兼任反帝拥苏大同盟和互济会分会主任。

中共湘鄂赣省委旧址（江西省万载县境内）

1934年1月，中共湘鄂赣省委根据苏区中央局决定，正式改组省委和军区，陈寿昌任书记，徐彦刚任军区司令员。省委为加强地方建设，决定从教养院中抽出一批干部去地方工作。赵建五调任中共万载县委破坏科科长。同年春，调任省军区破坏部部长兼管新兵训练工作，同时兼任新兵连指导员和营教导员，旋即又调任红十六师（红十六军改为红十六师）第四十七团政委。

1935 年 6 月，蒋介石集中 60 多个团的兵力，从四面向湘鄂赣根据地发动进攻，企图消灭中共湘鄂赣省委和红十六师。这时，萧克（军团长）、王震（政治委员）、李达（参谋长）领导的红六军团，已经胜利突围，开始长征。湘鄂赣军区和红十六师形势孤立。在四面被敌包围的情况下，军区党委决定以团为单位分散突围。在敌人的围追堵截下，四十七团 1000余人大部被俘或牺牲。最后剩下的 10 多个人，在团政委赵建五的带领下，在崇山峻岭中又坚持了一段时间，终于因弹尽粮绝，全部被俘。

赵建五被俘后，化名赵亮，自称是红军士兵。这批被俘人员，全部被解往湖南平江监禁。当时，国民党军在与红军作战中，损失很大，缺员太多，招募困难，于是便从被俘的红军士兵中，选拔湘鄂赣籍以外人员，补充缺额。赵建五是安徽人，被选去以后，分到国民党第四十六军别动大队第三队当兵。不久第三队改为军部特务连，随同军部先后到长沙、重庆、贵阳驻防。后该军进驻洛阳。这时，赵建五才确知红军突破了敌人的重重包围，行程两万五千里，胜利到达了陕北革命根据地。西安事变发生后，部队开往渭南、潼关等地驻防。赵建五准备再次寻机去陕北寻找红军，但因该军不久调离西北，他的这一愿望没有实现。

1937 年七七事变后，国共两党实现了第二次合作。这个消息给赵建五带来了希望，增强了他脱离国民党部队的决心和信心。同年秋，赵建五在国民党四十六军七十九师炮兵团一营三连当驭手，后又从事通信、观测。不久，调到新五师，接着，随部到了开封。离家乡越来越近，赵建五按捺不住心里的激动，但离家八载，音讯断绝，家乡的情形如何，一无所知，不能盲目从事。赵建五尝试着往家里发了一封信，家人接到信，知道他还活着，立即派人来到开封。1938 年 2 月 12 日，赵建五逃离国民党队伍，几经辗转，回到了阔别多年的家乡。

六

赵建五回到家乡，看到大革命时期的老党员们正在愤然而起，多方奔走开展抗日救亡运动，他深受鼓舞，立即加入抗敌救亡社。1938 年 5 月，侵华日军进占百善、临涣，人民顿遭劫难。为解民于倒悬，抗击日寇，保家卫国，他挺身而出，以抗敌救亡社的名义，在百善地区组建人民自卫联防队。他先把自家的枪支捐献出来，又动员四方乡邻捐献枪支，很快，一支近百人的抗日武装队伍建立起来，赵建五担任了联防队队长。

6月上旬，日军攻占开封，逼近郑州，并准备会攻武汉。蒋介石不顾人民生死，下令炸毁郑州花园口黄河大堤，顿时洪水浸漫，道路阻断。日军无法前进，一部沿宿永公路往宿城撤退。6月下旬，赵建五获知日军沿公路东去的消息，立即带领百名自卫队队员，埋伏在百善西黄庄公路南侧，待敌人靠近时，一声令下，射出密集的子弹，阻滞日军的前进。

1939年春，李时庄、陈文甫、赵建五等在百善、铁佛组建了一支抗日游击大队。6月，与萧（县）宿（县）大队合编为八路军苏鲁豫支队独立营。12月，改编为新四军游击支队第三总队八团，李时庄任团长，陈文甫任副团长，赵建五任参谋主任。次年春，陈文甫、赵建五率部护送刘瑞龙过路津浦线东。完成任务后，返回王浅孜、柳树湾宿营。国民党第五十一军于学忠部遭日军追击，路过王浅孜时，要求我军给予支援。为掩护友军，我军挺身而出，与追击日军进行殊死战斗。国民党军脱险后离去，致使我军被敌包围。经过反复拼搏，副团长陈文甫等30多人牺牲，赵建五等被俘。

七

赵建五被俘后，当天被押往宿城监禁。他冒称是国民党第五十一军补充团的某营文书，又被解送徐州北关一所战俘训练所关押，住在一所木头房子里。房子既矮小又潮湿，连个窗户也没有，只能从木头的缝隙里透进一点光线。全所一百七八十名战俘，大部分是国民党第五十一军的士兵，少数是丰、沛、萧、砀、铜山、涟水等地的游击队员和一般群众。受"训"的时间不多，大部分时间做苦力。所有战俘被编入木作、农圃、菜圃、饲养等组。每天早晚劳作，有时一天要干16个小时以上，稍微停一下，就会受到训斥或鞭打。农圃和菜圃的战俘，需要到训练所外的地里干活，有机会和所外接触。赵建五利用在所外劳动的机会，于6月10日逃出战俘训练所。

赵建五逃离徐州后，积极寻找队伍，很快回到新四军第六支队司令部。他见到彭雪枫司令员，受到热情接待，内心十分感动，不禁潸然泪下。领导见他身体虚弱，让他先随部队休养一段时间，因部队流动性大，又到永城解放区继续休养。1941 年 5 月，新四军四师进军皖东北，永城、涡北一带被顽军占领，赵建五无法再继续休养，只好回到家乡隐蔽。

新四军四师转战皖东北后，宿西的日伪顽活动猖獗，革命力量严重受挫，人民惨遭荼毒。以吴忠培为书记的中共宿西秘密县委，没有被当前的局面吓倒。他们贯彻"隐蔽精干，保存实力。积蓄力量，等待时机"的方针，决定让赵建五就地坚持斗争。

按照吴忠培的指示，赵建五恢复了本村的小学，自任校长，以教书作掩护，继续开展革命工作。他的家在百善一带与各方面都有较广泛的联系，且本人又有一定威望。考虑到他的具体情况，党组织决定由他来做当地上层人士的统战工作。赵建五根据党组织安排，与日伪顽巧妙周旋。百善的伪区长任孝先、绅士黄海观这些头面人物成了他的座上客；国民党宿县调查室主任雷慕唐也同他见过面。为了做好陈钦鼎（原我方教导员，后投靠土顽）的统战工作，防止他搞破坏活动，赵建五利用过去的老关系，继续同陈保持联系，多次奉劝陈认清形势，不为已甚。在这段艰苦的日子里，他赤胆忠心，不避艰险，卓有成效地完成了党组织交给的任务。

八

1944 年秋，新四军四师收复路西地区，宿西县各级政权相继恢复。赵建五仍在家乡小学当校长。不久，党在百善地区开展减租减息运动。在"双减"运动中，由于个别地方工作不细，出现了一些不正常的现象。有的地主、富农、高利贷者明减暗不减，进行软抵制；有的雇农、佃户又把减掉的租子、利钱给地主送了回去，"双减"工作受到一定影响。赵建五从自家做起，动员全家带头支持、拥护政府的"双减"政策，按规定把租子退给群众。当有的群众把退还的租子送回来时，他总是耐心地向群众解释，要他们把租子带回去。赵建五的行动，产生了良好的影响，推动了百善地区"双减"工作的开展。

1945年4月，他被任命为县文教科副科长兼宿西中学副校长，具体负责中学筹建工作。次年1月，改任文教科科长兼宿西县中学校长。6月，蒋介石不顾全国人民的反对，撕毁双十协定和停战协议，悍然发动全面内战，向解放区大举进攻。赵建五根据上级指示，积极动员全校师生参军、参战。

由于国民党军的大举进犯，宿西地区的形势进一步恶化，学校停办。赵建五被调到县总队搞参谋工作，随部队活动。不久，主力部队西撤，中共华中八地委和各县地方党政军人员亦随之西撤。一部分老弱病残的同志，跨过陇海铁路以后，临时成立陇海支队，赵建五任该支队第二大队队副。后来，赵建五进入晋冀鲁豫解放区军政大学学习，任地干大队第四中队队长。

在军政大学期间，他通过对时事、政治的学习，进一步明确了国内外形势和当前的工作任务，提高了思想觉悟和政治水平，更加坚定了革命的决心和信心。同时也学习了新区群众工作经验，受到教育和启发。除时政学习外，还学习军事知识。其中有枪支、弹药的使用和制造，地形地物的利用，铁路、桥梁的破坏，以及地雷战、破击战法等。在实弹训练时，赵建五荣获优秀射击奖。

在校期间，赵建五工作踏实，密切联系群众，经常和队员一起到驻地附近帮助群众劳动。1947年元旦和春节期间，他组织队员排演了秧歌、舞蹈和《白毛女》《兄妹开荒》等优秀剧目，为群众和校部演出。为密切军民关系，他还邀请18位村干部和抗烈属举行春节团拜会。因为突出的工作成绩，被校部授予模范工作者称号。

1947年6月30日，刘邓大军强渡黄河天险，揭开了我军大反攻的序幕。赵建五亦随军南下，来到了豫东。9月，赵建五重回地方工作，先后任萧宿永县、宿西县政府秘书。12月，经地委讨论，解决了他的组织问题。当中共宿西县委书记田启松把这一决定通知他时，他兴奋不已，激动万分。

1948年9月，赵建五调任豫皖苏三专署文教科副科长。次年3月，任阜阳专署民政科科长，党总支委员、书记。同年获地区模范共产党员称号。新中国成立后，先后任阜阳专署民政科科长、合肥师范学校校长。1956年，任合肥市教育局代局长。这一时期，他努力工作，全面贯彻党的教育方针，为提高全市的教育质量费尽了心血。1962年12月，因患脑溢血倒在会场上。

1971年10月28日，赵建五退休。1983年8月17日，离开人世。

1986年9月10日，中共中央组织部在给其所下结论中称："承认赵建五同志是我党早期的党员，为革命做出了一定贡献。在编写党史或回忆时，可写明他是1926年10月入党参加革命工作。"①

杨履坤

杨履坤，生于1908年，濉溪县濉溪镇东关小余庄人。

他中等身材，连鬓胡子，故有绰号"杨胡子"之称。其父杨若书，颇识文字，一世俭朴，操家有方。清末民初，家有土地几十亩，又在濉溪东关开了个"盛福和"粮行，家境比较殷实。

1918年，杨履坤入塾读书。1919年，转到濉溪东岸的三关庙小学。杨履坤天资聪颖，勤奋好学，二、三年级时，就能看懂一些报刊。五四运动爆发后，古老的濉溪口，吹进了反帝反封建的新风，《新青年》《独秀文存》等进步书刊的传入，唤起了广大青年的觉醒。1919年，一批进步青年在濉溪前大街福音堂创办青年社，开建图书馆，设立阅览室。杨履坤经常在课余时间到这里听演讲，阅读进步刊物，对俄国十月革命有了一些了解，并开始接触马克思主义。

1923年秋，15岁的杨履坤进入濉溪后街第三高等小学读书。第三高等小学是当时濉溪进步青年的集中地，常有进步师生发表演说，组织反帝反封建的游行。在这样的学习环境中，他受到熏陶，思想开阔了，想得更远了。

1925年秋，杨履坤于第三高等小学毕业，考入宿县正谊中学。在学校，他结识了宿县进步青年赵一鸣等人，经常与他们一起活动。宿县位于

---

① 《淮北党史人物》，第39页，中国文史出版社2021年版。

津浦铁路线上，交通方便，这里在北京、上海等地读书的青年较多，新的思想不断涌来，对青年学生有很大影响。杨履坤入学不久，正值学校"闹学潮"，进步青年学生纷纷起来，开展反对教育局局长侵吞学校财产的斗争，杨履坤跟随赵一鸣一道积极参加活动。校方视其为行为不轨，1926年冬，开除了他的学籍。

杨履坤回到家乡，即在三关庙小学（原母校）任教。这时，他结识了在濉溪口开展革命活动的青年萧亚珍（共产党员），常常参加他组织的政治宣传。在萧亚珍的启发下，杨履坤加入了少年先锋组织（K.Y）。1928年春，经萧亚珍介绍，加入了中国共产党。

濉溪口酿酒历史悠久，这里有几十家酿酒作坊，好几百名酒业工人。杨履坤和萧亚珍经常深入到工人中间，了解工人生活状况，并在濉溪口城北实业园召开工人会议，培养积极分子。1928年下半年，白色恐怖笼罩濉溪。1929年2月，萧亚珍受到国民党通缉，被迫转移到萧县隐蔽。萧走后，杨履坤任濉溪工人联合会委员长，仍以教书为名，继续在工人中开展活动。国民党对濉溪口的共产党人进行大逮捕，党组织遭受严重破坏，革命形势急转直下。面对恶化的环境，杨履坤没有退缩，继续坚持斗争。

1930年6月6日，在杨履坤的组织领导下，濉溪全城200多名酒业工人举行罢工斗争。他们集会游行，高呼"打倒军阀""打倒帝国主义""改善劳动条件，增加工人工资"等口号，罢工取得了胜利。但由于工贼的出卖，杨履坤被国民党濉溪区公所逮捕，在敌人威逼下，杨履坤写了自首书，出狱后，经李时庄、李秉枢等严肃批评，他悔恨莫及，立誓愿做共产党之友，继续为党工作。

七七事变后，杨履坤跟随李时庄参加抗日活动。不久，濉溪相继成立抗敌救亡社和民众抗日总动员委员会，杨履坤参加了这两个抗日组织并担任委员，跟着李时庄、李秉枢等共产党人组建抗日武装，开展游击斗争，经常活动于濉溪、张集、烈山和古饶一带，从此又踏上了革命的征途。

1939年9月15日，在中共宿西县委的领导下，宿西县第四区（濉西区）成立，杨履坤首任区长，朱继仲任副区长，周从裕为区委书记。区政府成立后，先后成立了张集、逢源、百顺、方城、任圩 5 个乡。区乡政权的建立，使盘踞濉溪口的敌人陷入了四区的包围。为掌握敌情，区政府又配两名联络员，负责传递信件和侦探敌情。这时的区队已扩充到 120 余人。杨履坤和区队副张志启率领区队同敌伪周旋，使敌人不敢轻举妄动。杨履坤还带领群众毁坏道路，拆除圩墙，切断敌伪交通线。同时，对敌伪实行经济封锁，禁止粮食和棉花流入濉溪城内，给龟缩在城里的敌人造成经济困难。由于杨履坤对敌斗争的突出表现和较强的工作能力，1940 年 3 月，他被调到宿西县行政办事处任秘书兼农会主任，负责宿西县全县的农村工作。12 月，宿永边发生了"耿（蕴斋）、吴（信容）、刘（子仁）"叛变投敌事件。不久，宿西县大队大队长荣义志与警卫连连长宋勤学等也叛变投敌。在这样险恶的环境中，杨履坤是非分明，立场坚定，连夜只身来到宿西县四区，将荣义志等人叛变的情况告知区长朱继伸。区队当即转移，避开了叛军的锋芒，摆脱了危险。在紧要关头，杨履坤经受住了一次严峻的考验。

皖南事变后，反共逆流甚嚣尘上，抗日力量暂时受挫，宿西县办事处处在敌伪的包围之中。为了保存革命力量，1941 年 5 月，新四军四师和豫皖苏边区的干部战士，大部转移到了津浦路东，中共宿西工委书记吴忠培、农委主任杨履坤等留下坚持地下斗争。杨履坤被安排在古饶、秦大庄一带隐蔽活动。在此期间，每遇到敌伪索要粮款，他就暗地组织群众，争取当地保甲长上报"灾情"，采取推、拖、磨的办法，尽量少征粮款，以减轻群众负担。1942 年，杨履坤调任宿东县民政科长。

1944 年 8 月，新四军四师打回津浦路西，收复失地。9 月，中共濉西区委成立。杨履坤奉命返回，担任濉西区区长。他带领区里同志宣传动员群众，组织武装力量，先后建立了张集、逢源、百顺、孟口、徐集、溪河、米市和口西 8 个乡级政权。

通过多年艰苦曲折的斗争，杨履坤对敌斗争经验更加丰富。再一次任濉西区区长后，他认为，在敌占区，要想站住脚跟，必须贯彻党的统战政策，做好敌伪的分化瓦解工作。他通过各种渠道，和濉溪伪军中队长石广才、日本便衣侦探接上了关系，通过教育引导，使二人有所转变，都为抗日做了一些有益工作。当时，日军常常出动向濉西地区"扫荡"，石广才得到消息后，就叫人连夜赶到濉西区，找到杨履坤和区委书记臧伟等人报告情况。

杨履坤非常关心群众。1945年3月，宿西县大队打开仲大庄圩寨，拔掉了盘踞六七年的伪军据点。伪军逃跑时，纵火烧毁民房10多间，杨履坤闻讯后，立即带领10余名区队战士赶赴仲大庄，慰问群众，并对受灾农户适当救济。杨履坤善于辞令，又会讲故事，每到一处，都能与群众打成一片，促膝谈心，相处无间。在濉西农村，至今还传颂着他与民众鱼水关系的佳话。

1945年秋，日本投降后，杨履坤先后担任宿西县民政科科长和县政府秘书。1946年春，组织上调他到中共华中八地委党校（校址设在濉溪口北丁楼村）学习。学习期间，杨履坤重新加入中国共产党。入党后，他兴奋万分，暗暗下定决心，头可断，血可流，共产主义信念须臾不可丢。

1946年6月，国民党反动派向解放区大举进攻，宿西地区形势发生逆转。当敌人逼近濉溪地区时，宿西县的党、政、军机关主动西撤，离开了濉溪。这时，正遇上大水，杨履坤右脚生疮溃烂，举步艰难，不能随军转移，只得暂时隐蔽在群众家里。后来又转移到张集乡李庄集集主（原联络点）宋光斗家。在反动阴霾一时布满天空的情况下，宋光斗吓破了胆，转而投靠了国民党。当杨履坤说明来意后，他一语双关地说："现在形势不如以前了，我这里人来人往的太乱，你在这不方便，还是另选地方吧。"杨履坤并未介意，又叫宋的儿子把他送到小城集北的丁庄沈新文（原是共产党的乡长）家。而宋光斗当即告密。第二天，即8月7日晨，杨履坤在丁庄遭国民党逮捕，立即被押送到濉溪口。

敌人要他供出党的秘密，他却闭口不言。疯狂的敌人把他打得皮开肉绽，白色的衬衣都被鲜血染红。他仍痛斥国民党背叛三民主义、扼杀革命的罪行。敌人看到软硬兼施都无济于事，最后就硬叫杨履坤认供。杨履坤慷慨陈词："士各有志，我头可断，血可流，而志不能屈。"这铿锵的语言，表达了一个共产党人大无畏的革命精神。

8月16日，在无计可施的窘境下，敌人把杨履坤提出监狱，与同狱的濉溪市市长刘建冰一起押赴濉溪西门外刑场。杨履坤正气凛然，视死如归。他向刘建冰说："咱们最光荣的时刻到了。"并愤怒地高呼："打倒国民党反动派！""中国共产党万岁！"沿街的群众，目睹这悲壮的场面，无不为英雄的精神所感动，无不痛恨国民党的罪行。

杨履坤壮烈牺牲，年仅38岁。

李时庄

1909年12月12日，李时庄出生在宿县濉溪区戴圩孜村（现淮北市相山区任圩办事处）一个富裕家庭，但他自幼就有"反叛思想"，对贫苦农民缺衣少食、挨冻受饿的悲惨境遇非常同情。1925年，在宿城县立第一高等小学读书时，受李一庄（中共党员）老师的影响，阅读马列主义书籍，并接受马克思主义观点，思想进步很快。"五卅"惨案发生后，他与广大师生一道走上街头，积极开展宣传、募捐和抵制日货等活动，支援上海人民的反帝斗争。经过几年的斗争和实践锻炼，他的革命信念更加坚定。1928年，经中共宿县县委书记孔子寿介绍，光荣地加入了中国共产党。

李时庄

1928年10月，宿县小车工会负责人马登科带10余位小车工人推车路过凌云烟庄，与烟庄送货人员发生争执，烟庄老板用200块现洋买通县政府和警察局，以"土匪""强盗"罪名，把马登科等人关押审讯，并严刑拷打。中共宿县县委和县总工会组织全城工人、学生游行示威。李时庄组织300多名学生和工人参加游行队伍。为营救马登科等人，宿城的工人罢工、学生罢课、商人罢市，总工会还组织2000多名工人、学生包围县政府。国民党宿县当局被迫释放了马登科。接着，李时庄又参加了反对警察局局长惠剑泉贪污受贿的斗争。

1928 年底，李时庄到中共濉溪支部工作，担任支部宣传委员。1929 年 11 月，接替穆祥曾担任中共濉溪区委委员、濉溪支部书记。1930 年 5 月，中共濉溪区委改为中共濉溪中心区委，李时庄任中心区委书记。在此期间，积极领导广大党员在濉城和乡村开展工作，大力发展工人和农民党员，使濉溪区的党组织很快发展壮大起来。党员由 11 人发展到 40 多人，并建立了 1 个城区支部、5 个农村支部。

豫皖苏第三专员公署全体干部合影。前排右四为李时庄

1930 年 6 月以后，李立三的"左"倾冒险主义路线在全党占据统治地位，要求各地党团组织和工会合并成立行动委员会，组织和领导武装暴动。7 月上旬，中共濉溪中心区委改组为濉溪中心区土地革命行动委员会，李时庄任书记兼武装暴动总指挥。行动委员会成立后，即组织濉溪的酒业工人罢工，要求增加工资。接着，李时庄等积极准备在濉溪举行武装暴动。7 月 10 日，暴动的计划泄露，濉溪武装暴动没有能够按计划进行。

1931 年 9 月，濉溪地区水灾严重，农民的生活极端贫困，中共濉溪区委组织农民向地主借粮，以度饥荒。借粮斗争一开始，即遭到地主武装的抵抗，濉溪团防局也派武装围攻，逮捕多名共产党员，借粮斗争失败。11 月，国民党第十三军三十九团进驻宿城，大肆搜捕共产党员和革命人士，中共宿县中心县委遭到严重破坏。12 月 18 日，中共江苏省委就军事工作发出指示信，要求各地继续从事武装斗争，濉溪口被确定为游击战争的重点地区。1932 年 7 月上旬，李时庄迅速动员各支部，组建烈山煤矿工人和农民参加千人武装，准备支援古饶地区的抗烟捐暴动。8 月 13 日，中共宿县县委书记任训常在古饶暴动中牺牲，濉溪武装暴动暂停举行。不久，国民党反动派下令通缉李时庄，他被迫离开濉溪，到上海隐蔽。

濉溪地区的形势有所缓和，李时庄从上海经徐州回到濉溪，立即设法与党组织取得联系。他白天待在家里，晚上想办法去联络党员。革命的活动经费十分紧张，他则想尽办法从家中取钱以用作活动经费，为了向家里要钱，他用枪打死自家耕牛，不惜与家人闹翻。1933 年 10 月，中共烈山煤矿特别支部组织和领导搬运工人罢工，要求及时发放工资和增加工资。随后，国民党反动派加紧进行镇压，破坏党组织，形势日益严峻。到 1933 年底，濉溪地区的党组织失去与上级的联系，李时庄决定中共濉溪中心区委、烈山煤矿特支暂停活动，做好隐蔽，保存革命力量，等待时机。

为便于从事革命活动，李时庄联合一批共产党员和进步人士在戴圩孜、李桥孜等地举办义务教育农民识字班。识字班采用自编教材，内容以宣传反封建为主。办学的目的是以此为掩护，保存和培养革命力量。1934年夏，国民党宿县特务头子陶石安来濉溪逮捕李时庄，李时庄闻讯，到张葛庄的亲戚家隐蔽。李时庄在家乡办学的 3 年多时间里，想方设法寻找上级党组织，直至抗日战争爆发，始终没能与上级党组织接上关系。

豫皖苏三分区后勤司令部旧址

1937年7月7日，抗日战争全面爆发后，全国人民很快掀起抗日救亡运动的新高潮。8月，孔子寿、匡亚明等被特赦出狱回到宿城，联络戴晓东、王香圃、李时庄、赵汇川等一批共产党员，研究开展抗日救亡工作，决定在党组织恢复以前，先行组织成立抗敌救亡社，开展抗日救亡活动。10月，宿县抗敌救亡社成立后，濉溪等地相继成立救亡分社，李时庄担任了濉溪分社主任。各救亡社组织宣传队，深入农村积极开展抗日救亡宣传，组织联庄会和抗日人民自卫军。1938年2月，宿县民众抗日总动员委员会成立后，濉溪成立总动员委员会分会，李时庄任分会主任。在全县人民积极投身救亡运动的时刻，国民党宿县县长王燮亚借抗日之名，非法摊派、征粮、抓壮丁，大发国难财，激起民众的强烈不满。李时庄、孔子寿等人到徐州第五战区司令部向李宗仁请愿，状告王燮亚的不法行为，要求罢免王燮亚。通过合法的斗争，罢免了王燮亚的县长职务。

1938年5月，濉溪口、临涣等城镇相继沦陷。日军所到之处进行野蛮烧杀。各地纷纷举起抗日义旗，组织抗日游击队，抗击日寇侵略。5月，赵汇川、王香圃、李时庄等在西二铺，在救亡社的基础上，组建了一支抗日游击大队，吕子荣任大队长。6月，一股日军沿宿永公路向东行进，李时庄等决定伏击这股日军。激战中，吕子荣牺牲。西二铺战斗，打响了宿西人民抗战的第一枪。8月，宿县抗日游击总队在古饶乔店孜成立，总队长周龙凤，政治部主任先后由孔子寿、李时庄担任。总队共编为8个大队，共1000人。10月，李时庄担任中共宿县县委书记。11月，宿东游击队到津浦路西十里长山与宿县抗日游击总队会合，上升为主力部队。为做好这支队伍的思想政治工作，经中共萧县中心县委批准，成立了升编部队临时特别支部，李时庄任特支书记。500多人的游击队，顺利

豫皖苏行署颁发的柴草凭票

编入八路军苏鲁豫支队。李时庄积极恢复发展党组织，组建抗日武装。他善于深入群众做思想工作，动员群众参加抗日队伍。

1940年10月，国民党掀起第二次反共高潮，汤恩伯集结重兵向豫皖苏边区大举进攻。为适应新的斗争形势，豫皖苏边区决定成立宿涡蒙工委和行政办事处。工委下辖6个区都建立了区队。宿西县大队一、二连为办事处的武装力量。1941年1月，皖南事变后，国民党顽固派加紧进攻抗日民主根据地，日寇也对根据地进行疯狂"扫荡"。为开辟抗日根据地，打开抗日新局面，李时庄积极开展地方政权建设，先后建立了燕头、杨柳等乡政权。5月，新四军四师师长彭雪枫根据上级指示，率部到津浦路东开辟皖东北根据地。李时庄利用关系，协助新四军四师师部和豫东省委安排家属、女同志及老弱病残人员到敌伪控制区隐蔽，后率1个营来路东。此后，李时庄先后担任宿东地委委员兼四师联络科科长、宿东军队地方联络委员会主任、宿东县长、三县办事处主任等职。

1941年10月底，新四军四师参谋长张震在小秦家主持召开会议，李时庄参加。会议研究了如何增进友谊、团结对敌等方面的问题。会议决定建立宿灵县支队一区工作行动委员会，李时庄任主任，负责和协调解决部队和地方之间的具体问题。李时庄认真贯彻会议精神，使部队和地方军民很快融为一体，呈现出团结抗战的新局面。1942年初，宿东三县办事处成立，李时庄任主任。一天，李时庄接到师部紧急电报，国民党顽军准备越

政务院任命书

过津浦线铁路进攻皖东北边区，要求宿东地委和支队集中力量，严防顽军过路，把好西大门。为完成任务，李时庄辞去三县办事处主任职务，来到顽军过路必经的宿灵地区工作。李时庄一到宿灵，即联合各方力量，加强铁路沿线的防御警戒，利用各种关系做当地伪军的统战工作。他日夜在敌关卡之间穿梭，成功说服伪军停止敌对行动，并达成谅解协议。经过根据地广大军民的共同奋斗，到1942年底，皖东北根据地终于取得反"扫荡"斗争的胜利，1943年又取得反顽斗争的胜利。

1944年8月15日，新四军四师兵分两路西征。任命李时庄为中共宿西县委书记兼县长、县总队长，随张太生南路军从宿县南过津浦铁路。8月23日首战十里长山，歼灭顽贾芳谷部百余人。26日在柳子大王庙击溃顽胡开祥支队。9月，恢复了宿西县政权。在收复宿西的过程中，李时庄亲临前线，抢救伤员，了解敌情，积极做好后勤保障工作。1945年9月27日，新四军四师十一旅三十一团在宿西县总队的配合下，对濉溪城伪军发起进攻，李时庄率领宿西县总队负责打援和后勤保障工作。新四军先后从东城攻入，与西门攻城部队内外夹击敌人，400多名伪军缴械投降。

涡北地区全部收复后，成立中共淮北二地委，李时庄任地委委员。为维护社会治安，建立巩固地方政权，宿西地方武装很快建立起来。宿西县政府组建了1个连和1个骑兵排。区、乡政权恢复后，也先后建立了区乡武装，各村建立民兵基干队。宿西县总队建立后，李时庄兼任总队长。

宿西地区收复后，人民扬眉吐气，各项工作得以顺利开展，农会组织普遍恢复，群团工作迅速开展起来。1945年初，宿西县根据中共淮北二地委的指示，在全县范围内开展反高利贷和减租减息运动。李时庄以县政府的名义发布公告，召开群众大会，做层层宣传和动员工作，并选派工作人员深入乡村宣传，广泛发动群众开展斗争。为带头执行党的减租减息政策，李时庄在县里开过会后，即回到家乡李桥孜，动员过房母亲减租减息，又到戴圩孜找哥哥李时茂做思想工作。宿西地区很快形成欣欣向荣的大好局面，濉溪口也成为淮北地区的政治、经济、文化中心。

1945 年 10 月上旬，濉溪市成立。宿西人民在党的领导下，满怀信心地开展战后重建工作。但国民党反动派为抢夺抗战胜利果实，搞假和谈真反共，不断制造摩擦。1946 年 10 月上旬，中共华中八地委在叶庙召开县团级以上干部会议，确定了"分区主力外线作战，地方武装内线坚持"的斗争方针，宣布全区划分为 4 个工委、5 个支队，李时庄担任二工委书记兼二支政委、宿涡中心县委书记。

1946 年 12 月 4 日，中共豫皖苏区委员会和豫皖苏军区成立，并在睢县的平岗成立誓师大会。会议号召广大干部战士积极准备反攻，收复失地。大会宣布成立军区独立旅，华中八分区改为豫皖苏三分区，李时庄任三分区行署副专员兼二支队政委。1 月，独立旅和三分区部队奔袭涡阳县，首战告捷，歼敌 200 多人。我军渡过涡河，乘胜前进，在永南龙岗一带，歼灭广西顽军一个整团及另一个团一部。两战的胜利，使我军士气大振，很快收复了永、涡、亳、夏广大地区。1947 年底，李时庄负责对陇海铁路进行破袭战的任务，切断了国民党的"军运线"，此外还负责治安和财粮工作。

1948 年 11 月，淮海战役开始后，李时庄任豫皖苏三分区后勤司令部副司令员，负责中野在双堆集战场的后勤保障工作。李时庄带领民众到临涣集欢迎刘邓大军，并领受任务。李时庄在小李家见到刘伯承，刘伯承语重心长地同李时庄谈起后勤工作。他说："现在打仗光靠步兵、骑兵不行，要靠电话指挥，要把道路修好，能走汽车、坦克。"他询问粮食和担架情况，李时庄回答："保证部队吃上猪肉和白面，担架已准备了 3 万副。"刘伯承司令员还谆谆告诫说："不要亏待老百姓，用群众的东西要算钱粮。"李时庄回答："用群众的东西先给他们打收条，战后清算。战时使用群众的房屋，战后给群众修好。"在整个双堆集战役期间，李时庄奋不顾身，日夜穿行于各地和兵站之间，确保军需物资源源不断送到战场。他还组织和带领担架队及时把伤员送到兵站和战地医院。为配合部队对国民党军进行围困，他组织群众实行坚壁清野，切断敌人的粮食和饮水供应，有力地支援了野战军的正面战场。双堆集歼灭战结束后，李时庄指挥群众打扫战场，组织和带领民工掩埋了 3 万多具尸体，用以工代赈的方法收缴战利品，对在战争中遭受损失的灾民给予及时赈济，帮助灾民重建家园。①②

淮海战役结束后，李时庄调到阜阳工作，任阜阳地委副书记、行署专员、治淮救灾委员会主任。毛主席发出"一定要把淮河修好"的伟大号召。李时庄肩负治理淮河的重任，对造福于民的千秋伟业不敢有丝毫的懈怠，日夜奋战在治淮工地上，为杜绝淮河水患灾害做出了积极贡献。同时，李时庄还肩负着阜阳地区的教育、生产恢复和稳定财税的重任。1952年1月，全国"三反""五反"运动开始，李时庄调到华东局工作，并兼任上海财税大队副队长。运动结束后，他调任黄埔区委第二书记兼区长。1955年，调任蓬莱区委第一书记。

1958年，李时庄调到上海科协工作，先后担任上海市科协党组负责人兼秘书长、党组书记、科协副主席等职。

1984年，李时庄离休后，不顾自己体弱多病，坚持工作。一边从事科技咨询工作，一边撰写回忆录，他要把自己的革命经历作一总结，让后人以史为鉴，为社会主义建设服务。他虽远在上海工作，但时刻关心家乡的建设，对其战斗过的地方怀有深厚的感情。他看到家乡有大片煤矿塌陷区没能很好地利用，甚觉可惜，决定在综合治理塌陷区方面为家乡做点贡献。1986年，他亲自带领专家来塌陷区考察，提出了开发塌陷区的科学建议。1994年，85岁高龄的李时庄每天仍坚持工作八九个小时，为提出治理长江、淮河的新建议，他废寝忘食地连续工作七八天，终因劳累过度，心脏病突发，于1994年12月10日去世。

李时庄在近70年的革命生涯中，坚持和发扬党的优良传统和作风，密切联系群众。早在抗日战争时期，他就经常给游击队员讲："咱们就好比是鱼，老百姓是汪洋大海里的水，没有水，鱼活不成，一定要爱护群众，遵守纪律。"在行军作战中，他能虚心听取大家的意见，利用集体智慧，尽量少走弯路，少受损失。在遭受挫折的时候，他不悲观、不气馁，始终洋溢着革命乐观主义精神。在社会主义建设过程中，他不摆架子，团

---

① 《淮北党史人物》，第219页，中国文史出版社2021年版。

② 《忠诚的共产主义战士李时庄纪念文集》，第44页。《忠魂——李时庄纪念文集》，第60页。

结同志，集思广益，争取把工作做好。他工作任劳任怨，勤勤恳恳，生活简朴，为政清廉，品德高尚。不管党安排了什么工作，他都认真去干，而且毫无怨言。他从不计较个人得失，对个人名利地位看得极为淡泊。

李时庄的一生是光辉的一生，他为中国人民的解放事业和社会主义建设事业做出了贡献，鞠躬尽瘁，死而后已。他的光荣事迹，永远值得人们敬仰和怀念。

史广敬

史广敬，濉溪县百善镇史庄人，1887年出生于一个贫雇农家庭。

史广敬10岁时，全家逃荒到凤台县北大江家，父亲给地主江聋子当长工，年幼的史广敬给地主放牛。为了不让3岁的弟弟饿死，只好送给人家。在凤台一年多的时间里，他们没日没夜地苦干，生活仍难以为继，只好又回到家乡。史广敬13岁时，母亲因常年挨冻受饿，积劳成疾去世，11岁的妹妹给人家当了童养媳。父子相依为命，艰难度日。他父亲体弱多病，再加上眼疾，50岁时被地主解雇，为了生存，外出讨饭，饥寒交迫，惨死他乡。史广敬成了孤儿，从14岁起给胡楼的陈姓地主当佣人，后在陈家当长工。长期贫困的生活，造就了史广敬吃苦耐劳的品格。

百善是党组织活动较早的地区。1926年春，中共百善支部成立，赵西凡任书记。在赵西凡等人的教育启发下，史广敬渐渐明白了一些革命道理，思想觉悟很快得以提高，坚定了革命信念。1928年春，经赵西凡、陈钦盘介绍，史广敬光荣地加入了中国共产党。史广敬入党后，积极开展农民运动，协助陈钦盘、赵西凡在百善等地成立扒粮会、光蛋会、农民协会等组织，发动和组织广大农民同恶霸地主开展斗争。当时，党组织的活动经费十分紧张，上级党组织要求党员筹集募捐革命活动经费。为筹集经费，他卖掉了自己仅有的一条棉被。为开展革命工作，他卖过油条、纸烟，甚至讨过饭。就是在这样艰苦的环境里，他始终对党忠诚，一心一意地为党工作。

1930年6月以后，李立三的"左"倾冒险主义路线开始在中央占据统治地位，要求各地党组织建立农民武装，举行武装暴动。为执行中央的决议，百善、临涣等地的党组织纷纷组织农民武装，准备开展暴动。史广敬负责各地的联络工作。当时，党组织活动的中心是百善的胡楼和临涣的徐楼。史广敬日夜往返于百善、临涣等地，传达暴动计划，联络各支武装，出色地完成了任务。暴动武装首先攻打百善团防局，史广敬也参加了战斗。暴动失败后，史广敬积极寻找党组织，在蚌埠，他找到了中共长淮特委书记朱务平，被安排担任长淮特委的交通联络员。为完成任务，史广敬以卖纸烟作掩护，经常往返于蚌埠和怀远之间，把特委的指示传达下去，把各地党组织的发展情况和农民运动情况向特委汇报。

1931年秋，史广敬从蚌埠回到家乡，一面联络徐清海、徐志友等党员开展秘密活动；一面设法与上级党组织取得联系。同年11月，中共宿县中心县委书记汤涤非未经批准，擅离职守，史广敬和戴瑞璞（蕴山）、盛瑞堂一起重组宿县县委。三人做了具体分工，史广敬负责宿西地区。史广敬回到宿西后，积极恢复和发展党组织，建立农民武装，组织农民开展抗捐抗税斗争。先后恢复了中共徐楼、七闸口、胡楼、马乡和百善支部。1933年5月，史广敬任中共宿县县委组织部部长。同年8月，中共宿县县委遭到破坏，县委书记孙达之被捕牺牲，中共徐州特委也同时遭到破坏，史广敬与党组织的联系中断。他多次设法与上级党组织取得联系，都没有结果。1934年，史广敬不顾个人安危，深入到徐楼、七闸口、胡楼等地调查了解党组织的现状及工作开展情况，鼓励广大党员坚持斗争，注意隐蔽，等待时机。

1938年春，史广敬受党派遣，到合肥、六安、芜湖、安庆等地联络革命力量。他坚决服从党组织的派遣，毅然前往。由于缺少路费，一路上他饿了就进村讨饭，渴了就喝点稻田水，夜里，房檐下、破庙内就成了他的栖身之所。就这样，他往返奔波半年，回来以后仍做交通联络工作。

1940年8月初，史广敬冒着生命危险，把一份重要情报送到半城，在返回时，根据地负责人把13封机密信件和200多张照片交给他，让他送交给活动在涡北地区的彭雪枫。为防止敌人盘查，他把信件藏在一个特制篮子的夹层，化装成讨饭的样子，日夜兼程赶往津浦路西。途经霸王城时，被伪军盘查后关押起来。敌人把他吊到一棵大树上，用皮鞭、棍棒猛抽，直打得他皮开肉绽，鲜血直流，他咬紧牙关，始终没有屈服。敌人使完了惯用伎俩，毫无所获，只得将其释放。他拖着遍体鳞伤的身体，步行几百里，来到涡阳西北的梨园，把信和照片交给彭雪枫，圆满完成了任务。

1940 年底，国民党掀起第二次反共高潮，日军乘机加紧对我豫皖苏边区根据地"扫荡"。1941 年 5 月，新四军四师主力开始分批转移津浦路东开辟皖东北根据地。路西的共产党员组成中共宿西秘密县委，继续在敌后开展斗争。史广敬被党组织留了下来，负责地下交通和联络工作。

1944 年 8 月，新四军四师主力挺进津浦路西，开始收复失地。在宿西坚持地下工作的党员积极配合主力及地方武装，恢复宿西地方政权，领导开展减租减息、反霸锄奸斗争。日本帝国主义投降后，史广敬同广大党员一道，积极发动和领导群众，开展了轰轰烈烈的反匪反霸和同地主的清算斗争。

1946 年，国民党为实行独裁统治，挑起新的内战，大举进犯解放区。宿西地区也遭到了疯狂进攻，党的许多干部被逮捕杀害，宿西县的军政人员被迫西撤。史广敬在完成通知各方人员撤退的任务后，宿西大部分地区已被敌人占领，设立了层层封锁线。史广敬为了同中共宿西县委同志会合，穿过敌人 8 道封锁线，在亳县找到宿西县委。由于年长体弱不能随军，史广敬接受组织安排，回到家乡隐蔽。他回到家乡，在百善、临涣、铁佛等地以扛长工、打短工、做小生意作职业掩护，秘密联络本地党员，开展地下斗争。随着形势的好转，他又积极参与党组织和地方政权的建设。淮海战役开始时，他已 60 多岁了，但仍不辞辛劳，带领民工运送粮草，抢救和转送伤员。淮海战役胜利结束后，他又带领群众打扫战场，医治战争创伤，恢复和重建家园。

解放以后，为根治水旱灾害，开始大规模地兴修水利工程，史广敬又积极投身于水利兴修事业。他亲自带领 200 多名民工治理巴河，日夜奋战在工地上，确保工程提前按要求完工。长期的艰苦生活，导致史广敬体弱多病，但他仍坚持工作。1952 年，组织派人送他到省疗养院疗养，他仅住了一个月就回来了。别人问他为何回来了，他说："我闲不惯，我要工作。"

1963 年 9 月 11 日，史广敬因病去世，享年 76 岁。

史广敬一生忠于党，忠于人民，工作任劳任怨，生活艰苦朴素。正如他自己所说："我尚有一分精力，一定贡献给人民。"

韩庄

投身革命洪流

韩庄，1912 年 8 月出生于濉溪县宋疃镇古饶村（今烈山区宋疃镇）一户农民家庭。

清朝末年，祖父韩兴邦因受辛亥革命的影响，主张民族复兴，革弊兴利，被清政府逮捕，抄家问斩。其父韩盛魁受株连，一同被绑赴刑场，幸亲友保释免于一死。全家从此生活极为困苦，韩庄的弟弟冻饿而死。

韩庄

韩庄 8 岁入私塾就读，他学习刻苦，成绩优秀，深受老师和同学们喜爱。1927 年 5 月，韩庄读高小时，在本校老师中共党员张本瑞的教导和影响下，加入了共产主义青年团。蒋介石叛变革命，白色恐怖笼罩大地，在极其险恶的形势下，韩庄坚定了革命信念，积极从事党的宣传活动。1929 年 5 月，由团员转为中共党员。1930 年 5 月，他参与领导东乡卢村农民暴动，收缴了恶霸地主卢相臣的护院枪支，打开粮仓救济贫民，暴动队伍很快扩充到 500 多人，并挖断了符离集站北的一段铁路，致使津浦线运输一度中断。后来，暴动队伍在向奶奶山转移途中，与前来"围剿"的国民党宿县警备队遭遇，敌众我寡，激战时，暴动队伍被冲散。

因坏人告密，反动民团到古饶集捉拿韩庄，韩庄得悉后连夜逃走，辗转来到安庆一中上学。九一八事变后，安庆一中迅速掀起了抗日救亡的热潮。韩庄决心投笔从戎，走上了杀敌疆场。在返回家乡，征得县委委员赵干的同意后，由共产党员周茂兰介绍，于 1932 年春赴山西汾阳冯玉祥创办的汾阳军官学校学习，被编入第二大队六中队，并任第六中队地下党支部书记。

1933 年 5 月，由爱国将领冯玉祥任总司令的察哈尔民众抗日同盟军在张家口宣告成立。冯玉祥立即电令汾阳军校全体师生迅速奔赴张家口，作为抗日同盟军的基干力量，编入第一军第二师。韩庄先任三团文书，后被中共河北省委前委选派到民众抗日同盟军秘书处任译电员。为加强同盟军五师的工作（师长宣侠父系中共党员），中共河北省委又选派一批共产党员担任各级领导职务。韩庄被派任五师教导队分队长，负责训练参加抗日的爱国青年。在武器低劣、给养不足的困难条件下，同盟军敢打敢拼，不怕牺牲，经过月余的浴血奋战，先后收复张家口以北的康保、宝昌、沽源3座县城，随后攻克察东重镇多伦，将伪军全部驱逐出察哈尔，给日本侵略者以沉重打击。

蒋介石、何应钦等对抗日同盟军不但不予支持，反而千方百计地加以阻挠和破坏。在日蒋夹击下，同盟军解体，冯玉祥被迫辞职。但是人民抗日的浪潮是阻挡不住的，抗日同盟军余部在吉鸿昌、方振武将军的领导下继续奋战在热河、长城一带。韩庄带领的教导队跟随吉部活动在张北县、商都一带。当年9月，队伍又回师北平郊区，占领昌平县的小汤山。终因敌我力量悬殊，同盟军弹尽粮绝而失败。

同盟军将领成了蒋介石追杀的对象，韩庄在北平丰台跳车，摆脱了国民党军队的追捕，辗转回到家乡，一边开展斗争，一边寻找党组织。

领导狱中斗争

1935年2月，蒋介石实施白色恐怖政策，地方民团到处搜捕共产党人，韩庄被迫再次离开家乡，与王洁清（中共党员）、黄元泉（进步青年）一起去天津寻找党组织。5月，由于叛徒告密而被捕入狱，被判刑5年，关押在天津国民党第三监狱。反动派的监狱是残害革命同志的魔窟，也是锻炼革命者意志的熔炉。在这特殊的环境中，韩庄仍对革命坚信不疑，他联络狱中难友，很快建立了狱中党支部，领导狱中的对敌斗争。

1936年10月，为改善政治犯待遇，反对监狱虐待犯人和爱国青年，支部成员分别联络监狱的难友，发动绝食斗争。韩庄起草了一份揭发狱中黑暗、虐待我难友的呼吁书，买通看守，送出监狱；另一难友起草了一份告市民书，在当时的天津《庸报》《益世报》上刊登。绝食斗争进行到第五天，狱方迫于社会舆论的压力，答应了韩庄等提出的条件。

敌人是不甘心失败的，绝食斗争胜利后不久，敌人即以监狱拥挤为借口，准备将180名普通犯人和几十名"政治犯"一起转移到张家口，企图在转移途中秘密杀害。狱中支部得到消息后，遂秘密串联，拟定斗争策略，争取在途中逃脱。

1936年底，当押送"犯人"的火车抵达北平西直门时，天空阴霾，似乎将要有一场暴风雪。火车徐徐进入火车站时，韩庄等人突然带头跳下火车，卧在车前，瞬间招来很多围观的群众。面对敌人的淫威，韩庄首先挺身而出，向群众发表演说，宣传抗日救亡道理，揭露国民党反动派不抗日，迫害爱国青年，虐待犯人的罪行。韩庄的激情演说，深深打动了围观群众的心，取得了群众的同情和声援。群众越聚越多，迫使押车的军警答应了他们的要求，不把韩庄他们送往张家口，而就近关押在北平"第二模范监狱"。

卧轨斗争的胜利，挫败了敌人的险恶用心，扩大了斗争影响。

转战抗日战场

1937年7月7日，日本侵略者悍然发动全面侵华战争。中国人民同仇敌忾，掀起了全民族的抗日战争。驻北平的国民党第二十九军在抗击日军进攻20多天之后，按蒋介石的命令，于7月28日退出北平，北平沦于

百团大战中，八路军破坏日军公路、铁路交通线

敌手。韩庄等人在狱中听到这个消息，个个义愤填膺，恨不能亲临抗日前线，杀敌报国。

这时，党领导的平西游击队得知第二监狱关押着一批战友，就趁敌人立足未稳之际，于 8 月 27 日夜，把韩庄等人营救出来，经党组织审查后恢复了他们的党籍，充实了平西游击队。不久，游击队在三贤庄被改编为"国民抗日军"。这支部队是我北方局白区地下党领导下的一支抗日武装队伍。韩庄早年入党，有丰富的斗争经验，担任了司令部的传达长，党内任总支委员。11 月，"国民抗日军"被编为八路军晋察冀军区第五支队。韩庄先任第五支队连政治教导员，后任六大队大队长。

1938 年 4 月，第五支队奉命回到平西，建立以房山、涞水、涿县、昌平、宛平、怀来为根据地的第五军区。当部队行进到涞源县城南刘湖村时，得知有一支日军运输队押着 20 多辆大车的物资及弹药，从紫荆运往涞源。第五支队决定在二道河子设伏。待敌人进入伏击圈后，一总队队长纪亭榭连发三枪信号弹，顿时，整个山谷的机枪、步枪、手榴弹响成一片，100 多名鬼子被打得乱成一团，死伤大半。韩庄指挥的六大队急速冲上去，全歼了这股残敌。第五支队因此受到军区嘉奖，韩庄升任二总队队长。部队改为营、连建制后，韩庄任一分区三团二营营长。

1939 年春，在军区根据地得到进一步巩固的情况下，按八路军总部的要求，开始分期分批地对全区部队进行整训。以原土匪赵玉昆为司令的四五千人的杂牌武装活动在河北省易县、定兴县一带。经过整训，被冀中军区编为游击三支队，后又划归一分区领导。为把这支队伍改造成抗日武装，军区派韩庄任支队副司令，王建中为政委。他们先从组织上整顿部队，各团都配了政治主任，营、连配了政工干部，还建立了政治教导队，有计划地培训基层在职干部；及时加强部队的思想转化和军训工作，使部队的政治思想水平和战斗力迅速提高。

10 月初，日军指挥官迁村大佐带着 1000 多人、90 余辆汽车和大批民夫从涞源出发，企图深入我分区腹地进行"扫荡"。从涞源到银坊是一片挺拔险峻的连绵山脉，两边是悬崖陡壁，是打伏击的好地方，我主力部队埋伏在雁宿崖两侧，三支队担任诱敌任务。11 月 3 日，日军分两路出动，受到三支队的迎头痛击。三支队按计划把敌人引入伏击圈。下午 4 时，我军发起全面进攻，消灭了敌人。另一路日军也被我三支队和兄弟部队击溃。雁宿崖战斗，共歼敌 500 多人，迁村受重伤后不治死亡。

雁宿崖战斗，日军败阵，坐镇张家口的号称"名将之花"的日军中将阿部规秀恼羞成怒，带领日军 1500 多人、数百辆汽车窜到涞源，对我军进行报复。韩庄奉命率领二十六团，一、二、三、二十五团和军区炮兵营及一二〇师特务团紧密配合，打击来犯之敌。11 月 5 日，战斗打响，经过两天的激烈战斗，消灭了日军 1000 多人，阿部规秀被当场击毙。

1940 年 8 月，八路军总部发动百团大战，以粉碎日军对华北抗日根据地的"扫荡"，打破日军以"铁路为柱，公路为链，碉堡为锁"的囚笼政策，打击国民党的投降活动。三分区决定派韩庄率领二十六团在 2600 多名群众和游击队的配合下，在曲阳、定县、定兴、新乐一带担任"破交"任务，破坏敌人的公路、铁路交通线上千里，并攻占了交通线两侧和深入我解放区的日军据点，毙伤日军 200 多人，使千里平汉线陷入瘫痪状态。

9 月 22 日，韩庄带领二十六团到雁北参加涞（源）灵（丘）等地攻城战斗。战斗打响后，韩庄的二十六团作为左翼部队，和兄弟部队配合主要攻击灵丘、涞源、广灵地区的日军，有力地阻击了敌人的增援，保障了右翼部队攻占涞源任务的完成，相机再夺取灵丘及附近各据点。10 月 2 日，韩庄率二十六团向广灵南部攻击，占领了黄台寺。这次战斗攻占敌据点若干个，消灭日军 1100 多人。

1941 年秋，日本侵略者的"囚笼政策"在我晋察冀抗日根据地失败后，不得不改变战略战术。8 月 14 日，日军华北方面军调集日伪军 7 万余人，由日本军界号称"三杰"之一的冈村宁次统一指挥，兵分 12 路，在飞机的配合下，采取"分区扫荡""逐个歼灭""铁壁合围"和"梳篦清剿"等办法向晋察冀抗日根据地进行大规模的"扫荡"。敌人在"总力战"的口号下，实行"三光"政策，制造"无人区"，对解放区进行"蚕食"和"扫荡"，使游击区和根据地逐渐缩小。为粉碎敌人的"扫荡"，军区制定了"破袭战"，破坏敌人的交通线，以小部队游击阻击袭扰敌人与主力部队转到外线打击敌人相互配合的反"扫荡"斗争策略。二十六团在韩庄政委的带领下，在上社至西烟、洪志店、孟县一带打游击，与十九团联合攻打上社附近的风波山。该山山势虽不高，但日军在山上筑有较坚固的工事。夜晚，我部队发起总攻，二十六团从南侧，十九团从东侧，在炮连火力的掩护下展开进攻，经过几小时激烈的攻坚战，终于占领了山头。

同年9月后，韩庄带领三营和二营一个连组成河南区队，在沱河以南地区作战。1941年至1942年，韩庄率河南区队在作战中，采用灵活机动、诱敌深入、长途奔袭、出其不意、声东击西等战术，先后掩护二分区党、政、军机关安全转移；夜袭蒋村合作社，缴获大批布匹送到分区机关，解决军队过冬问题。1942年3月，韩庄巧妙地利用敌兰台据点内的关系，没费一枪一弹炸毁了敌人的炮楼，缴获全部武器弹药。8月，又袭击宽沟炮楼，活捉日伪军30多人，收缴全部武器、弹药，有力地配合了根据地的反"扫荡"斗争。

1942年底，韩庄调二分区任政治部副主任，参与组织二分区1943年春季反"蚕食"和反"扫荡"的斗争。1944年10月，进入晋察冀分局党校学习。

参加解放战争

1946年春，韩庄调任野战三纵队第十一旅政治部主任。5月中旬，国民党纠集十六、九十四、九十二军各一部近万人，分两路向我冀中区进犯。敌一路军队，在永定河北遭到解放军阻击，不敢贸然行进；另一路军队约5000人，在飞机、坦克的掩护下，向天津西的胜芳镇进攻，被我十四旅三十八团和十分区的七十五团打退。冀中军区为保卫胜芳镇，于5月27日调派十一旅由高阳驰援胜芳。部队连夜急行军，第二天赶到胜芳西北的崔庄子。这时，敌两个团由得胜口经堂二里向信安镇、王庄子迂回，

1983年5月，韩庄回故乡参加党史座谈会，回顾当年战斗历程。中为韩庄

企图占领胜芳外围的大清河北堤,包围胜芳。解放军三十八团和旅直属队在王庄子设伏,给敌人以迎头痛击。敌军进入我伏击圈时,我军一阵猛烈的炮击,打得敌军人仰马翻,慌忙退缩,我军很快占领信安镇,并乘胜向驻冯家柳的敌指挥所攻击。5月30日,敌人被迫撤退到北平至天津的铁路沿线。

胜芳战斗结束后,十一旅转到保定以东的高阳、易县一带整训。根据军区整编精神,十一旅被改编为冀中军区独立第八旅,韩庄任八旅副政治委员。1946年10月,独八旅奉命在保定参加围歼敌暂编第一路军二纵第三总队的战斗,激战两天,全歼国民党二纵第三总队4600多人。这次战斗的胜利和华东涟水战斗的胜利,被《解放日报》称为"南北双捷"。

根据晋察冀中央局扩大会议精神及战争形势发展的需要,独立八旅调归区野战第二纵队,改称第六旅。一天,部队接到参加易(县)涞(水)战役的命令,韩庄副政委及副旅长黄光明坚决执行命令,带领部队赶到易县,接受正面运动防御、诱敌深入的任务。接着,韩庄等又指挥野战六旅在易县东门墩山地区打阻击。面对美式装备的国民党九十四军第五师的进攻,韩庄毫不畏惧,亲临一线指挥,激战两天,消灭敌人4个营的兵力,胜利完成阻击任务,保证了战役的胜利。之后,韩庄所在的六旅又参加了满城和保南战役。保南战役中,我军解放了望都、定县、新乐3座县城,控制了保定以南大段铁路,使晋冀、冀中两个根据地连成一片。

1947年春夏之交,晋察冀战场为配合东北野战军发动强大的夏季攻势,不使华北敌人增援东北战场,决定发动青(县)沧(县)战役。解放军各路纵队相继在青县、沧县津浦路段向敌人展开进攻。韩庄率第六旅担负攻占沧县西的菜市口、十二户的任务。消灭敌人后,第二天进抵军桥。敌人在大桥两端构筑了碉堡,桥中设有三道障碍,火力严密封锁桥面。六旅在炮兵的配合下,仅用5分钟的时间,就摧毁了敌人碉堡,扫除了桥上的障碍,占领了大桥,并将沧县西与西南的敌人全部肃清,完成对敌包围。14日19时,解放军各攻击部队开始攻城时,突然风雨交加,担任突击任务的十六团三连战士在炮火的掩护下,只用13分钟就打开了攻城的突破口,使部队相继攻入城内。次日拂晓,全歼守城之敌,生俘敌河北省第三专署少将保安司令。此次战役歼敌 1.3 万余人，解放了青县、沧县、永清 3 座县城，控制了津浦路陈官屯以南 80 余千米的铁路线，直接威慑天津。

随后，六旅又参加了保定战役。六旅在攻克了徐水至田村铺之间的据点、碉堡后对徐水发起总攻。敌四十三师、五师、一二一师由定兴经北河店南援，我野战司令部又抽调六旅一部配合七旅、八旅一部在十五汲打援，另一部迂回到敌侧后围歼。此役共歼敌两个半团和保定二师一部 8000 余人。我军牢牢掌握了战场主动权。

1947 年秋，解放军开始转入全国规模的反攻。晋察冀军区根据中央坚持内线战场，分批歼敌，扩大解放区，以策应外线兵团作战的原则，10 月 22 日发动了清风店战役。战前，敌人吸取在清河北战役的教训，把十六军、九十四军猥集一起，我军一时难以分割围歼，敌我双方形成了对峙局面。蒋介石误认为我军兵力不足，急令驻守在石家庄的国民党第三军主力赴保定北与刘化南部会合，妄图协同徐水以北之敌南北夹击我军。我军抓住这一有利战机，命令各参战部队于 18 日昼夜兼程秘密疾驰南下，六旅也由保定北满城、大固店向方顺桥以西、以南集结，韩庄和政治部人员深入到行军队列做宣传鼓动工作，克服困难，急行军 100 余千米，深夜提前到达指定地点。19 日午后，敌第三军所部 1.3 万人进至清风店地区，当晚被我军包围。20 日拂晓，我军发起总攻，敌第三军军长罗历戎把部队收缩到以西南合为中心的几个村子，企图负隅顽抗。野战军首长研究决定，分割敌人，各个击破。21 日凌晨，四旅十团和十二团首先攻入村内，打开了村西南的突破口，六旅十六团也突破了村东北角的敌阵地，突击部队坚持十几个小时，打退了敌人的 9 次反扑。22 日 3 时，我军向西南合发起攻击。六旅在韩庄等首长的指挥下很快摧毁了敌第三军军部。敌军被各个击破，军长罗历戎被俘，全歼敌官兵 1 万余人，创晋察冀歼灭战新纪录。

1947 年底，韩庄到军区炮兵旅新组建的重迫击炮团任团长。炮兵团经过整训后，即投入解放石家庄的战斗。敌第三军被我歼灭后，石家庄守敌更显虚弱，军心动摇，我军决定乘势发起石家庄战役。石家庄为华北交通枢纽，战略要地。这里碉堡密集，工事坚固。晋察冀军区决定以第三、第四 2 个纵队和冀中、晋冀分区的 4 个旅围歼石家庄之敌，第二纵队打援，军区炮兵旅组成 4 个炮兵群分别配合各纵队攻城。11 月 6 日晨发起攻击。7 日，我各路攻击部队在炮火支援下，迅速占领了石家庄外围的各据点、飞机场和云盘山制高点，为部队突破敌城郊防线创造了有利条件。

攻城开始后，韩庄指挥炮群，以山炮直接瞄准打敌人的高碉堡，野炮打低碉堡，迫击炮齐向敌散兵射击，打得敌人鬼哭狼嚎。解放军步兵各纵队在炮火的掩护下，仅用两个小时就突破了内城沟防线，和敌人展开巷战。在巷战中，韩庄亲自指挥迫击炮群战斗在前线阵地上，大胆采用"间壁射击"的方法，充分发挥迫击炮抵近射击的威力，粉碎了敌坦克、装甲车的连续反扑，扫除了巷中的死角，杀伤了大量的敌人。12 日上午，在攻击敌人核心工事的战斗中，我军集中所有火炮，以猛烈的火力掩护我军前进。激战至 11 时，全歼守敌 2.4 万余人，石家庄敌防区总指挥刘英被擒。

1948 年，解放战争进入战略决战阶段。在华北战场上，蒋介石被迫由"分区防御"改为"重点防御"。太原绥靖公署阎锡山集团约 10 万人的兵力，集中在太原及其外围地区筑垒固守。我军为夺取太原，消灭阎锡山集团，于 10 月发动太原战役。10 月中旬，军区炮兵旅抵达太原前线。韩庄负责指挥左炮兵群攻打太原东山和外围阵地。战斗开始后，解放军炮兵以强烈的炮火支援一兵团突破了敌人的第一道防线，并以南北两翼相互配合突破太原外围防御，接着向太原各据点发起进攻。经过 19 个昼夜的反复争夺，12 月 4 日，解放军全部攻占各重要据点，控制了机场，缩小了对太原的包围圈，歼敌 5 万余人。

平津战役结束后，华北野战军集中第十八、第十九、第二十兵团和第七军及两个炮兵师攻打太原，韩庄任第二十兵团炮兵主任兼独立炮兵团团长。1949 年 4 月 20 日，对太原发起总攻。24 日攻破城垣，国民党守军万余人突围未成，于 4 月 29 日向我军投降。太原战役歼敌 12.4 万余人，俘敌太原绥靖公署副主任孙楚、太原防守司令王靖国等。山西全境获得解放。

韩庄在战役中指挥有方，英勇果断，灵活机动。在围攻太原期间，他和战士一起坚守在阵地上，以强有力的炮火援助步兵作战。战后，干部战士一致为韩庄请功，在军区召开的庆功表彰大会上，韩庄被授予"战斗功臣"称号。

致力军队建设

太原战役后，韩庄率部随解放军第二十兵团调往天津，负责天津、塘沽、秦皇岛及渤海湾地区的防卫，把守首都北京的大门。1949年10月1日，中华人民共和国成立，第二十兵团炮兵团与机动炮兵团组成第二方队，接受党中央和毛主席的检阅，完成了开国大典的阅兵。1950年10月，朝鲜战争爆发，为加强对渤海湾的防务，韩庄奉调任六十七军二〇一师政治委员。1951年，调回华北军区炮兵司令部任副参谋长、第六炮兵学校校长兼政委。1954年，任南京军事学院炮兵教授会主任。1957年，调任北京高等军事学院炮兵教授会主任，为我军炮兵培养了大批初、中、高级指挥人才和技术人才。

1960年，调任中国人民解放军原总参谋部作战部副部长。1964年，调任原广州军区炮兵司令员。

1955年，荣获二级独立自由勋章和一级解放勋章，1961年，晋升少将军衔。1988年，荣获一级红星功勋荣誉章。

1983年，韩庄离休后，仍时常关心党和国家的社会主义建设。就在这一年，他还带着深深的眷恋情意，重返阔别数十年的故里，探望乡亲父老，关心家乡的建设事业。

韩庄在长达64年的革命生涯中，为中国人民的解放事业和社会主义建设事业贡献了毕生精力。

赵汇川

赵汇川，原名赵克海，字汇川，1913年7月25日出生于濉溪县孙疃镇刘圩村赵庄。

1931年春，考入凤阳五中高中师范科就读。他思想进步，理想坚定，于同年9月加入中国共产主义青年团。

1933年春，爱国将领冯玉祥领导的察哈尔民众抗日同盟军在张家口宣告成立后，立即通电全国，主张联合全国各党、各派，动员一切力量，一致武装抗日。赵汇川来到张家口，加入察哈尔民众抗日同盟军。5月，经张韬和金元亮介绍，加入中国共产党。在攻打平定堡的战斗中，赵汇川英勇顽强，头部和下肢6处负伤。1934年，同盟军在国民党反动派和侵华日军的夹击下失败，赵汇川失去与党组织的联系，回到家乡。

赵汇川

1937年7月，全面抗战爆发，赵汇川在家乡举起抗日旗帜，积极开展抗日救亡运动。他参与组织成立宿县抗敌救亡社、宿县民众抗日动员委员会和宿县教育人员战时后方服务团，并担任宿县教育人员战时后方服务团副团长和第二大队大队长，经常组织人员进行抗战宣传，慰问伤员，为抗日部队提供后勤服务。

1938年5月，濉溪地区沦陷。赵汇川来到宿西的二铺，以当地人民自卫军为基础组建了一支抗日游击队。6月，他带领这支游击队，在西二铺伏击日军，打响宿西地区人民抗日斗争的第一枪。

1939年春，赵汇川赶赴皖东北，任安徽省第六公署抗敌指挥部第三支队（以下简称"六抗"三支队）队长。"六抗"三支队是党组织建立的抗日武装，下辖3个大队和1个警卫连。"六抗"三支队成立不久，赵汇川就率部攻占敌伪据点小李庄，使"六抗"三支队声威大振，部队很快发展到1000多人。6月，赵汇川率部配合八路军苏鲁豫支队同徐州、宿县的日伪军展开了顽强战斗，消灭日伪军500余人，粉碎了日伪军妄图消灭八路军苏鲁豫支队的企图。

同年7月，中共豫皖省委书记张爱萍到达皖东北，赵汇川领导的"六抗"三支队在张爱萍的直接领导下，参加了开辟皖东北和苏北抗日根据地的艰苦斗争，张爱萍称他为能打硬仗的"虎将"。驻时村据点的日伪军对抗日根据地"扫荡"，赵汇川率领"六抗"三支队，先后在蔡桥、王圩子痛击日伪军，毙敌数十人。11月上旬，赵汇川率领"六抗"三支队在浍沟歼灭了伪军雷杰三保安独立团近900人。我抗日力量得到迅速发展，皖东北的抗战呈现出一派大好形势。

1940年2月，新四军六支队四总队成立，赵汇川任四总队第十一团团长。在张爱萍的率领下，四总队挥戈西去，半个月连打13仗，横扫伪顽。9月，八路军第五纵队三支队成立，赵汇川任第五纵队三支队第九团团长。他率部挺进淮海地区，在地方党组织和兄弟部队配合下，打击敌伪势力，清剿土匪武装，先后建立了沭阳、泗县等8个县的抗日民主政权。接着，九团在韦国清的率领下，开赴盐阜地区。

1941年1月，皖南事变爆发，华中的八路军、新四军统一整编为新四军。赵汇川任新四军三师九旅二十七团团长。他率部返回皖东北，采用长途奔袭战术，先后夺取青阳镇等日伪据点，接着一鼓作气，扫除了周围的日伪据点，粉碎了日伪军的"蚕食"计划，巩固了皖东北根据地。5月，韦国清率领二十七团和二十五团及九旅骑兵团北上挺进邳睢铜地区。6月6日，新四军采取长途奔袭战术，一举击溃驻守在土山镇的敌伪武装刘尚志部。9月，攻克海郑公路上的大王集据点，并乘胜扫除徐庄、小吴家等日伪据点。9月29日，徐州等地的日伪军分七路合击二十七团，赵汇川率部机智灵活跳出敌人的包围圈。

1942年1月，国民党安徽省第四区行政督察公署专员马馨亭从津浦路西窜至宿灵的古城一带，纠合几支反动武装队伍，同日伪军相勾结，猖狂进行反共反人民的活动。为打击敌人的嚣张气焰，粉碎敌人的阴谋，3月6日，赵汇川率二十七团在宿东游击支队、萧铜独立营的配合下，包围顽伪重要据点小圩子，经过激烈战斗，拔除了该据点，歼敌500余人。这次战斗的胜利，把邳睢铜和宿东、萧铜等抗日根据地连成一片。张圩子战斗结束后，赵汇川奉命率部回皖东北休整。

10月，赵汇川率部返回邳睢铜地区。11月，日伪军出动7000余人，兵分五路对淮北根据地进行"扫荡"。赵汇川率领二十七团主动出击，首先对日伪军力量较为薄弱的老山庙据点展开攻击，全歼日伪军130多人，接着乘胜扩大战果，连续攻克田河、邢圩子等日伪据点，重创了大王集据点的日伪军。经过33天的英勇战斗，粉碎了日伪军的"扫荡"。

1943年1月，中共邳睢铜地委改为淮北三地委，邳睢铜灵军分区改为淮北军区第三分区，赵汇川任第三分区司令员。

日伪军在淮北地区"扫荡"被粉碎后，又采取"扫荡""清乡""蚕食"、军事进攻和经济封锁相结合等手段，与国民党反动军队相互勾结，向我根据地进犯，形势非常严峻。为扭转被动局面，1943年初，赵汇川等军分区领导，根据军区的指示精神，调派二十七团夜袭海政公路田河据点，全歼守敌。3月25日，再克田河，迫使伪军投降。4月12日，再次发动对伪军雷杰三部的进攻，歼灭道庄朱大同1个连。4月15日，二十七团在分区骑兵部队的配合下，截击叶场出扰的伪军，毙敌若干。5月21日，又击溃褚兰的出扰之敌。

叶场是敌伪一个特别重要的据点，日伪军在叶场周围挖壕筑墙，建炮楼，并以此为中心，频繁四处抢掠和"扫荡"，对根据地造成严重威胁。军分区决心拔掉这颗钉子。赵汇川等军分区领导研究决定，以二十七团为主力，睢宁、睢宿、邳睢县等地方武装配合，采取攻城打援的战术，准备消灭叶场之敌。1943年8月12日23时发起进攻，13日5时，魏集的伪军增援叶场，新四军三路出击，歼敌大半。13日凌晨，总攻开始，我军

睢宁叶场围困战纪念碑

民联合，对敌展开猛烈攻击。日伪军前来增援，被我军击退，突围之敌也被全歼。18日，敌人被迫投降。整个战斗持续了七天七夜，歼敌700余人。这场胜利，受到淮北军区、四师首长彭雪枫、邓子恢的通令嘉奖，延安新华社做了广播，中央军委也认为叶场围困战是人民战争思想的伟大胜利。

1945年伊始，淮北第三分区独立团和地方武装，在赵汇川的统一指挥下，开展大反攻，并连续取得胜利。

1月11日，独立三团攻克牌坊、徐山、马兰3个日伪据点。2月9日，独立二团在灵北独立团的配合下，攻克尤集伪据点。3月23日，独立一团进入峄藤铜邳地区，攻

占汴塘伪据点。5 月，淮北军区三分区武装，在新四军九旅支援下，在睢宁以南地区开展强大攻势，先后攻克卓圩子、卓海子、邱集、朱碾盘等伪据点，解放了睢宁县城以南广大地区。7 月，发动睢宁战役，收复睢宁县城，毙俘伪军 2000 多人，解放土地 1200 平方千米、人口 20 余万人。8 月 15 日，攻克重镇双沟。9 月 5 日，赵汇川率独立一团和三团，攻克灵璧县城。

1945 年 9 月 19 日，中共中央决定成立华中分局，赵汇川任分局委员。10 月 10 日，淮北第一军分区和第三分区合并成立第一军分区。10 月 25 日，第一军分区改为华中军区第七分区，赵汇川任第七军分区副司令员。

1946 年 6 月，蒋介石撕毁停战协定，向解放区发动大规模的军事进攻。华中七地委和七分区在淮北地区坚持斗争 3 个月，终因敌我力量悬殊，被迫于 11 月 25 日撤退到运河以东地区。淮北广大地区沦入敌手。

1947 年 1 月 9 日，华中分局和华野首长决定成立淮北党政军委员会和淮北挺进支队。赵汇川任淮北挺进支队副司令员兼参谋长，奉命率领两个主力团、两个骑兵大队和一部分地方干部共 3300 多人，冒着敌机轰炸，强渡运河，重返淮北根据地。在此后近一年里，挺进支队进行大小战斗 649 次，毙俘敌官兵 1.15 万余人，解放人民 150 余万人，收复失地 2.3 万平方千米，建立 9 个县的民主政权，胜利完成了打回淮北，重建淮北路东根据地的光荣任务。

经过激烈巷战，淮北军分区独立团解放了陷入日伪 7 年之久的睢宁县城。图为攻上睢宁县城的突击队

1948年3月，在第七军分区的基础上，成立淮北军分区。赵汇川任军区参谋长。他率部开辟、巩固和发展了淮北、淮南根据地，发展地方武装，实行土地改革，努力恢复生产，动员群众支前，有力地配合华野主力作战，并参加了著名的淮海战役。1949年4月，赵汇川任第三野战军第九兵团参谋长，参加了著名的渡江战役和解放上海战役。

1949年9月，海军创建时期，赵汇川协助张爱萍创建中国人民海军，并任华东海军作战处处长。1951年1月，任海军航空学校校长，为中国人民解放军海军航空兵部队培养了大批领导干部和专业技术人才。1952年1月，去北京筹建海军航空部，1952年6月任参谋长。1953年9月，到苏联伏罗希洛夫海军学院学习。1957年毕业回国后，任海军航空兵部副司令员。1964年4月，任海军北海舰队副司令员，分管航空兵部，参加指挥击落美蒋P-2V侦察机，取得航空兵战史上的重大胜利。[1][2]

"文化大革命"期间，赵汇川遭到林彪和"四人帮"反革命集团的残酷迫害。平反并恢复工作后，又忘我工作，全身心地抓北海舰队重大国防建设工程。

1961年，晋升为少将军衔。荣获二级独立自由勋章、一级解放勋章、一级红星功勋荣誉章。

1983年，离职休养。

1996年5月27日，在青岛病逝。

马德太

少年为僧　反抗压迫

马德太，1913年出生于濉溪县铁佛镇古城村西马庄一个贫苦农民家庭。

马德太到了读书的年龄，由于家贫，糊口尚且艰难，更上不起学。父

---

① 中共淮北市委党史和地方志研究室：《淮北党史人物》，第97页，中国文史出版社2021年版。

② 《川汇大海——赵汇川文集》，第226、136、144页，安徽人民出版社1998年版。

亲为此叹气，母亲暗暗伤心落泪。

在岳集有一个三教寺，又名北大寺。该寺有土地近百亩，房舍数十间。住持法号仁让，他以延师课徒，不收费用为名，招收一批僧人，名为读书，实际替他种地、做工，成为廉价劳力。马德太的父亲为了让儿子学点文化，忍痛把 11 岁的马德太送到北大寺出家为僧，赐名仁山。在寺中，马德太每天只有很少时间学习，大部分时间在田间劳动，而且还得给师父端茶送水，甚至捶背、洗脚，稍有不慎，即遭鞭笞。繁重的体力劳动，无情的精神折磨，几乎使马德太透不过气来。

严酷的现实，使马德太逐渐认识到，仁让和尚是这个庙宇的统治者，是一个口念"阿弥陀佛"的雇工剥削者。他不是慈悲的化身，一点儿也不慈悲仁义，而是一个残酷的压迫者。对和尚仁让，马德太产生了极度的不满和厌恶。

少年的马德太，性格豪爽，勇于斗争。为僧时，团结师兄、师弟，暗中偷卖庙里的粮食，买些东西与小伙伴分享，以补伙食上的不足。

仁让有一支手枪，经常放在寝室里。一次仁让外出访友，马德太乘机将手枪偷了出来。仁让对马德太的行动有所察觉，回来时即对马德太审讯。马德太逃出庙宇。后托人说情，将枪归还给仁让，马德太离寺回家。

马德太回家后，由亲友资助，到唐寨上学。他天资聪慧，勤学苦读，不管背诵还是回讲，在全班都名列前茅。后来，因经济拮据，不得不再由其舅父托人说情，并作担保，马德太又回到北大寺为僧。

两年后，马德太已经 17 岁，对仁让的压迫，他时刻伺机报复和抗争。一天夜间，一批香客为参拜佛像的先后问题发生口角，以致打闹，仁让出来调停。马德太乘混乱之时，又将手枪偷出，事后，仁让怀疑为外人偷去，查无踪迹，遂不再追究。

虎口战斗　智却两敌

1935 年，马德太到王六孜设馆课徒。他除讲授《国文》外，又增讲了一些贤臣、名人的故事，循循善诱地向学生灌输爱国思想。1938 年，家乡沦陷，散馆回家。

山河破碎，生灵涂炭，年轻的马德太，肝胆欲裂。在母亲的支持下，他携带隐藏很久的手枪，毅然参加了共产党领导的涡宿永三边青年救国会，被选为青救会常委。在王维朴、高继英、孙光祖领导下，开展艰苦的抗日工作。同年10月，经王维朴、孙光祖介绍，加入了中国共产党。1939年，他随部队转战萧县、砀山一带，抗击敌伪。1940年，又随新四军转战回到家乡，担任姬口乡乡长。

1941年5月，新四军四师挺进津浦路东开辟皖东北根据地，马德太等9人受命留下，坚持地下工作。

铁佛地处豫皖交界处，形势极为混乱。日伪在铁佛和永城的苗村均建有据点，组织伪政权；一些地方势力，打着国民党的旗号，建立顽政府。南部成立了国民党涣北区，王子融任区长，自称南政府；北部由国民党刘子仁建立了二区，自称北政府。同时，还有国民党地方武装马海川的六支队在这一带活动。他们之间，你争我夺，相互倾轧。

马德太洞悉当地的形势，决定利用他们之间的矛盾，为地下斗争创造有利条件。经过一番活动，他谋取了涣北区张桥乡乡长职务，初步站稳了脚跟。但他深知王子融心狠手辣，需时刻提防。两个月后，他探知王子融密谋杀害他的消息，当即离开张桥，投奔北政府，任二区副区长。不久，二区又被王子融搞垮。危急时刻，马德太手推小车，打扮成行商小贩，来到苗桥以东找到马海川，利用同姓的关系哭诉："王子融太狠毒了，他想要吃掉我们北政府，并扬言要消灭你六支队，活捉马海川。"马海川听了非常恼火，发誓要消灭南政府。

1943年秋，马德太侦察得知涣北区署进驻卧龙乡的大郑庄，便告知马海川。当晚10时许，马德太带领马海川的一个营，包围了大郑庄。大郑庄东、北、西三面为平地，马德太均设好伏兵，南面是一大坑，没有布防。战斗打响后，南政府人员狗急跳墙，跳进坑内，夺路而逃。此战，击毙王子融的士兵3名。

此后，王子融退到石弓以南，刘子仁部亦恐遭报复，退到巴河以北苗桥一带，两相对峙。这样，铁佛一带的局面有了好转，为地下工作创造了有利条件。马德太因此受到县委的肯定，称赞他这些做法非常高明。

开辟新区　为国捐躯

1944 年 8 月，新四军收复路西抗日根据地，马德太和刘蓬仙奉命组建古城区，马德太任民政区员。1945 年 3 月，调任杨柳区区长。

杨柳区距宿县较近，宿县的顽敌出没无常，时常到该区要粮要款，抢掠百姓。马德太到任后，立即发动群众，建立组织，巩固区乡政权，严防土顽侵扰。他多次率领区队，配合地方部队打击敌人，使敌人不能公开活动。

狡猾的敌人，屡变花招，又派出小股匪特，秘密潜伏，乘机进行暗杀、破坏、恐吓活动，一时闹得人心惶惶。马德太说："敌变我们也要变，必须同他们针锋相对。"经中共杨柳区委研究决定：组织民兵，进行村村清查，定使敌人无藏身之地。

1946 年 7 月 5 日，杨柳区的几个主要干部划片分工，又开始了对敌清查工作。马德太分担 3 个村的任务。他连夜带队逐门逐户清查盘问，最后，仅剩下毕庄西头一个单户人家。

大家都很疲乏了，有的同志说："天快亮了，算了吧，这个单户人家也不一定有敌人。"马德太做事认真，他坚持说："执行任务要彻底，不能虎头蛇尾，功亏一篑！"他提枪走在搜查队伍的前面，一马当先，率先跨入院内，不料，万恶的敌特竟藏在这家。敌特向马德太射出了罪恶的子弹，随着枪声，马德太倒下了，当场殉难。

马德太为革命献身，时年 33 岁。

于敬山

痴心踏上革命路

于敬山，濉溪县双堆集镇于庄人，1919 年出生于一个农民家庭。

大革命前，于敬山父母在于庄为中等农户。于敬山 10 岁那年，父亲受人欺凌，打了一场冤枉官司，赔了过半地产，从此家道中落。于敬山

于敬山

幼年曾入学私塾，勤学苦读，后在宿城的一所中学上学，阅读了进步书刊，受到先进思想的熏陶。

1937年，抗日战争全面爆发后，由于国民党政府消极抗战，大片国土沦丧。同年底，南京失陷，日军渡过长江向北会攻徐州。19岁的于敬山热血沸腾，与同学们一起走上街头宣传抗日。经同乡赵汇川引荐，他加入了宿县抗敌救亡社和宿县教育人员战时后方服务团。服务团实行军事编制，配备有武器，经常深入农村开展抗日宣传，号召民众组织起来武装自卫。于敬山还跟随服务团来到淮河前线慰问东北军于学忠部。1938年5月，服务团转移至宿东蒿沟时，因缺乏作战经验，被"扫荡"的日军冲散。

这些挫折并没有使于敬山有丝毫动摇，他怀着满腔爱国热情，参加了王峙宇领导的宿南游击支队。1938年8月，宿县津浦路东、路西多支抗日武装队伍采取联合行动，部队环绕宿城一周，以示军威，沿途纪律严明，秋毫无犯，受到群众的支持和拥护。当部队在孙疃、蕲县、南坪活动时，于敬山加入了宿东游击队。宿东游击队是宿县党组织领导的抗日武装。11月，他担任三中队战士并加入中国共产党。

在中共苏鲁豫特委领导下，宿县的抗日武装被整编为湖西人民抗日义勇队第二总队第二十一、二十二、二十三3个大队，于敬山被编入第二十二大队。12月，部队北上，途经萧县，又和那里的部分抗日武装会合，一起越过陇海铁路到达特委驻地丰县。次年1月，编入八路军山东纵队挺进支队第四大队。5月，改编为八路军苏鲁豫支队第四大队。部队上升初期，于敬山处处感到新鲜，事事虚心求教，工作上表现出极大的热情。

在其后的军事生涯中，于敬山从事部队的政治思想工作，他兢兢业业，一丝不苟；指挥战斗，决策沉着果断，军事指挥才能和政治工作水平不断提高。1940年冬，于敬山在任八路军山东纵队五旅十四团一营教导员

湘西人民抗日义勇军第二总队成立旧址——丰县城西渠楼

期间，针对战士们进入滨海沭河新区，战斗频繁，伤亡掉队人数增多，战士思想有所浮动的现象，系统抓了形势任务教育，组织干部战士开展"一帮一"活动，很快稳定了部队情绪，较好地完成各项任务，被纵队评为优秀党员，并获得"党军骨干"胸章一枚。

1944年除夕，驻守在山东郯城北沂河以东的日伪军500人，出扰百姓，掠夺年关物资，滨河军区四团三营奉命阻击敌人，其中八连在朱村的战斗最为激烈。连长负伤，部队伤亡严重。担任营教导员的于敬山赶到前沿阵地，他临危不乱，沉着指挥，迅速组织火力还击。经过一个多小时的巷战，打死打伤日伪军数十人，并将其赶出村子。

驰骋东北缚苍龙

日军投降后，于敬山又踏上了新的征程。1945年10月，滨海一师、二师进军东北。于敬山担任二师四团政治部主任，由胶东乘船北上。行军途中，他满怀豪情，挥笔写下七律《渡海》一首。

月冷霜重夜朦胧，跨海远征出奇兵。

百舸迎波劈绿水，千帆腾浪斗金风。

遥念三省铁蹄苦，回顾齐鲁鱼水情。

临去留言慰父老，且待倒海缚苍龙。

这首诗充分表达了他革命到底的壮志和对根据地人民的惜别之情。

进抵严冬早来的辽西之后，部队未及休整和补充被服，即冒着零下30度的严寒行军，还不时与美式装备的蒋军交战，战士们思想问题很多。从四平大踏步地撤退和一些大中城市落入敌手，使部分干部战士产生了思想问题。针对这种情况，于敬山运用多种形式教育，使部队指战员充分了解国内外的政治形势和我党的斗争策略，充分认识党中央关于"向北发展，向南防御，建立巩固的东北根据地"以及"让开大路，占领两厢"的战略意义，从而克服了部分指战员的急躁情绪和速胜心理，树立了长期作战和最后战胜敌人的信心。当部队转移到吉林双阳、公主岭地区时，他又一边抓整训，一边广泛地开展拥军爱民活动，加强军政军民团结，还抽出部分连队协助地方武装剿灭股匪，巩固了基层政权。由于工作出色，于敬山被评为全师甲等工作模范。

1946年3月，于敬山所在四团编入东北民主联军总部直属第二师。部队在开展政治整训和军事训练后，立即投入了自卫反击作战。国民党扬言"三个月内消灭共军"，全副美式装备的国民党军，由南向北大举进犯。为了打掉敌人的嚣张气焰，二师奉命在昌图以北地区阻击敌人，四团负责歼灭进至兴隆岭一线之敌。来犯的敌人是冒进六七十里、占领秃岭山上一个二三十户小村庄的新一军一八四团尖兵连（附重机枪排和六〇炮排）。4月8日晚，部队包围了敌人，但因地形不利，没有火炮，机枪又少，进攻受阻，被敌人火力压制在岭子周围的开阔地上。而此时，30里外又有援敌逼近，如不迅速解决战斗，就会延误全师任务的完成。团领导分析，敌重火力在北侧和西侧，决定由二营在东南方向发起突然攻击。于敬山临危请命，立即带着警卫人员穿过两道火力封锁线，到了二营阵地。他发现进攻路上没有掩蔽物，强攻会有更大的伤亡，便与营长商量，先派六连佯攻，撤出公路，诱敌从公路突围南逃，然后聚歼。这一作战计划得到了团长的批准。敌人中计突围，涌上公路时，一、三营紧密配合，全面出击，将突围之敌全部歼灭。二师阻击战的胜利，为我军迂回作战和尔后部署保卫四平战役赢得了时间。

1947年四平攻坚战时，于敬山已是二师四团政委。该团担任由南向北突破的主攻任务。在黄昏发起总攻时，于敬山让团长、参谋长留在指挥所，自己与副团长随突击营进入城内。部队在突破外围时伤亡较大，进入市区巷战进展缓慢。为了组织新的进攻，于敬山亲临前沿阵地，途中不幸身负重伤。

1948年3月中旬，我东北人民解放军发动对国民党的冬季攻势接近尾声，又攻克了四平市。担任三十八军一一三师政治部主任的于敬山，亲自率领三三五团担负突破任务，该团尖兵连7分钟就突破了敌人的第一道防线。一一三师与兄弟部队一起展开巷战，英勇杀敌，一举歼灭敌1.9万人，使国民党"固点、连线、扩面"的作战方针彻底破产，为全歼东北残敌创造了有利条件。

1949年11月至12月，于敬山所在部队随第四、第二野战军进军大西南，我军以8个军的兵力发动了广西战役。四野三十八军奉命由湘黔桂边的苗岭山区进入广西西北部，迂回向果德方向前进。因山陡路窄，部队行军泥泞不堪，加上人烟稀少，又使部队食宿极为困难。但指战员依然斗志昂扬，勇往直前。11月5日，部队出其不意地进入广西境内，敌惊恐逃窜。于敬山所在的师跟踪追击，沿途歼敌数百人。

援朝战场建奇功

1950年，美帝国主义悍然发动侵朝战争，将战火烧到鸭绿江边。为了人类的和平事业，为了保家卫国，于敬山带着未净的征尘，加入抗美援朝的行列，担任了志愿军三十八军一一三师政治委员。

美国侵略军遭到我军第一次战役的打击后，轻视我军力量，认为我国只是象征性地出兵，"不是一个不可侮的力量"，仍妄图迅速占领全朝鲜。敌人于11月24日集中美英军全部及李伪军大部共20余万人，分东西两线，主力置于西线，对朝鲜发动所谓"圣诞节结束朝鲜战争"的总攻势。为了粉碎敌人的攻势，11月25日，志愿军发动第二次战役，根据毛主席"诱敌深入，寻机歼敌，将战线推到平壤以南"的指示，我志愿军西线主力6个军开始向敌发起反击，分割包围，攻歼当面之敌。三十八军一一三师从德川方向突破后，又奉命执行迂回德川，断敌南逃的任务。部队在与伪七师的对峙中，绕过敌占领的山头，爬陡坡，攀悬崖，从荆棘丛生的山地直接插到敌后。于敬山与先头部队一起来到大同江边。面对漂着浮冰的江水和刺骨的寒风，他大声喊道："同志们，什么困难也吓不倒我们，过了河就是胜利！"说罢，第一个脱下棉衣，跳入江中，带领战士涉水渡河。"政治工作的任务就是保证战斗的胜利，政治工作的岗位就应该坚持在第一线"，这是于敬山在战争年代始终遵循的行动准则。在执行重大军事任务，遇到紧急复杂情况又远离上级时，于敬山总是善于运用集体智慧，积极协助指挥员去赢得战争的胜利。在抗美援朝第二次战役中，他做得尤为突出。当一一三师迂回德川，配合军主力全歼伪七师，打开突破口时，又接到"抢占三所里，阻击南逃和北援之敌"的紧急任务。德川距三所里有70公里的崎岖山路，一夜赶到相当困难。在部队再度急行军的途中，不少战士边走边打盹，师参谋长刚坐下看急电就睡着了。见此情景，有的领导担心这样走下去，到达指定位置也打不了仗；有的领导则认为宁肯付出代价也不可贻误战机，是走还是停下休息？作为师政委、党委书记的于敬山，立即召开党委会统一思想。他坚定地说："我师的任务是彭总（彭德怀）亲自布置的，关系到战役的成败。现在抢占三所里，时间就是胜利！要发扬不怕疲劳和连续作战的作风，共产党员和各级干部要带头克服一切困难，坚决卡住敌人！"指战员们以惊人的毅力先于敌人占领了三所里，击溃了美骑一师南逃的先头团，堵住了敌人的退路。三所里被堵住了，但在西边约10公里处的龙源里，还有一条更大的公路，如不一并拦截，敌人还会溜掉。此时一一三师只有两个步兵团（一个团的两个营留在德川打扫战场；一个营执行敌后炸桥任务），敌人却有美军、英军、土耳其旅以及南朝鲜伪军共5个师。在师党委会议上，于敬山认真听取了大家的意见后指出，敌虽装备精良，有相当优势，但在中朝军队的打击下，士气低落，已陷于四面楚歌、疲于奔命的境地。而我们已经抓住时机和抢占了有利地形。只要充分动员，使战士们懂得这次战斗对于扭转整个朝鲜战局的重大意义，部队就能以一当十，无往不胜。统一认识后，担任预备队的三三七团迅速开往龙源里。两个团把住了两条山间的要隘，准备同数倍于我的强敌拼杀。正当我军与敌兵刃相见之际，指挥所里的电话铃响了，于敬山拿起话筒，"我是彭德怀，你们那里情况怎么样？敌人压过去了，到底卡得住卡不住？”于敬山满怀信心地做了肯定的回答。彭总高兴地说：“很好！告诉同志们，主力正向你们靠拢，要加把劲，一定卡住敌人！”彭总的关怀，使阵地上的战士们斗志倍增。在这场激烈的战斗中，敌人以几十架飞机、数百门大炮向我阵地狂轰滥炸，整营整团的敌人一次又一次发起进攻，但我军顽强地守住了阵地，堵住了南逃北援的敌人。第二次战役取得了震惊中外的伟大胜利。12 月 1 日，志愿军司令员彭德怀在签发三十八军的嘉奖令中，着重表彰了一一三师在战役中的杰出贡献。这次战役作为扭转朝鲜战局关键的一次阻击战，将永远载入抗美援朝的光荣史册。[1][2]

孜孜不倦铸军魂

1955 年，部队转入和平建军，将实行军衔制。干部对军衔制有一种光荣感、兴奋感。就在这时，中央发出了"全党大办农业"的号召，军委要从部队调出一大批营、连、排干部到黑龙江开荒，办国营农场。干部集中后，出现了一些思想问题，集训工作遇到困难。这时，担任军政治部主任的于敬山立即赶赴集训队召开座谈会，找干部谈话。他分析了反映上来的各种问题，着重从领导方面查找原因。在会上，他还传达了上级关于对调动工作的同志，组织上一定要负责到底的指示，使大家感到了党的温暖和领导的关怀。于敬山又把负责集训的同志找到办公室，拿出座谈会记录，逐条询问问题解决落实的情况。三四〇团一位副连长的爱人因家庭困难，团里救济款少，赌气不走。于敬山很体谅基层干部的难处，设法从军政治部福利费中批了一些救济款，又责成该团派人将那位女同志送到黑龙江过个团圆年，临走还叮嘱如思想不通，年后还可回营房来。组织上的关怀，使那位女同志深受感动，她把这些情况告诉自己的丈夫时，夫妇俩都流下了激动的热泪。事后，他们一再向组织表示，决心扎根北大荒干一辈子革命。

长期在将军周围工作的同志都有一个共同的感觉：于敬山平时不苟言笑，喜怒不形于色。不熟悉他的人往往产生一种敬畏感，而一旦相处之后，就会发现他是一个感情丰富、对同志诚恳真挚的人，并很快地被他那

① 中共淮北市委党史和地方志研究室：《淮北党史人物》，第 113 页，中国文史出版社 2021 年版。

② 中共淮北市委党史和地方志研究室：《淮北党史人物》，第 115 页，中国文史出版社 2021 年版。

种坦荡无私、办事公道，既讲原则又富于感情的品格所感动，就会觉得他不仅是一位好的领导，而且是一位倍感亲切的良师益友。

于敬山悉心学习钻研部队的政治工作，把革命的理论与斗争实践结合起来，创造性地丰富了部队政治工作经验，具有较高的理论水平。1952年4月，军委原总政治部为编写《军队政治工作条例》，把他从朝鲜前线抽到北京，参与了从条例的起草、修改、征求意见到最后的定稿工作。

他戎马倥偬数十载，从14年全面抗战，到解放东北、华北，南下渡江和进军大西南，仅参加营团以上的战斗就有百余次，曾4次负伤，是三等一级残疾军人，为新中国的诞生和我军的现代化、革命化建设，做出了重大的贡献。

解放后，于敬山历任三十八军政治部副主任、主任、副政委、政委，军委炮兵政治部副主任，第二炮兵副政委等职。1964年晋升少将军衔。1984年离休。曾荣获二级独立自由勋章、二级解放勋章、独立功勋荣誉章和朝鲜人民共和国二级国旗勋章、二级自由独立勋章。

于敬山离休后，仍积极参加干休所组织的活动，帮助做好青少年的思想工作，协助二炮关心下一代委员会做工作，被大家称为"不解甲的将军"。1996年10月，这位不知疲倦的将军，被病魔夺去了生命，终年77岁。

朱明远

朱明远，字敬斋，濉溪县铁佛镇王店孜人，1920年8月23日出生于一个贫苦农民家庭。

父亲朱家申，老实忠厚；母亲赵氏，性格温和，勤于持家。全家8口人，种植湖洼地18亩，辛勤一年，缴纳苛捐杂税后，所剩甚微，难以维持温饱。为了生活，全家农闲时推卖豆腐，补贴家用。后来又学会编竹篮，由于精心制作，讲究质量，闻名于乡里。

1929年2月，朱明远到孟楼私塾读书。后私塾改为完小，许广明、朱惠远诸老师来校任教。他们注意对学生进行爱国教育，朱明远和同学们深受影响。读书期间，共产党员陈文甫常到他家，谈话中，经常议论时弊，抨击黑暗，宣传俄国十月革命。朱明远对这些道理虽不能全部理解，但他相信，这个世道一定要改变，受苦人要站起来的日子不远了。1930年，他失学在家，随父种田。

1938年5月，日军的铁蹄踏进了他的家乡。一时日伪据点林立，鬼蜮横行，人民遭殃受苦。面对这幅悲惨的景象，他怎能无动于衷？朱明远想："国家兴亡，匹夫有责，身为炎黄子孙，岂能坐视大好河山任人宰割？"于是，毅然告别慈母，参加了由共产党组织的涡宿永三边青年救国会，积极开展抗日救亡工作。

朱明远经过革命斗争实践的考验，表现得很好。1938年9月，经孙光祖、王维朴介绍，光荣地加入了中国共产党。后来，青救会的一部分成员参加了主力部队，一部分由李时庄带回地方工作，朱明远也随之一道来到家乡。

朱明远家有一片竹园，青翠宜人。一日，几个伪军窜入竹园，胡砍乱伐。朱明远满腔怒火，用挖苦的口气抗议道："要砍拣大的，砍小的有啥用？"伪军听着不顺耳，说他话里有刺，一个家伙恶狠狠地打了他一巴掌，另一个拉起胳臂就要捆绑。身材魁梧的朱明远一用力气，就把那个家伙甩到一边，然后拔腿跑到新兴集，参加了抗日自卫队。

1940年，朱明远跟随新四军六支队三总队八团转战于萧砀一带。后来，又被组织派回家乡，担任宿西县五区（古城）三义乡（岳集）乡长。

1941年5月，新四军四师进军津浦路东开辟皖东北根据地，宿西的斗争转入地下。为有效地坚持地下斗争，党组织采取了"隐蔽精干，长期埋伏，积蓄力量，以待时机"的方针。朱明远和王允志、王子卿、王石安（王朝清）、王成瑞、马德太、刘蓬仙等9位同志奉命留下，开展古城一带的地下斗争。朱明远和王石安负责与中共宿西秘密县委的联系工作。

为了掌握敌情，保存革命力量，有效地开展对敌斗争，朱明远多方谋划，四处奔走。经人介绍，他来到日军据点临涣镇周敬鲁的槽坊里当起了管账先生。朱明远谨言慎行，办事细心，取得了东家的信任，初步站稳了脚跟，并开始做一些搜集、传递情报的工作。

要切实掌握敌人的情况，不入虎穴是不行的。1943年6月，经留下来的同志商议，并取得领导的同意，朱明远决定打入敌人据点内部。

酒坊主周敬鲁之弟周须鲁任日伪临涣区区长，想趁机扩充自己的势力，因此积极为朱明远活动。朱明远当上了伪岳集副集长兼任维持会文书，王石安（王朝清）当上了伪岳集集长。这样，他们就能够栖身虎穴，枕戈待旦。

朱明远和王石安来到岳集后，利用工作之便，注意对部下加强教育，严格限制他们对百姓无端骚扰和敲诈勒索；加紧做伪军人员的分化、瓦解和争取工作，不断扩大自己的力量，很快站稳了脚跟，掌握了斗争的主动权。

1943年10月，顽涣北区区长王子融，指使顽伪两面保长王朝兴买通岳集伪军班长岳邦珠、刘传海和士兵岳喜奎，要他们充作内应，以便里应外合，密谋将朱、王二人杀害。

朱明远身在虎穴，十分警惕，稍有风吹草动，就警觉起来。当他觉察到岳邦珠、刘传海情绪反常时，立刻引起了注意，暗中加强了防备。这时，古城联络站的地下党员刘蓬仙送来消息，告知岳集据点隐藏有国民党的内奸。朱明远、王石安等研究认为，叛徒不除，难以存身，处境非常危险。因此，决定将岳邦珠、刘传海先看押起来。经审讯，刘传海供认不讳，并将王朝兴同国民党顽政府相勾结的情况一一供出。情况危急，朱明远当机立断，连夜将岳喜奎、王朝兴逮捕关押。当晚，当顽涣北区派兵偷袭时，却不见内奸接应，只好悄悄地退回。

朱明远在派人将王朝兴、岳邦珠等人送往临涣途中，将其击毙。铲除了内奸，消除了隐患。

1945年1月21日，新四军四师三十一团来到岳集，奉命拔除岳集伪据点。

当时，岳集南头有两个圩寨，南北相对，相距百米。南寨驻扎着由临涣派来的伪保安中队，队长刘万军。该队初来时，气势汹汹，不可一世，经常抢粮要款，祸害百姓。北寨驻扎着朱明远所部，他们时刻注意南寨动向。

朱明远长期隐蔽，因环境艰险，不得不处处谨小慎微。现在同志们打回来了，自己将要归队，心里感到由衷高兴。和三十一团取得联系后，把团首长从北门接进了圩子。接着，朱明远、王石安陪同团参谋来到南圩寨外喊话，劝刘投降。而刘万军认为围攻的不是新四军主力部队，态度十分强硬。团首长立即命令："用炮轰击南门。"一声巨响，圩子门岗楼倒塌。刘心里害怕，示意要求谈判。朱明远和团参谋进入圩子后，向刘交代了政策，讲明了形势，刘才放下心来，决定投降。但又提出要求说："我家属住在临涣，不回去恐怕家属受连累；空手回去又无法交代，请赏给一名通信员，长短枪各一支，我走时你们再空打一阵……"团首长考虑后，表示同意。随后，刘万军命令号兵吹号集合，集体放下了武器，100多人全部缴械投降。

1946年夏，蒋介石发动内战，向解放区大举进攻。国民党五十八师和地方土顽胡开祥等部，分头向我宿西县境进犯，形势严峻。华中八分区和地方干部奉命西撤，进行战略转移。这时，朱明远在中共华中八地委党校学习已结业，亦随军西去。

11月，西撤队伍到达睢杞太地区的平岗。原八分区西撤人员集中到鹿邑的丁村进行整编，朱明远调任二分区鹿亳太县双沟区副区长，赵元俊任区长，全区连同区员陈钦圣和警卫员共4人。这里还是国民党统治的地方。朱明远等人不便公开活动，遂化装成商贩或过路人，分两组工作：赵元俊与警卫员为一组，朱明远与陈钦圣一组。他们隐蔽地进入区境，有分有合，积极活动。

当地局面混乱，土匪四起，环境恶劣。朱明远、赵元俊偕同陈钦圣化装潜入各地，先进行侦察，掌握了敌人活动的规律，接着智擒还乡团头目李先奎，初步稳定了局面。情况开始逐步好转，很多青年纷纷报名参军，很快一支四五十人的双沟区队组建起来。

1947年5月，朱明远调到新开辟的十河区任区长。该区位于亳县东南部，距国民党盘踞的亳县县城不远，实际是在敌人的鼻子底下穿来走去，工作困难很大。但他深入基层，发动和武装群众，带领区队不断消灭敌人，壮大自己，很快打开了局面。不到半年，十河区队已扩大为8个排、79人、6挺轻机枪，成为一支能攻能守的武装力量。

当年夏天，国民党顽区长李传焕带着联防队到处抢劫群众财物，朱明远带领区队把他们打得七零八落，被迫丢掉抢来的东西。朱明远将这些东西一一交还原主，大家都称赞他是人民的好区长。

8月26日，十河区队正在姬桥南的邓新庄开会，侦察员跑来报告说："敌人一个营正向我们扑来！"朱明远稍加考虑，果断地说："敌众我寡，不能硬拼，抄敌人的后路去！"即带领区队，泅渡清水河，迂回到敌人背后，隐蔽在青纱帐中。当敌人进入伏击阵地，他一声令下："打！"立即枪声四起，弹如飞蝗，打得敌人晕头转向。待敌人清醒过来反扑时，朱明远已率队转移。这一战毙敌 17 人。敌人多次被我方袭击，不敢轻举妄动，只得龟缩在亳县县城里打转转。

11 月，国民党新五军移兵许昌，途经亳县，地方上的土顽气焰又嚣张起来，疯狂地四处抢劫和杀害我方军民。

朱明远和古城区长赵志刚取得联系，决定相互配合行动，歼灭土顽李玉荣和尹连三两个联防中队。一天，部队奔赴邹李庄准备捉拿李玉荣，途经双沟集南王陶庄时，听说尹连三联防队驻在樊桥，约有 40 人。朱明远和赵志刚略做计议，决定改变计划，打掉尹连三。赵志刚带领古城区队把守泚河、洛河交叉地段的王河口，准备阻击范寨驻扎的联防队来援；朱明远带领十河区队，以快速行动，乘新五军南去之机，亦自北向南挺进，以麻痹敌人。当晚，队伍到达尹连三门前，出其不意地将其围住。朱明远撞门而入，用手枪直抵尹连三的胸膛，喝道："不准声张，动一动要你的狗命！"尹连三双腿打战，举起双手，表示投降。与此同时，区队战士迅速跨越墙头，进入营房后院，架起机枪，镇住了蠢蠢欲动的敌兵，敌人全部被缴了械。这次奇袭，获敌人长短枪 50 支，马 10 余匹。一枪未发，获得了全胜。从此，朱明远的威名更是声震亳南。

朱明远任区长时，以身作则，严守纪律，团结同志，注意密切军民关系。通信员姜明俊，仅 14 岁，个子小，行军困难，他就为小姜扛背包。一次，战士赵殿阁生病，不想吃饭，朱明远就亲自买鸡蛋做好病号饭送去。战士都把他当作老大哥，与他无话不谈，关系十分融洽。

他带头遵守纪律，不管谁违反纪律，他都毫不徇情。双沟区队有一个排长，作风不正派，乱搞男女关系，朱明远果断地撤销了他的职务，严肃了军纪。

为了集中优势兵力对付来犯之敌，1947 年 11 月，由双沟、十河、英武、梅城、城西 5 个区的区队联合成立泚河支队，朱明远任支队长。这个支队既可化整为零，又可聚零为整，机动灵活，便于指挥，神出鬼没地打击敌人，不断取得胜利。

1948 年 1 月 6 日，朱明远率部驻防卞岗附近的小袁庄，侦察员来报："十里外的卞岗有土顽 30 余人，想到小李庄一带抢粮。"朱明远当即决定，夜袭卞岗。部队急行军到达卞岗时，却未发现敌人。群众反映说，这股土顽已转移到了小李楼。朱明远又带队迅猛地向小李楼进发，包围了村庄。小李楼是顽区长李传焕的老家，城壕高深，易守难攻。朱明远刚率部发起冲锋，敌人的援兵就到了，小李楼之敌也乘机发起反扑，朱明远他们腹背受敌，处于极其不利的地位。在此千钧一发的危险境地，朱明远首先考虑的不是自己，而是要保存革命力量。他坚持留下，带领两班战士打阻击，掩护其余战士向东南方向突围。

　　敌人越来越近了，从四面将朱明远包围起来。朱明远和战士边打边退，待撤到周门楼时，仅剩 8 位战士。敌人步步逼近，部队弹尽无援，只好分头进村隐蔽。敌人挨户搜查，朱明远和战士不幸被俘。

　　1 月 7 日，朱明远被押进亳县县城。国民党顽县长姚笃民、军事科科长李春城亲自审讯。姚笃民是一个阴险的家伙。开始好言相慰，妄图诱降招供，邀功请赏。朱明远洞察其阴谋，怒目而视，他说："你们想干什么我知道，你们想错了，想要我投降，办不到！"

　　劝降不成，就严刑逼供，他们残忍地割破朱明远的舌头，把他打得皮开肉绽。朱明远强忍剧痛，破口大骂："你们这些欺压人民的丑类，末日就要到了……"敌人黔驴技穷，给他砸上铁镣，关进死牢。

　　入狱后，朱明远先摸清在押人员的情况，而后秘密串联，准备组织越狱。不幸事未成，被敌人发觉了。1948 年 2 月 3 日夜，敌人把朱明远从狱中押出，活埋于亳县护城河岸。

　　朱明远就义时，大义凛然，时年 28 岁。

童立刚

　　童立刚，1890 年出生于濉溪县铁佛镇梁楼村童庄。生于富户农家，信基督教，自幼禀性刚直豪爽。年轻时在冯玉祥部队当过两年兵，耳濡目染深受冯玉祥爱国思想的熏陶，有着强烈的"国家兴亡，匹夫有责"的家国情怀。

当年古城寺附近的老百姓购买生活日常用品都要去永城县的李口集，常常受到当地恶霸的欺凌。童立刚和童立朝、张树桃、姬雨三、王宜良、王学胜、李贵荫、孙化敏等人在古城寺拉起了新的集市，并尽心维护好市场贸易的正常秩序，受到了百姓的拥戴。

1924 年，因官司纠纷、父母先后病故等致使家境衰落。为生活所迫，童立刚举家迁居宿县城郊。主要以借债为生产资金，靠磨面卖面、压面条、开小饭铺等小生意维持全家生活。尽管生活艰辛，深知不识字要吃苦头的童立刚，常和子女们讲外国人侵略中国的屈辱历史和屈原的舍生取义、岳飞的精忠报国、文天祥的宁死不屈等故事。并想尽一切办法，甚至借债典当衣物筹集学费，托人说情让其子童振铎、童振田入教会办的私立小学读书，兄弟俩合交一份学费，合念一本书，一边读书，一边打工谋生。

1938 年春，日军侵入内地，涡县、宿县、永城相继沦陷，童立刚目睹日军的暴行和同胞们所遭受的深重灾难，决心寻求抗日救国的道路，于是携眷属返回老家童庄。

同年 6 月，童立刚和孙光祖、王维朴、高继英、童振铎在古城寺成立宿涡永边青年抗日救国会。通过推选，童立刚任会长，王卓然任副会长，高继英、孙光祖、王维朴为执行委员，童振铎为秘书。当时边区有 100 多名青年学生及教师参加了青救会。10 月，青救会安排高继英、王维朴、孙光祖、童振铎 4 名青年学生到永城县龙岗集的营沟，参加中共永城县委书记寿松涛主办的青年干部训练班。寿松涛亲自指派孙光祖、高继英、王维朴组成中共宿涡永边特别党支部，负责做好宿涡永边青救会的工作。

其间，童立刚在中共地下党的指引下，领导青救会开展了一系列的工作，先后召集了三次全体会议，研究部署落实工作。主要是宣传抗日道理，做好分化、瓦解"杂八队"的工作，争取其抗日。收缴"杂八队"郑良珍的枪支，壮大抗日武装力量。禁止盗窃和贩卖毒品等破坏活动，维护地方治安，赢得了老百姓的认同和拥护。

在此基础上，根据抗日斗争形势的发展和需要，决定由孙光祖、王维朴、童振铎等负责创办青训班。青训班每天出操训练，除上政治课外，还学习军事知识，实行军事化管理。青训班既锻炼了青年学生的斗争意志和本领，又增强了抗日必胜的信念。当时青训班成员已达百人，抗日热情高涨，纪律严明，秋毫无犯，每到一个村庄，群众极为欢迎。这为发展党组织，壮大抗日力量起到了推动的作用。青救会还积极为彭雪枫率领的新四军游击支队解决粮草供应问题。在新四军的支持和寿松涛的直接领导下，边区的抗日救亡工作开展得轰轰烈烈，抗日青年武装不断壮大。

宿涡永边抗日青年救国会的爱国行动，唤醒了广大民众，激发起老百姓的抗战热情，团结了各阶层进步分子。但同时引起了地方恶霸的仇视和恐惧，汉奸、国民党右派分子趁机造谣、挑拨，唆使土匪、"杂八队"王朝法、宋效文和地主武装郑良珍等对青救会极端仇视的人，密谋摧垮青救会。特别是听说青救会要收缴伪区队和一些"杂八队"的武装，建立抗日民主政权的消息后，在伪区长王子荣的唆使下，伪区队李桂松、"杂八队"王朝法带领几十人，于1938年12月25日，突然包围了古城寺青救会办事处，抢走了枪支、文件和印鉴，残酷地杀害了童立刚、童立朝、朱绍堂3名青救会人员，制造了骇人听闻的"古城寺惨案"。

1939年1月，中共永城县委机关于河南永城县西南龙岗集菅沟村为童立刚、童立朝、朱绍堂3位烈士召开了追悼会。

1939年2月，新四军第六游击队一部应中共永城县委的要求，打回古城寺，消灭了"杂八队"，处决了凶手李桂松等人，为死难者报仇雪恨，新四军四师《拂晓报》为此刊出了"号外"。

同年夏天，中共永城县委书记寿松涛率永城县学生大队经永城东南柏山集至童庄，为牺牲的童立刚、童立朝、朱绍堂3位烈士烧纸以示悼念。此后，很多宿涡永边青救会会员参加了共产党领导的抗日武装，成为打击日伪土匪的骨干力量。

2000年夏天，童立刚烈士之墓迁入淮海战役双堆集烈士陵园重新安葬。

田启松

田启松，安徽省萧县人，1920年7月出生于一个普通的农民家庭，从小入学读书。

1937 年 7 月，全面抗战爆发后，全国很快形成了抗日民族运动的高潮。1938 年 10 月，田启松毅然投身于民族解放事业，并于当月加入中国共产党。开始，他主要在萧县和涡北一带从事革命活动，先后担任萧县第六区红西乡党小组组长、支部书记、区委青年部部长兼区青年救国团团长、区委书记兼农会主任、萧县独立团教导员、涡北县龙山区委书记兼区长、区大队教导员等职。在此期间，他积极发展党员，扩大党组织，动员人民群

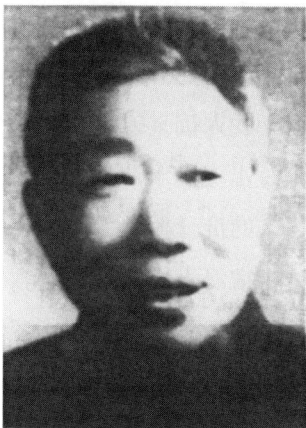

田启松

众参军参战，组织领导抗日游击队，同日伪军进行顽强斗争。

1941 年 5 月，新四军四师主力转移至津浦路东，路西的大批党政人员随主力部队东进，留下部分党员干部在路西坚持地下斗争。田启松被留下来，担任涡北县委书记，领导涡北党组织开展秘密工作。涡北地区土顽势力非常猖狂，当地形势紧张。为了安全和便于工作，田启松来到临涣。在这里，他有效地利用日、伪、顽三方势力钩心斗角的有利形势，领导涡北地下组织开展革命活动。后来，田启松来到濉溪口西北的黄里村，一边以给地主当长工扛活掩护身份；一边开展革命宣传，发展党员，扩大党组织，在黄里坚持了半年之久。

1942 年春节，中共宿西秘密县委书记陈继仁在去津浦路东汇报工作时，途经宿城，被日军逮捕。秘密县委进行了改组，吴忠培接任中共宿西秘密县委书记，田启松和单季英任委员。1943 年 6 月，田启松接任县委书记。在田启松的领导下，永南、浍河、涡北、宿西等地的党组织统一起来，党组织逐渐发展，活动范围逐步扩大。宿西百善地区的工作特别突出，党组织比较健全，有很好的群众基础，上层统战工作也很出色。党组织安排一批同志打入敌伪据点，有的还控制了据点内的部分武装，如铁佛、岳集、柳孜集、杨营孜、草庙等据点都在地下党的掌握之中，临涣、濉溪、百善等据点也与党组织有一定的联系。

1944 年 8 月，新四军四师西征豫皖苏边，恢复路西抗日根据地，到

1944 年底，宿西地区大部分地区被收复，先后恢复和建立了各级地方政权，建立起地方武装，县成立了县大队，各区成立了区队，部分乡成立了乡队。田启松公开了身份，先后任宿西县委组织部部长、县委副书记。1945 年 9 月 27 日，新四军四师十一旅三十一团在县总队的配合下，对龟缩在濉溪口的伪军发动进攻，田启松负责后勤工作。我军民联合，经过 6 小时激烈战斗，使濉溪口重新回到人民手中。

随着宿西地区的收复，农会组织普遍恢复，群团工作顺利开展。1945 年初，宿西县根据地委指示，在全县范围内开展反高利贷和减租减息运动。李时庄、田启松主持召开群众大会，进行宣传和动员，并选派工作组深入乡村，广泛发动群众，同地主、高利贷者展开斗争。同时，积极做好地方部队上升主力部队的工作。1945 年 10 月，宿西县总队和宿县部分武装，在仲大庄联合组建八分区独立团。11 月，宿西县总队 800 余人和萧县一个营联合上升为八分区独立一团，田启松任一团副政委。11 月，中共华中八地委、八分区在濉溪口召开会议，传达中央指示，在各地迅速开展群众性练兵运动，以及整风、扩军、惩奸、反霸、清算等政治运动。

日本帝国主义投降后，宿西人民和全国人民一样，沉浸在欢乐的气氛中，但国民党反动派为了抢夺胜利果实，不断对解放区侵扰和渗透，进攻我驻军。1946 年 7 月，国民党主力部队大举侵犯豫皖苏边区，宿西地区的形势迅速恶化。8 月初，中共华中八地委在保安山召开紧急会议，指示所属各县不要与国民党军队硬拼，必要时向永城西转移。会后，田启松带领宿西县总队和几个区的武装，向宿涡交界地区转移。9 月，李时庄率部从陇海路北来到宿涡交界，与田启松所率部队会合。10 月上旬，中共华中八地委在叶庙召开县团级以上干部会议，确立了"分区主力外线作战，地方武装内线坚持"的斗争方针，宣布全区划分为 4 个工委，组建 5 个支队。田启松担任二支队一大队政委。9 月至 10 月，田启松率领二支队一大队配合三十五团，在宿西地区发动了两次奔袭战：一次奔袭百善，三十五团、宿西县大队等在柳孜集集中后，向百善守敌发动进攻，消灭敌人一部，残敌逃往濉溪口；另一次奔袭临涣，歼灭敌人 100 多人。战斗结束后，还未来得及撤离，又同北来的敌人援军发生了激烈交火，战斗一直持续到傍

中共宿西县委、县政府旧址临涣天主教堂（1948年2月）

晚，部队主动撤出战斗，向永西转移。这时已是深秋季节，天气非常寒冷，加上长时间的连绵阴雨，干部、战士鞋破了没新的换，很多人还穿着单衣。广大干部、战士发扬艰苦奋斗的精神，想方设法，共渡难关。他们买来布和棉花，自己动手做棉衣。在这样艰苦的环境下，部队边打仗边撤退，年底来到了睢杞太分区的鹿邑。

1946年12月，豫皖苏区党委和军区成立后，在睢县的平岗召开成立誓师大会。会议传达了中共中央指示精神，分析了形势，总结了斗争经验，号召广大干部、战士积极准备转入反攻，收复失地。大会宣布成立军区独立旅，华中八分区改为豫皖苏三分区。会后，豫皖苏独立旅正式成立，二支队被编入独立旅三十六团。1947年1月，部队从平岗东进，奔袭涡阳。当时天寒地冻，指战员们伏身铺满冰雪的城墙上对敌作战。田启松正生病发着高烧，但仍坚持战斗。这次战斗共歼敌200余人，首战告捷。1月12日，解放军北渡涡河，在永城西南的杜岗一举歼灭广西顽军一部。两战的胜利，极大鼓舞了部队的士气。4月，田启松率部随三十六团在永城和亳县交界的观音堂一带活动。当时，军分区确定的目标是：确保永西，开辟永东。只有打到永东去，永西才能巩固和发展。5月，为开辟永东，三地委决定成立萧宿永县，任命田启松为中共萧宿永县委书记。当时，萧宿永三县的干部很少，武装力量弱，分区拨出一个警卫连作为萧宿永县的基干武装。地委书记寿松涛告诫说："你们无论如何要打到永东去,一个警卫连只有100人,而此地的顽军却有1万多人,完成任务有较大的困难,这个任务非常艰巨和光荣。"田启松坚决表示:"一定要打到永东去,牺牲了埋在永东,受伤了抬回来,不死不伤绝不撤回。"5月下旬的一天,田启松等率部向永东进发,连夜穿过永城至夏邑的封锁线,来到砀山,天明时分来到永东的刘河一带。驻刘河的敌人还未起床,我军抓住这一有利时机,给敌人以突然袭击,敌人一片混乱,未能组织有效还击。后来,敌人摸清情况,兵分几路合击我军。我军避开敌人主力,与敌周旋,打游击战。为防被敌人包围,我军时刻保持高度警惕,常常吃过饭就转移,住宿一晚要换好几个地方。从5月到11月,是萧宿永县极为艰苦的时期,田启松率领武装人员不分昼夜地行军打仗。有人形容当时的生活战斗环境时说:"进了萧宿永边,眼熬红,腿跑弯。到处有枪响,时时不得安。一去八十里,来回一百三。骑着王引河,望着保安山,围着渔山转大圈。细雨下,青纱悬,在萧宿永边搞个小地盘。再不做流亡客,落人笑谈。"说出了战斗生活的真实写照。在此期间,田启松经常率部袭击敌人的过往车辆,攻打敌据点,巧妙地与敌周旋,灵活地开展游击战。

1947年6月30日,刘邓大军南下,千里跃进大别山,拉开了战略进攻的序幕。为阻止我军南下,国民党抽调大批主力部队进行围追堵截,萧宿永地区的国民党正规部队也被调走,剩下的土顽武装,战斗力相对较弱。田启松等抓住这一有利战机,主动出击,一股一股地消灭敌人。9月,田启松、霍大儒率部配合三分区五团一营二连、团直属骑兵排、华野三纵一个侦察班在海孜设伏,袭击贾芳谷的区联防队,由于我军过早地暴露,致使敌主力逃走。我军遂开进临涣周圩子,发动群众同周姓大地主开展斗争,分了周的浮财。到11月,收复萧、宿、永三县许多地区,并建立了区乡政府,于是,萧、宿、永三县分开,田启松任中共宿西县委书记。12月,宿西县正式宣告成立。到1948年初,宿西地区只有土顽贾芳谷尚有一定实力,经常沿宿永公路向西侵扰。我军决定消灭这股顽军。5月,解放军三十六团在宿西县大队的配合下,连夜行军到四铺西,沿宿永公路向西行进,从背后给贾芳谷部以突然袭击,打得敌人措手不及。经过激烈战斗，贾芳谷被击毙。这次战斗，歼灭了贾芳谷的绝大部分力量，使宿西地区的形势得到根本好转，并相继恢复和建立了雁鸣区、五铺区、常山区、南坪区、浍河区、彭桥区、隋堤区。田启松在领导宿西人民开展武装斗争，进行地方政权建设的同时，还根据中央和三地委指示精神，开展整党、"三查三整"、土地改革等方面的工作。4月，宿西县召开干部大会，田启松在会上讲了话，要求全县党员干部认真开展"三查三整"的整风运动，点名批评少数违法乱纪的干部。具体部署了全县的土改工作。确定土改的方针是：中间不动两头平，按人口分地。工作方法是：到处点火，四面开花。县委还派出土改工作组，深入各地，指导土改工作。6月，县委召开紧急会议，贯彻三地委会议精神，要求各地停止打土豪分田地、乱收地主浮财，禁止胡乱抓人打人的行为，实行减租减息。要对种子、口粮进行调剂，实行合理负担的财政政策。

8月，中共宿西县委为支援济南战役，动员和组织民工参加对陇海铁路开展破击战。宿西县还在二铺、三铺、四铺各建一兵站，负责招收新兵，收运粮草和军需物资，为支援淮海战役积极准备。10月18日，宿西县成立淮海战役战勤指挥部，田启松任政委。他要求各区也成立指挥部，支前口号是：集中一切人力、物力、财力支前。中原野战军在百善设立总兵站，田启松任站长。

1948年11月，淮海战役开始后，中共宿西县委积极行动起来，动员人民全力以赴支援淮海战役。全县共出动民工4.0959万人，担架1.1244万副，车辆1.9495万辆，粮食981.5909万斤，牲口5.8485万头，草2576.9782万斤，发动群众参军参战，为淮海战役的胜利做出了重要贡献。双堆集歼灭战结束，中共宿西县委立即成立生产救灾委员会，领导全县人民恢复生产，医治战争创伤，重建家园。1949年2月，宿西县在临涣集召开支前模范表彰大会，同时，还组织担架队随军南下，支援渡江战役。

淮海战役胜利后，宿西县的各项工作都得以顺利进行。1949年6月，宿西、宿东两县合并成立宿县，田启松任县委书记。11月5日，宿县召开第一届人民代表大会，田启松当选为代表，大会确定全县的工作任务：生

濉溪县划出宿县建县时，宿县直属机关人员合影

产救灾、剿匪反霸、整纪纠偏、改造政权。会上还成立了由 15 人组成的生产救灾委员会，田启松任主席。同年，宿西地区发生封建反动会道门暴乱，中共宿县县委迅速组织武装力量，配合人民解放军进行全面清剿，经连续作战 6 个月，歼灭其骨干分子，平定了暴乱。

1950 年 6 月 23 日，皖北宿县专员公署决定，将宿县划分为宿县和濉溪两县，田启松任中共濉溪县委书记。7 月 5 日，濉溪县人民政府成立大会召开，在会上，田启松宣布，濉溪县人民政府正式成立。濉溪县成立后，各项事业百废待兴，田启松积极领导全县人民开展了一系列工作。

7 月 9 日，县委成立生产救灾指挥部，田启松任指挥兼政委，并要求各区也成立相应的组织，动员和组织全县人民投身防汛、抢种、补种、救灾工作。7 月 24 日，田启松兼任濉溪县代理县长。7 月 25 日，县委制定防特工作措施，要求各级干部克服悲观情绪，战胜水患灾害，稳定人心，加强政府与群众之间的联系，建立各区武装部，充实县公安力量，孤立匪特。8 月 15 日，县人民委员会根据中央人民政府内务部的文件精神，将全县重新划分为 8 个区。9 月 4 日，中共濉溪县委为纠正干部生活作风的腐化现象及违法乱纪现象，举办了 3 期乡级干部训练班。当月，濉溪工会联合会成立，田启松任名誉主席。10 月 12 日，中共濉溪县纪律检查委员会成立，田启松任纪检书记。11 月 18 日，濉溪县人民法院成立，田启松兼任院长。在县委的统一部署和领导下，濉溪县剿匪反霸斗争取得胜利，共破获案件 91 件，活捉匪首 49 人，击毙匪首 23 人，县境内的土匪基本被消灭，巩固了新生的人民政权。1951 年 4 月，全县开展民主建政工作，通过民主选举，产生了 151 个乡（镇）、村基层民主政权。5 月 12 日，濉溪县各界人民代表大会在濉溪镇召开，参加会议的代表达 600 多人。会议研究了抗美援朝、土地改革、镇压反革命、治理淮河及生产救灾等方面的工作。田启松当选为濉溪县第一届各界人民代表会议主席。6 月，全县掀起抗美援朝运动，人民踊跃捐款，共捐献人民币 628 万元（旧币），提供慰问袋 18 万个，有 4.779 万名青年报名参军。各界 21.1991 万人订立了爱国公约。6 月 13 日，濉溪县土地改革委员会成立，田启松任主席。接着，县委组织 1500 人的土改工作队，深入到全县各地，开展全面彻底的土地改革运动。7 月 31 日，田启松调到宿县地区工作，任行署副专员，后兼地委统战部部长。

1952 年 2 月，田启松调到上海工作，先后任嵩山区区长、区委书记，邑庙区委书记。1958 年 9 月起，先后担任上海市农业局副局长、市委农工委工业部部长等职。1965 年 8 月，奉调先后担任江西省九江地委书记兼九江军分区第一政委，赣州专区委员会副主任、地委副书记、书记兼赣州军分区第一政委，井冈山地委书记。

1990 年 11 月，田启松离休。2000 年 11 月，因病去世。

田启松在 60 多年的革命生涯中，始终忠于党、忠于人民、忠于革命事业。他勤于学习，善于思考，注重调查研究，创造性地开展工作。他深入群众，虚心听取群众的意见。他襟怀坦荡，光明磊落，严于律己，不谋私利，艰苦朴素，表现了一个共产党人应有的优秀品质。

李彦三

李彦三，濉溪县铁佛镇店孜村人，1918 年出生于一个贫苦农民家庭。因家里生活贫困，小时无力读书。

弃农从军

1936 年，店孜村的众乡亲为了对付土匪抢劫，特地到山东请来一位拳师，教授庄上青少年武术。李彦三第一个报名认师。每天在完成父母交给的农杂活以后，他就大练武术基本功，踢沙袋、击墙壁、翻跟斗、练气功。两年后，技艺长进很快，常在街头巷尾表演《双耳贯风》《油锤贯顶》《小腹推车》《骑马枪击铁丝》等节目，深受师父和乡亲们的好评。

1938 年 5 月，日军侵犯，家乡沦陷，时局混乱，铁佛一带土匪蜂起，拉冤过户，民无宁日。王朝法、陈望秀、吕花头、王胡子、郑良珍等数股土匪，称王称霸，要粮派款，横行无忌。日伪军在铁佛、油榨、岳集等地都设有据点，拉夫抢粮，铁佛街上就有 7 个青壮年无辜死于日军的屠刀之下。目睹这一幕幕悲惨的情状，李彦三心如刀绞，无法忍受，毅然参加了王秉仁组织的青年抗日救国会，积极从事抗日救亡运动。李彦三胆大心细，作战勇敢，在战斗中表现出色。

1939 年 10 月，经王秉仁介绍，李彦三光荣地加入了中国共产党。12月，新四军游击支队三总队八团成立，李彦三任二连某排排长。同年底，八团从各连抽调 50 多名青年组成青训班，培训一个月，讲授政治、军事知识。李彦三刻苦钻研，认真学习，在领导和同志们的启发引导下，懂得了许多革命道理。同时，他刻苦参加军训，严格要求自己，早起晚睡，苦练刺杀、射击、擒拿、爆破等本领。训练班结业前，举行了军事比赛，李彦三以全优的成绩获得全班第一名，受到李时庄、陈文甫等领导同志的高度赞扬。结业后，多数学员被分到各区、乡工作。李彦三仍留在部队，由排长提升为一营二连副连长。

机智突围

1940 年 3 月，新四军八团副团长陈文甫和一营营长张锡凡，带领 3 个连的武装，护送刘瑞龙等一批领导干部去津浦路东。在完成任务的归途中，部队在孙疃西北之王浅孜、柳树湾宿营。二连驻扎王浅孜，陈副团长率三连、五连驻扎柳树湾。次日天刚蒙蒙亮，国民党于学忠部的一个团向西南溃逃，后有日军汽车尾追。他们请求援助。陈文甫为顾全团结抗日大局，命令部队布防工事，坚决阻击日军。国民党军刚渡过浍河，追击的日军就跟踪而至，4辆汽车驶入伏击圈。乘敌不备，李彦三率领一排战士向汽车猛烈开火，日军死伤惨重。

日军受到突如其来的打击，一时乱了阵脚，车上的大炮和重机枪也来不及搬下，就跳下车还击。激战半个小时，日军重整阵容，猛力向我军射击。李彦三和连长周玉鲁交换意见后，果断地命令部队向王浅孜村内转移。可是敌人马上压了过来，把王浅孜包围了。李彦三毫不畏怯，决心尽快把敌人的火力吸引过来，掩护二排、三排撤退。他们率领全排战士一面还击，一面向村东驰去。敌人误认为他们是突围的主力，慌忙调集兵力向东增援。而周连长指挥战士趁机顺河坡疾走，渡过浍河突围出去。

敌人发觉上了当，集中火力咬住李彦三不放。李彦三他们被迫撤到一个院子里向敌人还击。机枪手牺牲后，李彦三接过机枪连射，打退了敌人两次冲锋。子弹打光了，他又搜集了8枚手榴弹，扎成两束。当日军第三次冲上来时，他拉开导火线，把一束手榴弹扔到门外，一声巨响，炸死了首先进入院门的几个敌人。

院外的日军不知虚实，吓得趴在地上不敢抬头。李彦三又扔出4枚手榴弹，院外顿时一片烟雾火海。乘此机会，他带领8名战士攀檐越脊，翻墙渡过浍河，突围而去。就在这紧急关头，村西枪声大作，为了增援李彦三，陈文甫副团长带领32名战士又冲上来了。日军调集兵力包围了援军。战斗结束后，李彦三获悉陈副团长等32位新四军指战员壮烈牺牲的消息，悲恸欲绝，终身为憾。

虎穴斗争

王浅孜战斗后，李彦三因劳成疾，经组织同意，回家休养。这时，铁佛街上早已驻扎上了日伪军，汉奸李从政担任了维持会会长。他闻悉李彦三在家养病，立即派兵去抓捕，李彦三闻讯走避，其父李景泰被抓住，关押在铁佛充作人质。李彦三与王秉仁商议后，决定将计就计，乘机打入铁佛敌伪据点，担任了伪军班长。

在敌伪据点里，李彦三对这些误入歧途的伪军士兵，总是时刻提醒教育，告诫他们不做坏事，每当出发下乡时，他就对士兵说，我们都是穷人，不能欺压黎民百姓。他爱护士兵，生活上省吃俭用，把节约的钱，照顾生活困难的士兵。军事训练上，也从严要求。每次伪中队举行射击比赛，他所在的班，成绩均名列第一，因而获得了日本小队长山田和伪集长李从政的赏识，很快由班长提升为分队长、中队长。

5月的一天，铁佛的日伪军去古城一带"扫荡"，途经董庄时，与我宿西县古城区队遭遇。双方就地投入战斗。古城区队才刚组建，只有20多人，缺乏作战经验，装备又差。当日伪军发起进攻时，区队显得有些慌乱。区长刘蓬仙见此情况，果断地命令战士们就地卧倒，不准随便开枪。待敌人相距只有40米时，区队战士用刘区长的"二十响"盒子枪，打出了一梭子弹，接着甩出一排手榴弹，敌人吓得不敢前进。李彦三听得真切，心里想到，别人没有这种枪，只有刘蓬仙区长有把"二十响"，这是遭遇古城区队了。于是，他灵机一动，向山田小队长报告："八路大大的，机枪有的有的。"山田不知真假，立即命令队伍快速撤回，区队因此免遭损失。事后，刘蓬仙说："董庄遭遇战，要不是李彦三迷惑了日本人，我们区队就要吃大亏了。"

12月初，李彦三接到上级党组织通知，要求他办好两件事情：一是古城区初建不久，活动经费困难，要他给予帮助；二是豫皖苏供给处组织盐商路经铁佛、油榨、古城、岳集等日伪据点，要设法保证安全通过。接到通知后，李彦三连夜同伪中队文书王文选（原宿西县政府办事员）、联保主任殷玉楼（青救会学员）一起商讨，决定将税收余额和查获的烟土、银洋等折合"储备"票500万元，叫殷玉楼送交刘蓬仙。当盐商夜晚路过铁佛时，李彦三一路接应，打通关卡，巧妙地把他们送过了封锁线，没有受到丝毫损失。

1941年5月，新四军东撤后，部分党员受命留下开展地下工作。这时，李彦三已被调往油榨据点任中队长。他利用这个身份，为保护隐蔽下来的党员干部做了不少工作。王秉仁受命从县大队来家隐蔽，带回了两支短枪，李从政闻讯，欲将王绑架，李彦三前去解围，使王秉仁化险为夷。

1942 年 10 月 4 日，岳集伪军分队长侯保善向日军告密，称"李彦三私通八路"。日军将李彦三逮捕。

在狱中，李彦三与敌人进行了顽强斗争。敌人用尽酷刑，将他折磨得遍体鳞伤，妄图迫使他供出铁佛、古城一带的地下党组织。但他宁死不屈，一字也不吐露真情。

李彦三被捕后，党组织积极动员铁佛、店孜、李楼等 10 多个村庄的群众开展营救活动，但是，虽经多方活动，均告无效。在李彦三被捕的第四天上午，日军将他押赴刑场。

他昂首挺胸，视死如归，走在临涣大街上，高呼："打倒日本帝国主义！打倒汉奸！中国共产党万岁！"敌人蜂拥而上，乱刀将他砍死。

李彦三英勇就义时，年仅 24 岁。

汪木兰

刻苦好学　寻求真理

汪木兰，又名汝秋、秋移，1921 年生于濉溪县临涣镇一个贫苦农民家庭。

其父勤劳忠厚，性格刚直，颇识文字，每日早起晚睡，靠做小买卖谋生。母亲是农村妇女，纯朴善良，曾做过十几年女工，饱尝人间艰辛，大革命时期受到进步思想影响，倾向革命。汪木兰自幼聪颖伶俐，又似男孩般粗犷刚强。父母对她寄予无限希望，愿她早日成才，像古时的女英雄花木兰那样，能"替父从军"，报效国家，所以给她取名汪木兰。

汪木兰 7 岁时，进入临涣小学读书。由于她刻苦勤奋，能说会讲，善于思索，很受老师和同学们的器重。

1931 年九一八事变后，日本帝国主义的铁蹄踏进我们的国土，无情的炮声唤起了广大民众的民族觉醒，激发了青年学生的爱国热情，抗日救亡运动如火如荼，席卷全国，也打破了临涣的宁静。

一些大革命时期的共产党员徐风笑、邵恩贤、濮玉才等，纷纷走上街头，开展演讲动员，宣传抗日救国道理。11 岁的汪木兰，心情也同样无法平静。那安静的课堂，那"两耳不闻窗外事，一心只读圣贤书"的说教，都不能禁锢她一颗火热的心。她偷偷地逃出学堂，夹在人群中倾听徐风笑他们的演讲。当她听到中国国土大片沦陷，国民党当局拱手出卖祖国大好河山的行径时，万分悲愤。她回到家，哭得吃不下饭。晚上，她望着天上的星星，苦苦地思索着。她虽然说不出多少深奥的道理，但她懂得，我们的祖国这样下去，是会亡国的。她想，如果大家都能有骨气，都能那样爱国，奋起反抗日本帝国主义侵略，国家就会有希望。

想到这里，汪木兰激动得涌出满眶热泪。为此，她还写了首《金钱如命》的小诗，讽刺国民党当局爱财如命、苟且偷安、屈辱卖国的罪行。小诗虽写得字迹歪斜，无平仄韵律，算不上什么好诗，但可窥见汪木兰一颗拳拳的爱国之心。

此后，汪木兰再也不只是夹在人缝里听演讲了，她毅然参加了儿童团，与男同学一道走上街头，奔赴乡村，开展多种形式的宣传活动，唤起民众参加抗日救亡斗争。

投身革命　宣传抗日

1937 年七七事变后，日本帝国主义对华发动全面战争。中国人民在中国共产党的领导下，结成抗日民族统一战线，全民族抗战开始。临涣地区在徐风笑、徐爱民等发动、组织下，成立了抗敌救亡社。

汪木兰已长大成人。她体格魁梧，精明强干，由于艰苦生活的磨炼，形成了她坚强的性格，做事虎虎有生气。为组织抗日武装，她和徐风笑一起，到处奔波，发动姐妹们走出家门，投身抗日。她和刘荻莎、段传芝、李照伦、李思玲等姐妹一起，组成一支抗日救亡宣传队。她们利用临涣逢集的机会，在牛市、南阁、菜市等地点演讲，并演出《放下你的鞭子》等抗日街头剧。

有一次逢东岳庙会，汪木兰带领姐妹们在高高的城墙上搭起戏台，演起了"文明戏",高唱抗战歌曲。她们的宣传,鼓动性很大,围观的群众越聚越多。当唱到《流亡三部曲》"哪年哪月才能够回到我那可爱的故乡"时,台下数千名观众被感动得潸然泪下。她们的宣传,对抗日救亡斗争的开展及抗日武装的建立,起到了一定的作用。

1938年5月,濉溪地区沦陷,日军到处烧杀淫掠,无恶不作。同时,土匪蜂起,汉奸蠢动。他们横行乡里,鱼肉乡民,人民陷入水深火热之中。徐风笑等组织起抗日游击队,打击土匪,除奸安民。汪木兰参加了抗日队伍,多次经历打土匪的战斗,经受了考验。1939年8月,经李时庄、陈钦鼎介绍,汪木兰光荣地加入了中国共产党。

1939年5月,新四军游击支队在永城开办了一所随营学校,汪木兰被组织上派去学习。由于形势发展的需要,学习尚未结束,汪木兰就被派回家乡搞抗日宣传工作,并担任了宣传队队长。她带领姐妹们踏遍了濉溪山山水水,广泛活动于刘桥、钟楼、铁佛、岳集、百善、临涣等地。汪木兰善于做群众工作,每到一处,她总是带领宣传队,不知疲倦地写标语、做演讲,向群众宣传抗日民族统一战线的意义和新四军英勇抗敌的事迹,揭露日本侵略者奸淫烧杀的暴行。每讲到高潮时,汪木兰总是激动万分,热泪滚滚,不少群众也感动得流泪,产生共鸣。在她们的宣传鼓动下,宿西地区出现了不少"送子送夫打东洋"的动人场面。而汪木兰的名字和她英勇斗争的事迹,也逐渐传扬开来。

1940年3月,为培养抗日根据地所需人才,豫皖苏边区党委创办了抗大四分校,汪木兰被中共宿西县委派去学习。在学习期间,她聆听了彭雪枫、张震等首长的讲课,受益颇深。由于她学习积极,工作踏实,很受同学拥护,先后担任学习组组长和俱乐部主任。

地下斗争　以身许党

1941年初,在蒋介石掀起的第二次反共高潮中,新四军四师反顽斗争失利,加之"耿(蕴斋)、吴(信荣)、刘(子仁)"叛变,豫皖苏抗日根据地损失严重,于5月奉命挺进津浦路东,开辟皖东北抗日根据地。组织上考虑汪木兰对临涣一带较为熟悉,群众基础好,便于开展工作,决定留下她坚持敌占区工作。同时留下的还有中共宿西县工委书记吴忠培、县委委员单季英和赵元俊等同志。

1941年7月，汪木兰在中共宿西县工委书记吴忠培指示下，打进临涣小学，以教书作掩护，从事地下情报搜集工作。汪木兰以灰色面目在临涣出现，在一片血腥恐怖下坚持，工作十分复杂危险。她以前在临涣上学时，是闹学潮、宣传抗日的积极分子，这次一到临涣小学，很快就引起日伪和社会各种势力的注意。1942年夏，盘踞在临涣的日寇要成立一个"宣抚班"，准备物色一些善于言辞的青年人参加。汪木兰从伪区长王心斋口中得知这一消息后，立即去徐楼找到吴忠培请示，准备利用这一可乘之机，打入敌人内部。不久，经王心斋推举，汪木兰加入了"宣抚班"。在"宣抚班"里，汪木兰与敌巧妙周旋，很快取得日本人的信任，开始机警灵活地做一些搜集情报的工作。

在此期间，汪木兰始终得到组织上的保护和帮助。吴忠培常派单季英与其联系，汪木兰则利用一切机会，把在日伪据点里搜集的大量情报和日伪活动计划、日伪内部组织情况、日本杂志等材料，让单季英带回交给组织。

虎口周旋　智杀叛匪

1942年5月，原新四军十二旅组织干事李保其叛变。在四师转移津浦路东后不久，他就携带全旅党员名册投靠了国民党。不久，流窜到临涣一带，策划召开"反共同盟青年会"，进行反共活动。他企图拉拢汪木兰参加，汪木兰推说母亲生病，严词拒绝。李保其一伙一看拉拢不成，便派人向日军告发，说汪木兰是新四军的密探，学生时代就是反日积极分子，想借日军之手，将汪木兰杀害。李保其一伙的告密，使日军对汪木兰产生了怀疑。

1942年10月初的一天，日军突然逮捕了汪木兰，并立刻押着她去搜查她的住处。当时，在汪木兰的住房里，还存放有吴忠培和单季英的信件，以及手枪枪带，怎么办？情况危急，迫在眉睫。汪木兰灵机一动，带着日军朝临涣西大街其祖母的住处走去。

疯狂的鬼子在她祖母家里翻箱倒柜，整整搜查了几个小时，连一张可疑的纸片也未搜到。这时，一个日本兵突然发现门牌上写的是"汪杨氏"，慌忙向日军山岗队长报告。山岗在众目睽睽之下遭此戏弄，气得"哇哇"怪叫。

随后，日军像猛兽一般向东街汪木兰住处扑去。可在这时，汪木兰的母亲早已得到消息，将信件、枪带、进步书报和可疑之物，让邻居濮四婶揣在怀里安全地转移出去了。日军在她家里搜了半天，一无所获。

凶狠的山岗队长，并未因没搜到任何证据而罢休。他们把汪木兰押进宪兵队，严刑拷打，用尽各种手段，但汪木兰始终守口如瓶，没有泄露党的一点秘密。

由于日军对汪木兰审讯不出什么情况，加上党组织多方营救，汪木兰被关押一星期后获释。汪木兰一案，使日本山岗队长大为不悦，对李保其一伙极为不满。

1943 年夏，日军松本队长找到汪木兰，了解李保其的情况。松本问："青年会到底是国民党组织，还是共产党组织？"汪木兰机警地回答说："李保其他们以前干过新四军，也干过国民党，不管他们现在属于什么组织，只要反对皇军，就是我们所痛恨的。"一番话说得松本眉开眼笑。

时隔不久，叛徒李保其被日军所杀。经过汪木兰积极斗争，终于借日军之手为民除了一害。

身陷囚牢　宁死不屈

1945 年 9 月，日本投降后，汪木兰被组织调到灵（璧）北中学工作。

1946 年 6 月，蒋介石撕毁和平协定，大举向解放区进攻。为保存力量，解放军被迫实施战略转移，西撤睢杞太地区。国民党反动派到处捕杀共产党人，各区敌顽政权相继建立，地主还乡团趁机反攻倒算，整个淮北地区一片白色恐怖。当年秋天，汪木兰在返回临涣时，不幸被敌人逮捕，并立即被押到宿县国民党县政府囚禁。

刚开始，敌人看她是个女的，就用软办法劝她自首，汪木兰坚定地回答："君子不夺其志。"法庭上，她严词痛斥反动派杀害革命者的罪行，把法庭变成了宣传革命的讲坛。敌人气急败坏，用鞭子向她身上猛抽，打得她浑身一道道鲜红的血印，几次昏死过去，敌人又用凉水泼醒再打。汪木兰强忍剧痛，紧咬牙关，一字不说。酷刑拷打不能动摇一个共产党员的意志，皮鞭下，汪木兰没有呼喊，没有流泪，没有吐露党的半点机密。敌人所做的一切，都是枉费心机。

在牢房里，她想到当年红红火火的战斗生活，可爱的同志；想到我军西撤后，惨遭杀害的党员；想到处在水深火热之中的家乡父老、兄弟姐妹；想到自己身陷囚牢，遍体鳞伤，无法为党工作，她也曾暗暗地流过泪，想用一死来反抗、控诉反动派的罪恶。但最终她非但未死，还坚强地战胜了敌人的折磨，勇敢地站立起来。她决心，就是死，也要死得英勇，死得光明磊落；她坚信，革命一定胜利，光明就在前头……

中秋节后不久，敌人扬言要杀害汪木兰。同牢女友马在秋、陈玉侠、洪波含泪把这一消息告诉她。同志们都担心她承受不住这一打击，可是汪木兰却含笑唱起了《八路军进行曲》，视死如归。

敌人在她身上始终审问不出什么线索，加上党组织多方面营救，她母亲也四处托人作保，最终，汪木兰被判处一年徒刑，交国民党地方监狱执行。

寻找关系　继续革命

汪木兰出狱回家时，国民党反动派仍在到处捕杀共产党人及进步人士，恶霸地主疯狂地进行反攻倒算，土匪更是横行乡里，无恶不作。汪木兰与组织失去联系，思想苦闷，经常托人四处打听西撤后的中共宿西县委情况。

1947年夏，汪木兰打听到中共萧宿永县委书记田启松带领队伍活动在永城东北一带，遂深夜逃出临涣，找到党组织，后被安排到苗桥进行土改工作。不久，被派到冀北干校学习，并担任豫皖苏三分区干校班班主任。

1948年11月，淮海战役爆发，汪木兰被调到豫皖苏三分区后勤司令部工作，任被服股长。淮海战役结束后，调往河南郑州工作，历任河南省军区军政干校政治主任、中南军政大学一分校教导主任、第二十步兵学校教导主任、河南公安厅五一农场办公室主任、河南公安干校秘书科科长、开封妇产医院院长、郑州妇产医院院长等职。

1966 年，汪木兰因糖尿病去世。

陈新民

抗大洗礼

陈新民，1918 年出生于濉溪县孙疃镇哈家村一个贫苦农民家庭。

13 岁时，父亲病故，母亲到城里给财主家当佣人，挣点钱供陈新民读书。陈新民先在西二铺读高小，又转到伯碾盘读了两年私塾，其后辍学在家。

抗日战争爆发，日军侵占宿城，到处烧杀淫掠，伪军敲诈勒索，土匪横行，民不聊生。陈新民的小学老师吕子荣于西二铺组织一支抗日游击队，在袭击日军的战斗中英勇牺牲，这

陈新民

对陈新民产生了很大震动，坚定了他抗日救国的信念。1940 年 7 月，陈新民进入抗大四分校学习，被编入六连三排。通过学习，陈新民逐步确立革命的人生观。1941 年 4 月 14 日，经指导员刘建功介绍，他光荣地加入了中国共产党。

1941 年 1 月，皖南事变后，国民党大举进攻豫皖苏抗日根据地，战斗频繁而激烈，抗大四分校正常的教学秩序被打乱。千余名师生员工武装起来，一面坚持学习，一面进行武装斗争。没有粮食，就弄些红芋梗子充饥；经常行军，鞋磨破了，就打草鞋穿；夜间行军困极了，师生就席地而坐，背靠背打盹；渴了喝点路沟水，继续前进。抗大四分校是宣传队、工作队。每到一处，都向群众宣传抗日救国、求解放的道理，还表演文艺节目，帮部队扩军，征集粮食、布匹等。

5月初，抗大四分校师生转战到怀远龙亢一带，刚刚住下就被敌发觉。抗大四分校师生连夜向蒙北转移。天下着雨，1000多人和几十匹骡马，上淋下滑，过小涧集时行军更加困难，男同学尚可支持，部分女同学要靠搀着走，后来搀着也走不动了。校部无奈，只得在宿蒙公路南侧罗集东北10余里的中苗庄暂时休息。一支国民党的骑兵团顺着脚印追来，扑向一、三两个军事连驻地。敌人的几次进攻都被打退。半小时后，我军弹药用尽，敌人攻入庄里，双方展开了激烈的肉搏战。这时，师部主力及时赶到，将敌击退。此次战斗，一、三连伤亡了百余名战士。彭师长悲痛地说："这些同志都是革命的栋梁，可惜他们不是牺牲在抗日战场，却倒在国民党的枪口下！"

战火中赴任燕头

1946年夏，国民党军队频繁挑起武装冲突，宿西县燕头区先受其害。该区接近宿城，虽有区乡队的百余人枪，并在燕头集筑有工事，仍然不时遭到宿城顽军的袭扰。为了加强战备，陈新民被派往燕头区帮助开展武装征粮，并侦察宿城敌情。此时的燕头区队，白天尚可驻守在圩内，夜间就得撤出去打游击。

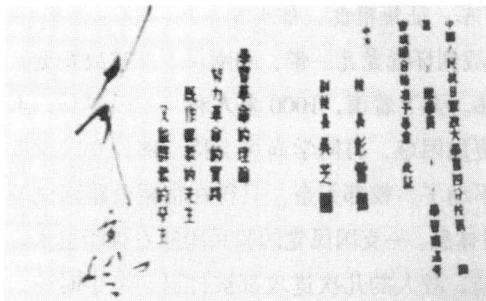

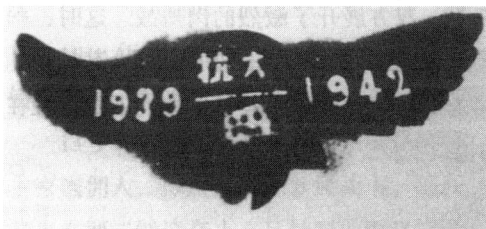

抗大四分校毕业证书（上）和校徽（下）

6月25日，征粮无法进行，陈新民撤回县里。事后得知，当天夜里，燕头区区长谢玉振和区、乡队驻扎在燕头小圩子（关帝庙和泰山庙大院），宿蒙县总队二连驻扎在庙西隔条沟的燕头集。拂晓前，谢玉振带着1名通信员到燕头集与宿蒙县二连研究敌情。宿城顽敌二十五师九团和顽县大队1000余人，突然把小圩子团团包围。谢玉振带着宿蒙县二连从集上奋力突围出来。小圩子筑有工事，圩壕又宽又深，区队与敌人展开了激战。从拂晓打到下午3时多，敌人多次进攻都被打退。敌人狗急跳墙，用秫秸卷上麦草，卷成一两人高的大捆，装到太平车上推下填平圩壕，一窝蜂向圩内冲杀。圩内战士已激战竟日，终因人少弹尽，一阵肉搏之后，除少数突围幸存，其余都英勇捐躯。

6月下旬，陈新民奉命担任中共燕头区委书记兼区长。燕头集战斗后，当地的形势更加险恶，国民党军沿隋堤进驻三铺、四铺，燕头区处于敌人的控制之下，区队战士牺牲大半，乡队不能单独活动。鉴于这种情况，陈新民将区乡队合编成一个排，在区西部开展活动。他们组织起精干小队，夜间则插入尤沟、薛堂、二铺、三铺扰乱敌人，稳定群众情绪。进入10月，环境进一步恶化，敌人入侵五铺、百善、柳孜，隋堤以北大部分地区丢失，浍南区只剩下韩村西北一小块地方。这时，中共宿西县委副书记田启松带着队伍从南面过来，决定把浍南和燕头两个区队合编为联防大队。联防大队随分区三支队活动，并任命陈新民为联防大队大队长。

联防大队有100多人，跟随三支队在蒙、涡两县的曹市、白沙、坛城、龙山一狭长地区进行战斗，同时还帮助部队筹集布、棉、鞋子。临涣、坛城相继被敌人占领，国民党新五军步步逼近。11月，整个联防大队只剩蔡德忠、杨克振、谢业成、张玉新等8人8支枪。12月，支队决定从白沙突围，一天打了3仗，走了120多里，未吃上饭，脚跑肿了，腿更像断了一样。第二天，支队突围到了亳县南十河一带，又和敌人一个团接上了火。战斗中，战士受伤干部抬，接连走了十几里，肩膀都被压肿了。其后，他们随着支队经梅城、孔集到达了睢杞太地区。这时，联防大队仅剩下3个人。

隋堤南的秘密使命

1946年12月，在睢县平岗，张国华司令员、吴芝圃政委宣布成立豫皖苏区党委，原中共华中八地委改为中共豫皖苏三地委，寿松涛任书记，王光宇任副书记，李时庄任副专员。豫皖苏区党委发出打回老家恢复失地的号召。陈新民积极响应，提出先回家乡开展武装斗争的请求，经批准同意，他和蔡德忠、杨克振3人组成游击小组，先期返回宿西家乡开展斗争。临行前，王光宇、李时庄两位领导面交任务：依靠群众，保存自己，建立两面政权，发展地下武装，打击敌人，迎接收复。

1947年1月2日，陈新民一行3人离开平岗，随身携带2支短枪、2支长枪，从各村庄之间穿行，连续行走3个昼夜，来到童亭的郑化中（堡垒户）家。在郑家，陈新民向郑化中讲述了回来的任务，请他共同干革命。郑化中高兴地答应下来。

回到了家乡，陈新民等决定先各自回家，摸清情况，再研究今后工作，加强武装，准备开展斗争。面对即将到来的战斗生活，陈新民心潮澎湃，感慨万端，赋诗一首：

内战烽火风雷激，成功成仁斯是期。

雄心敢插敌垒后，壮志击顽试高低。

冰雪饥寒何所惧，腥风血雨闲视之。

今入妖腹显身手，誓将红旗飘宿西。

地下斗争

陈新民刚回到家中，就被其族叔陈二步发现。陈二步和他的儿子陈老虎当过伪军，也干过土匪，和陈新民家住隔壁。当夜陈新民到家喊门时，被陈二步发现，遂向敌人告了密。敌人命他暗地监视。陈新民尚且不知，只顾抓紧了解情况，接关系。一天夜里，他召集七八位同志开会，准备里应外合搞掉敌顽乡公所。却被陈二步爷俩盯上了，一个盯，一个去告密。多亏前两天陈新民接到堡垒户的通知，说国民党燕头乡公所已探知陈新民回来了，所以一散会，大家就赶快疏散。陈新民化装穿上长袍，刚走出庄，百余敌人就包抄上来，到处乱翻找人。最终一无所获，悻悻而去。

事后从敌人内部得知，这是陈二步爷俩暗中所为，于是决定立即除掉他们。一天深夜，游击小组突然闯进陈二步家，将两个恶棍击毙。

堡垒户是开展斗争活动的立足点。不但能掩护同志，提供情报，还负责食宿。游击小组多数活动在过去没建立政权，敌人统治薄弱的地区，堡垒户只能建在至亲好友家，共有20多户。重点堡垒户备有地窖，以防敌人袭击。一次陈新民遇敌，藏到了哈家陈思兰（其儿子是我武装队员）的地窖里，敌人翻箱倒柜，连锅膛、淘草缸都翻了个遍，也没找到人。敌人说："明明进来的，难道上天入地不成？"其实，陈新民就躲在淘草缸下的地窖里。有了这些堡垒户，就能应付各种意外情况，使工作由被动变为主动。

积极和顽保公所人员开展统战工作。经过一段时间的努力，有六七个保长愿为我方办事。这些保长分为4种情况：第一种是积极为我们办事的。二铺集保长崔佩久，出身贫苦，倾向革命。陈新民叫他竞选当了保长，他掩护我党同志，提供情报。第二种是上门交朋友，争取过来为我方办事的。西关李村保长张德甫、杨柳北马家保长马振轩等，都掩护过我们的同志，送过情报，买过弹药。争取这些保长，晓之以理，有时也采取强硬措施。如马振轩，游击小组利用蔡德忠和他的亲戚关系，通知说我方武工队长王思源（陈新民的化名）要见他。马不愿见。一天夜里，蔡德忠带路，游击小组七八个人神不知鬼不觉地拨开他的大门和卧室门，用手电一照，他正睡觉。蔡德忠轻轻拍醒他说："振轩快起来，王队长来了。"他一睁眼，见陈新民等带着短枪，吓得乱抖，立即披衣下床，连说"对不起"。以后经多次交往，他深知游击小组以诚相待，不仅给送情报、买子弹，还借给枪支。第三种是施加压力使其为我们办事的。二铺东黄庄保长黄道昌是陈新民表叔。陈新民请人转告要见他，他不愿意。一天夜里，陈新民、蔡德忠和五六个队员到黄庄西地里吃瓜，叫瓜主捎信让黄道昌付钱；第二夜到庄南，第三夜到庄东，同样叫黄付瓜钱。没几天，他就上门找到陈新民叔父说："表侄这样干，我吃不消，他有什么事要我办我办就是了。"第四种是对极少数顽固分子坚决打击。城西三里张庄张保长，政治上反动，经常威胁堡垒户。一天，游击小组弄清他到姘头那里过夜，就埋伏在路旁。他带一保丁经过时，游击小组开了枪，保丁受伤，张某钻进高粱地里，才保下了一条命。在建立两面政权中，游击小组采取派进去，拉过来，争取中间，孤立少数，打击顽固分子的策略，收到了较好的效果。

在建立两面政权的同时，游击小组注意发展秘密武装，不久发展了30多名武装队员。游击小组先了解情况，瞄准对象后进行教育，等有一定觉悟和革命要求，就带着参加秘密活动，分别交给一些任务，如送情报、探敌情、买军用品、护送军火等，对敌作战一般不让他们参加。在顽占区活动，不但要斗勇，而且要斗智，像捉迷藏一样，勇者胜，怯者败，智者胜，愚者败。

从1947年1月起，游击小组在燕头进行了9个月的隐蔽斗争，为收复宿西做了准备。9月，进行公开斗争的条件已经具备，陈新民等研究决定，由陈新民和杨克振等20余名武装队员先公开拉出队伍，建立浍南区，陈新民任书记兼区长。

巩固浍南区

浍南区刚建立，就遭到敌人的围攻。面对的敌人有顽孙疃区队及顽孙疃乡、韩村乡、五沟乡等土顽武装百余人，顽贾芳谷也不时伸进来侵扰。区队人少，不打硬仗，不和敌人拼消耗，白天封锁驻地，夜间活动。敌人摸不到区队的行踪，我方则集中力量袭击保公所和没收地主的枪支以装备自己；同时物色积极分子，委任乡长，发展武装，建立政权。

战斗生活十分艰苦，不能公开向群众要粮款，吃不饱，睡不好，小毛病吃点蒜，病重的向群众找点草药。许多同志眼睛熬红了，人也瘦了。在这样的艰苦条件下，两个月里，民主武装就发展到100多人枪，建立了五六个乡政权和二三十个基础较好的堡垒村。

乡干部大都是通过考察任命。郑化中是秘密武装队员，第一个被任命为童亭乡长。又考察了纪思文，他群众基础好，敢于同敌人斗争，被委任为小湖乡乡长。两乡组织了乡队。任用的干部都能联系群众，勇于斗争，有开辟地区的能力。除浍南区蔡德忠、杨克振是外地去的脱产干部，其余都来自当地群众。

浍南区刚建时，只有20人枪，想夺敌人的不容易，而地主一般都有两三支看家枪，搞他们的枪，也是斩断顽区乡的爪牙。先摸清情况，令其献枪，不献者则夜袭之。另外出其不意地袭击顽保公所，从他们手里搞到枪支。浍南区群众基础好的多是小的、穷苦群众多的以及我们干部、战士所在的村庄，主要分布在韩村、童亭以南，五沟以西，湖沟以东的小郑家等地。群众帮助了解敌情，解决衣食和治病问题。

政权建立后，中共浍南区委根据上级指示，在重点村发动群众，进行减租减息，分大地主的浮财。拉锯时期，群众有顾虑，他们就采取夜间分的办法。武装人员把地主全家看起来，不与群众见面。先是几十人分，后发展到几百人、成千人拥到地主家搬东西，你来我往，川流不息，先分粮食，后分细软财物，比白天逢集还热闹。群众说："你们这个办法好，帮了穷人的忙，解了大家的恨。"

帮助三十六团奔袭创战绩

1947年11月，陈新民任宿西县副县长。

贾芳谷是宿西最反动的实力派，他是国民党常山、百善、临涣、孙疃等地的联防区长，直接掌握1个中队，多是当地的流氓、土匪、地痞。他们到处敲诈勒索，无恶不作，群众恨之入骨。1948年春，宿西县大部分土顽被消灭，而贾芳谷部百余人仍在五铺集西商何庄挖圩壕，筑碉堡，阻碍地方工作开展。三分区三十六团决心消灭这股土顽。

5月，陈新民在四铺、三铺以南十几个村布网盯梢。拂晓前，三十六团从临涣西赶到蔡瓦坊。团领导决定，由陈新民和县大队队副谢玉振带领县大队插到四铺北沿隋堤向西包围，骑兵连跟着冲杀；四铺以南由三十六团两个营沿隋堤向西清剿，我军摆出十几里的扇形阵势。当三十六团在惠家与敌接触时，天已微明，敌人发现我军主力，拼命向隋堤北逃窜，正碰上我军骑兵，将其杀伤大半。贾芳谷化了装，带着亲信突围，又被我县大队堵截击溃。眼看全军覆没，逃脱无望，贾芳谷便躺在麦田里装死，我军一战士清查战场，补了一枪，将其击毙。群众听说贾芳谷死了，纷纷拿起铲刀、菜刀要割其头，剖其腹，高兴地说："这条毒蛇也有今天！"

顽孙疃区长陈平五，带着百余人配有3挺机枪，经常向浍南区袭击我地方政权，还到朱口、孙疃、童亭一带袭击扰乱。三十六团决定消灭他们。陈平五很狡猾，不在一地固守，每天声东击西，出没无常。5月底的一天，三十六团决定行动。陈新民派人在周围村庄布下坐探，还派了几个装成小商贩的流动探。这天傍晚，敌绕了两个圈子，住进了薛堂东南小何家。三十六团接到消息，两个营从东面包抄，一营主攻。先头部队接近圩门时，被敌人岗哨发现，问道："干什么的？"回答："出去侦察回来了。"敌人落下吊桥，看到情况不妙时为时已晚，部队一冲而上，敌人尚在梦中，仅半小时就解决了战斗。

至此，宿西地区的土顽基本被歼灭，残敌龟缩于宿城近郊，宿西县的局面彻底打开了。

1948年9月17日，为了阻止南敌北援，三分区命令宿西县民工随部队破坏符离集北20多里的一段铁路。分区两个主力团警戒。当夜10时，民工按分好的顺序进入路段。陈新民带领彭桥民工破路，割电线，锯电杆，拔路灯，二三百人将杠子插入铁轨下，喊着号子一起用力，铁轨弯了，像卷烙馍一样翻进了路沟。

双堆火线支前

1948年11月23日，国民党军黄维兵团被解放大军包围于宿西南双堆集一带，其后，杜聿明、邱清泉集团亦被解放军围困在口子西北李石林、陈官庄一带，宿西县形成了南北两个战场。

宿西县成立了支前指挥部，田启松任政委，陈新民任副指挥。陈新民分工率领隋堤南的雁鸣区、浍南区、三铺区、古城区支援围歼黄维兵团的解放军部队。隋堤南数十里乡村全发动，男女老幼齐动员，投入了紧张的支前工作。双堆战场战火弥漫，炮声隆隆。部队战斗紧张，支前更加繁忙，既要供应20余万解放军指战员的粮、柴及马草马料，还要转运伤员，搜索漏网的残敌。

转运伤员方面：三铺设有转运站，接收前线伤员向百善转运，杨柳也

淮海战役中，人民群众把大批粮食运到粮站，支援前线

设有转运站。区成立担架大队，乡成立中队，村成立小队，每副担架配8人，都是身强力壮的青年人。转运中，沿途村庄设有服务点，老人、小姑娘送茶送饭，嘘寒问暖。隋堤南共组织常备担架8000副。转运路线：从薛堂西南半铺店子直接送杨柳，杨柳接转到三铺，三铺转运到百善，进入临时医院。转运中，干部民工日夜忙碌，吃不上饭，睡不好觉，但对伤员却十分爱护，走时步子轻，有的把衣服脱下给伤员盖头、盖身。粮草供应方面：孙疃设有粮站，地方组织供应。因解放军神速到来，过于集中，供应量大。宿西县除在粮站供应外，还组织千余辆牛车，按需要拨给。时值隆冬，大雪纷飞，敌机白天轰炸扫射，组织运输困难重重。为保证前线供应，地方上动员万名担架队员，冒雪连夜从80里外的宿蒙粮站扛回数十万斤面粉。担架队员腿跑肿了，脚磨破了，雪地上留下了血迹。

柴草供应上，马草马料基本上满足，烧柴供应地方有困难。开始烧秫秸、豆草，后烧牛草（麦草），重点村破农具、破家具、破房子都烧光了。军鞋供应困难，群众将现有能穿的鞋都支援了部队，有的新娘子把为新郎做的鞋也献了出来。蔬菜供应，群众的猪羊多数慰劳了部队。为使战士们能吃上蔬菜，除拿出现有的白菜、萝卜，还把能吃的咸菜、干菜也献出来。食盐奇缺，有的地方1块银圆还换不到1斤，有位老大爷病了舍不得吃，省下的献给部队，战士们异常感动。

淮海战役中，宿西县民兵破袭津浦铁路，断绝敌人交通

战斗中，民兵发挥了巨大的作用。一天夜里，一股敌人突围出百余里至孙疃某庄，碰上一个担架队中队，民兵大喝一声："缴枪不杀！"敌人如惊弓之鸟，乖乖放下武器。支前中，干部、民工20多个昼夜没吃好饭，没睡好觉，瘦掉了几斤肉，有的连结婚、奔丧都顾不得。尤沟田家一位担架民工，父尸停放堂前不能尽孝；雁鸣区农会主任张玉新母亲病故顾不得安葬。严明的纪律，高度的责任感，是完成支前任务的重要保证。

淮海战役后，三分区成立担架支队随部队南下。陈新民奉命组织宿西县渡江担架大队，有担架250副，2000名队员。全县9区1市各出200名至300名队员组成中队，担架队员选年轻力壮的村干和民兵参加。担架大队成立党委会，中队成立党支部，小队成立党小组。担架队员家中的地由地方政府派人代耕，使队员无后顾之忧。组织动员工作顺利，出现了妻子送丈夫，父母送儿子的动人场面。

1949年3月下旬，担架队在杨柳集中出发，陈新民对转战10年的宿西生活十分留恋，思绪万千，遂吟诗一首：

转战十年宿西东，甫得解放又出征。

长辞父老心依恋，握别战友情更浓。

今日随军渡江去，捷报待传濉溪城。

单等饮马南海日，重开世运慰平生。

担架队整顿一星期后出发，经太和、正阳关、合肥，4月上旬到桐城县太平。因解放大军已渡江南下，皖北行署令队员们复员。陈新民分到桐庐工作，任桐庐县第一副县长。1950年10月，调任水电部治淮委员会民运科长、政训班主任。1957年8月，调到阜阳地区工作，先后任水电局副局长、城建局长、治淮指挥部副指挥长。1980年离休。

王立辰

王立辰，1919年出生，濉溪县双堆集镇赵园村前王庄人。

9岁入村塾读书，勤奋好学。1939年，王立辰到陈集乡二郎庙小学教书。他教学一丝不苟，从没有耽误过学生的功课，而且不计报酬，一方乡邻无不说王立辰是个好老师。

抗日战争爆发，陈集一带土匪蜂起，武装割据，三里一队长，五里一司令，派粮、拉夫，骚扰百姓。驻南坪的日军，多次侵扰陈集。王立辰亲眼看到自己的同胞惨死在日军的屠刀之

王立辰

下，满腔愤恨，无处倾诉。1939年10月，新四军游击支队进军淮上抗日，收复了津浦路西的淮北大片土地。陈集一带常驻新四军，他们公买公卖，不抢劫，不扰民，专打日伪、土匪，正是他理想中救国救民的队伍。因此，王立辰经常主动接触这支队伍，和他们攀拉，听战士们讲抗日救国的道理，从而提高了思想认识，决心放弃教书职业，投身革命。

王立辰把准备参加革命的想法告诉了父母，双亲再三劝阻，不让他离开身边。王立辰劝慰父母说："爹娘爱我，我知道，可咱街（陈集街）上被日寇杀的十几个人，谁无父母？他们怎么保不住儿子？咱们有吃有穿，一旦日军烧杀、土匪袭劫，咱吃什么，穿什么？何况天下还有多少人无吃无穿呢？"不管他怎么说，父母就是不肯让自己的独生儿子离开自己。

1944年，陈集、罗集一带的革命局面被打开了，王立辰再次向父母

提出参加革命的事，父母仍是劝阻。王立辰坚定地说："你们就是用几头老黄牛拉也拉不回我来。"就这样，他毅然离开父母，投身革命行列。初参加工作时，在宿怀县龙亢区从事会计工作。1945年，到华中八分区学习时光荣地加入了中国共产党。学习回来，任宿怀县浍河区财务分局局长。王立辰入伍前，沉默寡言，稳重憨厚，自从来到革命队伍中，却活跃起来了。他说："参加革命是我的新生活的开始，我愿意把一生献给革命事业。"他虽然做着平凡的财务工作，却把工作当作战斗职责。当时，宿怀县属于游击区，群众连年遭受战争洗劫，生活十分贫困，再加上日伪对游击区的封锁，致使财务工作困难重重。王立辰为了保证部队、政府的供应，总是想方设法动员群众缴纳公粮、公款，有时甚至冒着危险深入边远地区去截击敌人的粮车。在用财方面力求节约。他虽然经管着钱、粮、物资，自己仍是一身破衣，一床烂被。每次部队打胜仗回来，改善伙食，包饺子吃，他总是让战士们先吃，剩了他再吃，不剩就啃粗面窝头。3年多来，他为革命理财操尽了心，不但保证了军政人员的供应，而且如数上交了税款和公粮。

1946年10月，我方武装部队撤出陈集地区，王立辰仍留守地方坚持斗争，后因环境恶化，为了避免无谓的牺牲，便前往南京隐蔽。与党组织失去联系后，他心急如焚。1947年5月，他独自一人，夜穿敌占区，来到涡阳北的唐奶庙，找到了中共宿怀县委书记汪冰石等人。6月，他又随县委、县大队打回了宿怀县。重建根据地，王立辰被任命为宿怀县顺河区副区长，7月7日，他随宿怀县大队追歼国民党陈集乡乡长陶思礼，战斗结束之后，在返回途中，他顺便到双桥乡小任庄去动员任百灵出来工作，不巧，疟疾发作了，只得暂住在小任庄。庄上的坏分子发现了他的行踪，偷偷密报了国民党大营乡公所。国民党反动派乘大雨包围了小任庄。王立辰虽然发着高烧，仍奋力与敌博斗，最后身受重伤，不幸被俘。

王立辰被敌人拖到周庄，伤痛难忍，可他却咬紧牙关，不在敌人面前叫一声苦。惨无人道的敌人把王立辰绑在屋外，在大雨中淋了一夜。第二天上午，王立辰已不省人事，敌人用牛把他拉到城隍庙枪杀。王立辰英勇就义时，年仅28岁。

王立辰牺牲的第二天，战友谢子言在沱河的芦苇丛中，写下了一首挽歌，表达双堆人民对王立辰烈士英灵的悼念：

呜呼立辰，党之精英。光明磊落，革命一生。为党为民，英勇牺牲。我失战友，无限悲痛！君之遗志，吾侪继承。胜利之日，再告英灵。若汝有知，应含笑九泉之下。呜呼哀哉，尚飨。

张玉新

张玉新，1906年出生，濉溪县孙疃镇大侯集村人。

张玉新小的时候，家里很穷，地无一垄，房无半间。父亲给地主当长工，母亲带着他四处乞讨。为了活命，可怜的姐姐被迫送给人家当了童养媳。全家过着啼饥号寒的生活。后来，租种了恶霸地主赵登科的5亩湖洼地，一家人晨起暮归，辛勤劳作，一年收获的粮食，交租之后，所剩无几。一家人仍是食不果腹，衣不遮体。

1922年夏秋之交，阴雨连绵，大水成灾，庄稼几乎颗粒无收。张玉新家交不起地租，被迫到赵登科家打短工。他个子矮，力气小，地主看他不顺眼，干了活也不给工钱。为此，张玉新的父亲气恼成病，卧床不起，不久去世。这样的深仇大恨张玉新怎能忍下？他甩掉褂子，拿起菜刀，要和赵登科拼命。赵家有钱有势，乡亲们怕闯出大祸，赶到半路上把他截回家里。血气方刚的张玉新怒不可遏，一拳头把案板砸个大窟窿，发誓与地主不共戴天。

1927年，抬头寺的农民协会在中共临涣区委的领导下，组织猪耩沟和大侯家一带的农协会员2000多人，到北张集斗争恶霸地主兼集长赵登科。到了北张集，张玉新带头闯进集公所，从卧室的大床下把赵登科拽到会场。赵登科站在会场当中，浑身发抖，点头哈腰，狼狈不堪。张玉新第一个站出来申冤诉苦，高呼"打倒赵登科"的口号。农协会还清算了赵登科敲诈勒索的罪行，迫使赵登科不得不低头认罪，斗争取得了一定胜利。在这次斗争中，张玉新经受了锻炼，成为农民协会的骨干。

1943年春，兵荒马乱，地方杂八队和日伪军的苛捐杂税多如牛毛，广大群众十室九空。在灾荒严重关头，张玉新得知北王庄王正才等几个穷哥们家中断炊，就毫不犹豫地将自家的一头毛驴卖掉，帮助他们度过春荒。这种慷慨解囊、赈济贫困的义举，使王正才深受感动。不久，王正才也参加了革命，成为党的坚强战士。

1945年2月，张玉新光荣地加入了中国共产党，不久，担任宿西县雁鸣（六区）区农会主任。1946年7月，蒋介石悍然发动反人民的内战，到处制造事端。为了避敌锋芒，华中八分区奉命西撤。张玉新亦随军撤到河南省扶沟县，被派往永城保安山一带开展革命斗争。1948年夏，调到宿西县雁鸣区工作。

1948年11月初，淮海战役双堆集歼灭战打响。地方上的中心任务是全力以赴支援前线。在支前中，张玉新是县工作队的组长，住杨柳兵站，负责粮草运送和伤员转运工作。有几天柴草供应紧张，张玉新心急如焚，毫不迟疑地把自己家里的两间草房拆掉，木棒、柴草全部献了出来。在转运伤员时，他把自己身上的棉衣脱下来盖在伤员身上，并一再嘱咐担架队员，要轻起、慢放、步子稳，不要增加伤员的痛苦。他除了负责兵站的组织工作外，有时也和民工一起，抬担架抢救伤员。

有一次，他抬的伤员伤势很重，昏迷不醒。半路上遇到敌机扫射，他急忙放下担架，不顾安危，扑下身子，用身体保护了伤员，自己却负了伤，鲜血直流。他没有介意，草草包扎后，又继续带队前进。

在双堆战场支前的紧要关头，张玉新的老母亲身得重病，生命垂危，弥留之际想见儿子一面。家里曾三次去人到杨柳兵站找他，但都因他忙于支前工作而没有找到。过了几天，他从前线回来，听说母亲去世了，不禁顿足大哭。他含泪对领导和同志们说："母亲的后事让家里人安排吧，现在我不能离开工作岗位。"张玉新这种深明大义、大公无私的精神，在场的所有人无不为之感动。

1948年12月15日，双堆集歼灭战胜利结束，张玉新出色地完成了支前任务。中原野战军第三纵队奖给杨柳兵站"支前模范"锦旗一面；豫皖苏军区后勤司令部前方办事处对杨柳兵站和张玉新多次嘉奖；中共宿西县委书记田启松在全县支前表功大会上，给张玉新记了大功。1949年1月2

日的《中原日报》和1月4日的《拂晓报》分别刊载了张玉新的支前模范事迹。

1949年2月，张玉新任中共杨柳区委副书记。为胜利开展反匪反霸斗争，4月11日，张玉新带领工作队在杨炮楼和小伯家向群众做思想发动工作。晚上，他和区委其他成员带领30多人的区小队，驻在燕头集北杨家庄。12日拂晓，反动"天门道"头子董道生发动三四千人（有部分系不明真相的群众）武装叛乱，包围了杨家庄。区委面对这种突然事件，临时决定只能转移，不能硬拼。张玉新指挥区小队相机撤退。杨家庄东面是老杨柳沟，沟里有水。庄东北角有个砂礓坝。区小队从砂礓坝突围，刚过沟东，麦地里几百个黑乎乎的人影围了上来。张玉新临危不惧，指挥若定，命令副区长杨克振带领区队战士绕道向杨炮楼转移，自己和陈修敬及几名战士在后面掩护。不料大沟里又蹿出10多个人影，张玉新急中生智，一闪身跳到一棵大树后面，举枪打了出去。暴徒顺着枪声对张玉新打了几枪，又扔手榴弹，他没来得及隐蔽，腹部受伤，肠子被打了出来。他咬紧牙关，忍住剧痛，将肠子塞进肚子里。这时，陈修敬端起"汤姆式"向敌人扫去，打退了暴徒的围攻。另外几个战士背起张玉新顺着麦田边的小沟向东转移。他们替换着把张玉新背到哈家。张玉新伤势严重，奄奄一息。区委决定，把他抬到宿县三里庙某部医院抢救。

但因流血过多，半路上，张玉新的心脏停止了跳动，英勇牺牲，时年43岁。

谢子言

谢店孜革命起步

谢子言，号文涛，1924年出生，濉溪县双堆集镇后店村人。自幼在本村小学读书，由于勤奋好学，成绩优良，深受师长喜爱。初小毕业时，因家贫无力到外地就学，只得改读私塾。

1944年秋，谢子言参加了革命工作，被任命为宿怀蒙县罗集区粮政区员。一个多月后，宿怀蒙县被一分为二（宿怀县、宿蒙县），谢子言被分配在宿怀县罗集区担任原职，主要任务是清理新四军收复路西时散发在群众手中的粮草收据。这些收据交上来，抵作群众应摊的公粮。时值隆冬，天寒地冻，谢子言奔波在全区各个村庄。一次，鞋子坏了，他就赤着双脚在雪窟里行走，还哼着曲子，唱着梆子戏，好像变成了另外一个人。

谢子言

1945 年 2 月，谢子言担任罗集区副区长兼粮政区员，经区委书记袁煦介绍，光荣地加入了中国共产党。8 月 3 日，升任区长。宿南战役后，新四军急需补充兵源，在县政府的统一布置下，罗集区掀起了大规模的扩军热潮，宣传动员工作广泛深入，"好铁要打钉，好男要当兵"成为妇孺皆知的口号，前后 5 次动员，共上升主力部队 100 多人。在解放区，废除了日伪和国民党的苛捐杂税，广大百姓得以休养生息。同时，推行农业税（公粮）累进制并清查地亩，把地主劣绅强加给农民的不合理负担统统取消。区乡还发动护粮运动，与日伪顽展开斗争。在"双减"运动中，罗集区把地富的地租改成倒四六或倒三七；废除"驴打滚"的高利贷，年息减为二厘五。全区约有 200 农户因此获利。

抗战胜利之后，经过短暂的平静，国民党反动派开始频繁制造军事摩擦，阴谋挑起内战。敌人的黑手伸向了罗集区，11 月间，罗集区粉碎了一起袭击区队的阴谋。当时连续几日，区队每到一个地方，一排三班长荣瞎子就窥视谢子言的住处。他的反常行为，引起谢子言的警觉。第三天夜晚，区队由四门转移至丁小郢子，刚安顿下来，荣又迫不及待地来了，贼头贼脑张望。为预防不测，谢子言立即更换住处，并严密注视荣的行动。后来情报表明，荣已与国民党湖沟行动队长陶思行沆瀣一气，企图里应外合袭击罗集区队。防范措施赢得了主动，经逮捕审讯，荣瞎子供认，原打算在区队驻丁小郢子的那天晚上动手，只因中途雨阻，陶思行没能到达，阴谋才未得逞。

蒋管区的隐蔽斗争

1946年9月，双堆地区的斗争形势更加严峻。10月上旬，组织上安排谢子言和陈复东到蒋管区隐蔽。为避免敌人怀疑，谢子言和陈复东以表兄弟相称，陈复东改名王成道。二人化了装，拜别双亲，穿过马蹄湾，夜渡北淝河，来到凤台县西北上塘集洼窝王家谢子言姑母家隐蔽。

两个月后，谢子言接到家里来信说："宿怀同志西撤月余，顽乡长陶思礼已知你俩住址，望速转移。"接信后，两人先去蚌埠。在蚌埠，见到了大营区队班长杨焕楼，交谈后，知他隐蔽在南京下关。于是，谢子言二人即跟随杨焕楼一路来到南京下关，混在皖北水灾灾民中。灾民们聚居在废铁路附近，搭了一个个窝棚，每天只能领一点救灾粮勉强度日。为吃饱饭，谢子言除做些贩卖蔬菜、油条的小生意外，到1947年春节，又沿街说唱乞讨。一天，滞留下关的灾民联合向国民党政府请愿，要求豁免皖北灾区3年公粮，免征壮丁，以恢复生产。然而，反动的国民党政府忙于打内战，不予理睬。谢子言按捺不住心头怒火，写下一篇《我们再也不要受蒋介石假民主欺骗了》的稿子，署名把江门黄土山谢子言，投寄南京《新民报》，然后就去芜湖打江圩（筑江堤）。《新民报》发表了谢的稿件，竟惹恼了反动当局，出动军警、特务包围黄土山，挨户搜查灾民窝棚，指名要逮捕谢子言。因抓捕不到人，恼羞成怒，放火烧毁了20多间灾民窝棚。

平古堆（左）、尖古堆（右）

在芜湖打江圩，他们被分在该市西南 40 里三山孜、小洼孜一带。挑圩活很重，吃得差，三餐不见盐味。谢子言等很快返回了南京。王立辰由镇江来到南京。他是与组织失去联系而离开宿怀的。在镇江，他混到青年军里，因策动新兵逃跑遭敌逮捕，越狱逃了出来，两只胳膊伤势还未痊愈。王立辰带来了好消息，谢子言的父母逃难到了蚌埠。于是，谢子言和王立辰、陈复东又赶回了蚌埠。

1947 年 4 月底的一天，谢子言偶然看见一张国民党《皖北时报》，其中有"共军老巢在观音堂、白马驿一带……"，谢子言兴奋地回到家里，立即找来王立辰、陈复东，决定和陈复东先行寻找党组织。一路行程 3 天，来到观音堂附近的乔李庄，见到中共宿怀县委书记汪冰石，汇报了半年来的隐蔽斗争情况。县委为谢子言举行了党员转正仪式。其后几天，组织上给王立辰去信，王立辰很快回到党的怀抱。

两县区辗转游击

6 月的一天，中共宿怀县委召开收复失地誓师大会。县委书记兼县长汪冰石作动员报告，号召干部战士"誓与宿怀共存亡"，进入宿怀之后，要"县干不离县，区干不离区，乡干不离乡"。谢子言担任顺河区区长兼区队长，区委书记程章礼，组织部部长陈复东，副区长王立辰。当月中旬，在分区二支队二连的护送下，顺河区队日夜兼程，于第三日拂晓进入县境西部。部队继续东进过了双桥，来到小杨集一带。顺河区人员按原定计划分成小分队赴各地，程、陈二人到双桥、小赵集、褚集活动，谢子言、王立辰去陈集、罗集、三和一带工作。10 多天后，谢子言带领的小分队就发展了 10 余条枪。老百姓很快知道解放军打回来了，敌人闻讯也从四面八方袭来，紧张艰险的斗争开始了。

7 月，板桥区委书记卢锡球等 10 余名干部、战士来到顺河区，配合开展武装斗争。他们兵合一处，共同战斗。一日傍晚，两区联队驻扎小顾庄，忽见顾学诗大爷气喘吁吁地跑来说："快走，敌人从东边包围上来了！"区队刚出庄头便和敌人接了火，然后迅速进入青纱帐。脱险后得知，来犯之敌是宿县保安队，有 500 余众。他们扑了空，把顾大爷抓起来吊打一顿。

次日，两区联队在小夏庄又与敌人相遇。7天两次遇敌，板桥区的同志沉不住气了，到了五门陆家时提出返回板桥。当晚，他们回去了，走到小朱庄，已是下半夜，人生地不熟，没有了解周围环境就驻下了。天刚亮，广顽的一个营经过，村头树上的岗哨被高粱遮住了视线，发现敌人时已到跟前，敌人一窝蜂冲进庄里。还在睡梦中的同志惊醒后向庄外突围，1名战士壮烈牺牲，2名负伤。

板桥的同志走了，王立辰随县队追捕陶思礼去了，小分队的困难更大了，10多个人，10多条枪，连岗哨也站不过来。只得化整为零，分为两个战斗小组，时而分散隐蔽，时而集中活动。分组的当天下午，传来王立辰不幸牺牲的噩耗。王立辰同志是优秀党员，斗争勇敢，立场坚定，大家决心为他复仇。

7月下旬的一天，骄阳似火，小分队突然出现在蔡家綆上——这是当地农民举行的传统牲畜交易会，召开群众大会、宣传革命形势，告诉大家共产党的队伍马上就要打回来，国民党是兔子尾巴长不了。会后立即转移到罗庄。刚到罗庄，赶集的老乡就焦急地赶来，说："好多敌人从罗集向这儿来了。"小分队迅速走出罗庄，直奔西南，最终脱离险境。

在极端困难时刻，这支小小的队伍隐居到青纱帐里。他们"足蒸暑土气，背灼炎天光"，头顶烈日，脚踩烂泥，热气蒸，蚊虫叮，饿了啃口干粮，渴了喝泥水。到了夜晚，打把秫叶当凉席，和衣睡在露天地里，为了革命虽苦犹乐。其间，敌人曾搜索过，茫茫青纱帐，任凭你有千军万马能奈我何？相反，小分队利用这些天然屏障袭击敌人，在五门陆家把来犯的三和乡魏大营打个半死。敌人束手无策，只得悬赏1000大洋捉拿谢子言，声称如窝藏或知情不报者合家抄斩，全庄烧光，真是枉费心机。

不久，小分队和程章礼、陈复东同志联系上，合兵一处，增加了力量，逐步扭转局面，并设立了陈集乡。一天，谢子言和陈集乡乡长孙明圣及十来个战士赶到陈集，在集上召开群众大会，刚准备转移，顽军突然从东南方向扑来，区队遂往陶家堰渡口撤退。这时迎面又来了敌人，不容犹豫，区队转身往洮河边撤去，敌紧追不舍。情势危急，战士们跑到河下，一头扎进了芦苇丛中。这是一片盘满鸡屎藤的茂密苇棵，是极好的藏身之处。蒙城的尾追之敌和迎面而来的宿县顽敌接上了火，"砰砰叭叭"打起来了。一方突然喊叫："莫打了，误会了！"枪声息了，随之传来一片叫骂声。接着，几个敌人到了河边搜索一阵，没发现什么。又过了一会儿，细听周围无动静，战士们撤上南岸，此时已是月到中天，月华如昼，南风徐来，大家露出舒心的笑容。

淮海战役中，立功受奖的支前民工担架队

为防备敌人继续"围剿"，战士们找来小船进入苇丛中隐蔽，附近虽不时传来敌人枪声，谢子言却安然坐在船舱里给王立辰撰写祭文："呜呼立辰，党之精英。光明磊落，革命一生。为党为民，英勇牺牲。我失战友，无限悲痛！君之遗志，吾侪继承。胜利之日，再告英灵。若汝有知，应含笑九泉之下。呜呼哀哉，尚飨。"几天后，他们再一次在陈集出现时，群众异常兴奋，见面就说："你们这一仗打得不错，2000 名顽军没伤你们一根汗毛，自己却打起来，真是草包！"敌人这一次军事行动，因宿、蒙两县之敌互相厮杀，双方均未按时到达"会剿"地点，失去了战机。我宿怀县大队乘势把怀远顽军吴大愣部击败，使宿怀蒙三县顽军"会剿"的阴谋彻底破产。

1947 年 10 月初，根据斗争形势发展的需要，县委决定在双堆地区南部建立两县区。谢子言任两县区委书记兼区长，孙明圣任区队副。同年 11 月，解放军华野三纵路经宿怀，支援了两县区一批干部。此时大反攻刚刚开始，地方斗争形势依然紧张。谢子言等不失时机地开展恢复工作，发动群众歼灭土顽，实行"急性"土改。

10月底的一天，两县区区队配合县大队一部，在县委书记兼县长汪冰石的指挥下，长途奔袭顽陈集乡公所。当晚行军涉过涡河，天亮时对敌实施包围。汪冰石县长身先士卒，带着战士们冲了进去。敌人刚从睡梦中醒来，还没有明白怎么回事，就一个个当了俘虏。这次战斗，活捉顽副乡长张怀勤以下数人，缴获敌乡公所全部枪支、文件。

1947年12月至次年1月，两县区在陈集乡进行"急性"土改试点，提出口号"一手拿枪，一手拿算盘"，在发动群众向恶霸地主作清算斗争的同时，武装保卫土改。在该乡，重点斗争了地主顾广路、张翠生，然后各村把地主的土地和浮财分给了贫雇农。

1948年3月上旬的一天黄昏，两县区武装驻扎在乌衣以北某庄，突然蒙城百余敌人来犯。因情况不明，在二班掩护下，谢子言率领区署人员和一、三班战士撤离。二班勇猛阻击，打死打伤敌人3名。

8月的一天，顽任百善部侵犯两县区东部熊大庄、九里湾一带，大肆抢掠群众粮食。区队闻讯迅速赶到，猛烈攻击，打跑了敌人，截下粮车数十辆。9月的一天，为阻止国民党军沿津浦路北上，两县区奉命执行破路任务。副区长王魁西和区队副孙明圣率领民工数百人，天黑时到达唐南集至任桥段，立即投入紧张的战斗，一边布岗警戒，一边迅速安排割电线，切断了敌之通信联络。众多民工用铁钎、木杠喝着号子，把铁轨一段段掀起，翻入路沟，显示了解放区人民不可战胜的力量。

浍河岸火线支前

1948年11月6日，淮海战役开始了。国民党黄维十二兵团受命驰援徐州，由平汉线经阜阳向宿县进犯。23日，该兵团抵南坪受阻，进入了解放军布下的"囊形"阵地，被逐步压缩包围在双堆集一带狭小地区，双堆集歼灭战打响了。

宿怀县陈集战勤会议后，当月12日，县政府正式下达支援淮海战役的紧急通知，要求两县区3日内组织200副担架，其中，60副随豫皖苏军区独立旅行动，140副留后方转运伤员。接到通知后，干部战士欢腾雀跃，

淮海战役中，民工大车运输队将粮食源源不断运往前线

久久盼望的大反攻时刻到了。仅两天两夜，200副担架编组任务就完成了。谢子言虽然右脚生疮，肿得像紫茄子，仍坚持率领60副担架队走上前线。担架队进行了编队，指派了负责人。担任中队长、分队长的都是翻身农民或民兵骨干，有的还是共产党员。他们爱憎分明，有很高的政治觉悟。15日，担架队从陈集张庄出发，头顶星月，脚踏寒霜，赶到蕲县浍河南岸刘圩子。独立旅正配合兄弟部队阻击刘汝明兵团北上，在湖沟一带浴血奋战四昼夜。担架队员夜以继日地抢运解放军伤员和牺牲的战士遗体，经受了战火的考验。

不久，担架队又奉命去6里外的旅后勤部驻地——浍河北岸沈家寨执行新的任务。担架队整队出发，他们用芋头秧、绿豆棵把担架伪装起来，疏散队形，急速前进。来到一开阔地，遇到敌机扫射、轰炸，队员乘飞机盘旋、俯冲的瞬间，跑跑卧卧，没有被这凶恶的"鹰隼"吓倒。在大王庄废墟抢救好伤员，他们又奔赴双堆前线。在这儿，担架队多是夜间执行任务，敌人不时发射照明弹，到处似电闪雷鸣。队员们无所畏惧，迈着矫健步履，躲开敌人暗堡，穿过枪林弹雨，抢救伤员，经20多个日日夜夜，胜利完成了任务。

两县区处于战场南部，所有村庄驻满了解放军官兵。人民群众把吃的、烧的、用的全部献给了部队。宿怀县政府在陈集设立了兵站，副县长陈希文任站长，财政科长朱孟操任副站长，后来在罗集还设立分站。兵站担负怀远、凤台等涡河以南解放区的粮草转运，供应华野六、七、十一纵队，任务日趋繁重。一个多月的支前工作结束后，区里召开了评功表模大会，按一、二、三等功评出支前模范 60 余名，董万仲等 10 余位被评一等功。

双堆区重建家园

双堆集歼灭战结束后，两县区改属宿西县管辖，并将两县区、浍河区和宿蒙县南坪区的部分乡合并成立双堆区，谢子言任区委书记。

战后的双堆战场，到处是深深浅浅的战壕、星罗棋布的弹坑，许多村庄被炮火夷平。房屋、树木荡然无存的重灾庄 17 个；仅剩几间破屋的次重灾庄 9 个；部分房屋被摧毁的庄 15 个，共计 41 个，死伤群众 127 人。敌人丢弃的数万具尸体和无数军用物品遍地皆是。打扫战场，重建家园任务非常繁重。

双堆区主要抓了三件事。一是打扫战场，掩埋尸体。掩埋敌尸取下的金条、金戒指、银圆、手表、钢笔等贵重物品足有两车，没有一个战士私拿的，真正做到了一切缴获归公。二是救济灾民，恢复生产，重建家园。县、区干部背着米，扛着面，迎着呼啸的北风、漫天的飞雪来到地堡里、颓垣处寻找灾民，送去党的温暖。许多灾民流着激动的泪水说："共产党真是俺的救命恩人！"又运来一些建筑材料和帐篷，供灾民度过寒冬。接着，重建家园的工作全面展开。干部们逐村逐户安置落实，帮助灾民建房屋，买耕牛，办农具，备种子；组织他们填平战壕、弹坑，修整农田，做好春耕生产的准备。此外，发放一次性安家粮，平均每人 140 斤，计 103万斤。生产救灾、重建家园工作经一个多月的突击，便出现了奇迹：在战争废墟上新建了一排排住房，家前园后种上一行行树木；坑坑洼洼的田地平整为一方方良田，恢复了勃勃生机。三是捕捉一贯道会首。1949 年春，国民党特务专员杨大文，潜入双堆区陈集乡，以行医为名，秘密发展反动一贯道，阴谋组织暴动。杨大文散布："第三次世界大战快打起来了，天下要大乱。""只有加入一贯道，神佛才能保佑免劫难。"铁证如山，区里决定采取行动。为了不惊动敌人，谢子言特意写了一封"请柬"，"邀请"杨大文到区里玩玩。杨大文按约来到区署。见面后，谢子言冷冷一笑，略一挥手，4 名警卫战士把杨大文五花大绑，审讯后押解宿县监狱。

1949 年 6 月，宿西、宿东两县合并组建宿县。1950 年 10 月，濉溪县成立。谢子言先后任濉溪县政府秘书、副县长、县长，领导全县人民开展了抗美援朝、土地改革、镇压反革命、治理淮河、抗洪救灾等工作，为濉溪县的建设和发展贡献了力量。1957 年，任中共怀远县委书记处书记。1981 年，调任宿县地区广播事业局党委书记、党校副校长。1983 年离休。

徐圣邦

徐圣邦，1920 年 11 月 5 日出生于宿县褚庄乡尖山上村的一个贫苦农民家庭。

11 岁入塾馆，先后在尖山上村、下村读书，后又以优异的成绩考入卢村中学。在校读书期间，徐圣邦耳闻目睹祖国的大好河山被日本帝国主义蹂躏，对帝国主义的侵略和国民党反动派的祸国殃民极为痛恨，在进步老师的带领下，经常和一些同学在街头张贴标语，散发传单，进行抗日宣传。

1944 年 2 月，土顽费洪阁和清乡队长魏连三率 200 多人掠走徐圣邦等 40 多名上村的青壮年当作人质，勒索钱财。多数人家卖地当产托人，陆续赎回人质，而徐圣邦等 3 位青年因家里没钱赎而被继续关押在朱集西土山庙里，受尽非人的折磨。这件事使徐圣邦看清了国民党的反动本质。在逃离虎口，回到家中后，他坚定地对父亲说："我要参加共产党，拿起枪跟共产党干革命，不然我们永远过不上好日子。"

褚庄尖山一带属于萧宿铜县宿北区，是新四军游击区，也是顽伪的势力范围。宿北区区长祖宇恩认为徐圣邦有文化、有骨气，是块革命的好材料，就动员他出来做革命工作，徐圣邦欣然同意。1944 年 5 月，徐圣邦被任命为离山乡副乡长。他一到离山乡，即着手组建乡队，不到两个月，就为区队输送了一排人的武装。由于乡队加入了区队，乡里一时没有武装，被敌人钻了空子。7 月 19 日，大五柳维持会的伪军突然袭击离山乡公所，徐圣邦等 4 位同志被捕。出庄不远，徐圣邦奋力挣脱绳索向北逃去，左臂被子弹击中。他忍痛跑到大五柳，被几位好心的群众收藏，后由区队送往路东斜东区祝沟寺养伤。9月，宿西县政权恢复，徐圣邦虽然左臂枪伤还未痊愈，就被组织派到离山乡担任乡长。徐圣邦深知掌握枪杆子的重要性，刚到任就和乡队长刘轩福积极发展武装，动员青年参加乡队，向有钱人家借枪，很快又在离山乡建立起一支20余人的乡队武装。

1945年2月，经区委书记张平凡介绍，徐圣邦光荣地加入了中国共产党。此后不久，伪军小队长王树珍带人到尖山上村要粮，徐圣邦闻讯，带领乡队赶跑了敌人。5月下旬，张平凡调任宿北区长，即调徐圣邦到区队任队副。宿北区原区队上升编入亢营，区里只剩下五六个通信兵。为了尽快把区队组建起来，徐圣邦不分白天黑夜，冒着生命危险，奔波全区各乡村，不久又重新组建起30余人的区队武装。

日本宣布无条件投降后，8月18日，中共淮北苏皖边区委员会发出《关于普遍发动敌伪占领区基本群众的指示》，要求各地党组织及武工队立即发动群众，夺取敌伪、土顽武装，夺取小据点，建立政权，武装群众，准备应付内战。为了更有效地牵制和打击敌人，9月，徐圣邦按照中共宿北区委的要求，带领区队和村民扒铁路、锯电杆，截断敌人通信线路。一天，发现龟山东边有顽军侵犯，徐圣邦带领区队预先埋伏下来，乘敌人过桥混乱拥挤时，打了一阵排子枪。敌人惊慌失措逃窜，我军乘胜追击，敌人纷纷缴械投降。由于环境对革命斗争非常有利，徐圣邦抓紧扩充区队武装，不到一个月，区队就由原来的30余人扩展到近百人，枪支好，子弹足，队员们士气高涨。同年10月，驻夹沟的广顽到镇疃一带抢粮，徐圣邦指挥区队打死打伤顽军4人，收缴粮食5车。

1946年初，驻扎夹沟的广顽不断对我解放区侵扰，经常到宋南乡南庄村抢粮。为打击敌人的嚣张气焰，保护人民生命财产安全，徐圣邦按照有理、有利、有节的原则，及时组织力量给顽敌以有力的回击，歼灭顽匪24人，缴枪20余支。

顽匪不甘心失败，疯狂地进行报复。3月的一天拂晓，徐圣邦带领区队在大五柳西龙泉寺刚住下，顽匪就兵分三路向我区队进攻。徐圣邦指挥区队迅速占领壮马山，居高临下狠狠打击来犯之敌。战斗持续到中午，敌伤亡 10 余人，而我区队无一人伤亡，安全撤出了战斗。

为更有效地打击敌人，各区队加强了联系，平时分开活动，战时联合对敌。5 月，土顽费洪阁带人到濉东地区进行骚扰，抓人抢粮，无恶不作。为保护人民群众生命财产安全，保证夏征任务的顺利进行，濉东区区长朱复初带领区队进行迎击。徐圣邦听到激烈的枪声，遂和区长张平凡率领宿北区队前去增援，迅速赶到闸河东岸阻击敌人。由于费洪阁人多枪好，濉东区队渐感不支，边打边撤，土顽紧追不舍，形势万分危机。徐圣邦带领区队机枪班及时抢占山头，集中火力向追赶的敌人猛烈射击。费洪阁被这突如其来的密集子弹打得不知所措，不得不带队回撤。此次战斗，朱复初壮烈牺牲。7 月，为了斗争的需要，宿北区队和濉东区队合并成立东北大队，有 1 个连的兵力，徐圣邦任队长。8 月初，濉溪城的广顽到五户张集一带抢粮，徐圣邦率领东北大队主动出击，经两个小时的激战，敌人仓皇逃窜。9 月，国民党凭借军事、经济上的优势，对我宿西地区疯狂"扫荡"。东北大队转移到永城西北的蒋口集，后又随华中八分区后方人员来到陇海路以北郓城一带，被编入陇海支队。不久，被编入警卫团，奉命返回豫皖苏地区。

1947 年 6 月 30 日，刘邓大军南下，揭开了解放战争战略进攻的序幕，豫皖苏广大军民乘势收复失地。徐圣邦跟随中野二十旅，经过多日的艰苦行军，躲过敌人飞机轰炸、机枪扫射，摆脱敌军的围追堵截，到达三分区何庄寨。在那里，他和曹大臣、李本法、李亚光、赵建五、秦德增等一起被分配到宿西县做收复工作。8 月 15 日，中共萧宿永县委书记田启松在濉西孟口热情接待了他们，并任命徐圣邦为濉西区副区长兼区队长。半个月后，徐圣邦又调到蔡里区任区委书记兼区长。徐圣邦到了蔡里区，经过半个月的艰苦工作，重新集中了 20 余人枪，先后建立了蔡里、五柳、秦山、土型等乡政权和地方武装。

1948 年春，解放军主力进入外线作战，解放区不断扩大，国民党反动势力向铁路沿线及城市收缩。畏缩在宿县、符离集等地的敌人，感到末日来临，但他们不甘心失败，仍然做垂死挣扎，继续对我宿北、宿西等地进行骚扰和抢掠。徐圣邦带领蔡里区队配合县大队，不断采取"夜间设伏""长途奔袭"等战术，主动出击，打击敌人。三四月间，蔡里区队配合县大队连夜急行军，于拂晓前赶到高村，包围了高正伦顽保队，战斗速战速决，活捉顽敌 8 人，缴枪 11 支。麦收后，徐圣邦带领区队配合县大队，伏击了前来何庄、杜庄抢粮的顽匪李公达 1 个连。敌人在何庄桥被打得落花流水，纷纷溃逃。

同年 7 月，顽敌乘我萧宿县政权建立不久，不断进行骚扰。在这种形势下，县委书记王尚三提出向朔里区东北、蔡里区以东出击的行动方案。由于朔里乡长叛变，机密泄露，顽敌事先做好了南北夹击的准备。国民党萧县保安团、胡开祥支队、费洪阁等土顽一齐出动。一天，蔡里区队驻守在小李庄，太王山顶峰设有岗哨。徐圣邦看到西边山上的岗哨飞速往下跑，知道敌人上来了。他把情况立即报告给王书记，并对王书记说："敌人力量强大，来势凶猛，我们不能同敌人硬拼。老龙脊山顶地势险要，敌人很难攻上去，我们上老龙脊。"在老龙脊山顶上，徐圣邦指挥区队沉着应战，连续打退敌人的进攻。到下午四五点钟，他又派一个班悄悄地从另一个山头下去，绕到敌人背后，上下夹击敌人。敌人腹背受敌，夺路而逃。

为了取得战场上的主动权，徐圣邦建立了内线、外线相结合的情报网，不论白天黑夜，都能随时掌握敌人的活动情况。1948 年初，土顽土型联防队和谢广生的方城乡队，常在当地抢劫扰民，徐圣邦获得情报后，多次设伏奇袭，打得土顽胆战心惊，不敢轻易出巢。土顽费洪阁来青谷、蒋疃抢粮，也被蔡里区队和萧宿县大队打得溃不成军。

徐圣邦带领区队在同顽军作战的同时，还主动配合主力部队作战。1948 年农历六月，主力部队攻打濉溪顽敌，蔡里区队主动配合，解放了濉溪城。8 月，徐圣邦带领区队与县大队一起组织民工破毁曹村大栗园至夹沟 30 里的铁路，阻止蚌埠方向的敌人北上支援，有力地支援了济南战役。11 月 6 日，淮海战役开始，蔡里区立即投入支援淮海战役的热潮，成立了区支前指挥部，徐圣邦任指挥。为做好后勤保障工作，徐圣邦指定成立蔡里区粮站、青谷粮站、前土型粮站、蒋疃粮站，负责粮草的收集和转运工作。在淮海战役期间，徐圣邦组织担架 500 副，到战场抢救、运送军需物资和伤病员，动员妇女为部队赶做军鞋 1 万双，为淮海战役的胜利做出了贡献。

1949 年 1 月，淮海战役胜利结束，徐圣邦领导群众医治战争创伤，恢复生产，重建家园。3 月，各县复归原建制，蔡里区划归宿西县并和宋疃镇合并成立濉东区，徐圣邦任区长。5 月，濉东区、相山区和濉溪镇合并成立了濉溪区，徐圣邦任区长。

徐圣邦任濉溪区区长后，仍和干部、战士同吃同住，生活虽然艰苦，但工作热情高涨。1950 年夏天，濉溪境内连降 10 多天大雨，房屋倒塌，农作物被淹。灾情发生后，徐圣邦立即组织开展抢险救灾工作，他亲自拿着铁锨，赤脚深入救灾第一线，动员群众排水救苗。大水过后，动员全区干部帮助农民补种晚秋作物和蔬菜。入冬以后，区里向灾民发放救济款，号召群众大搞副业生产，解决群众生产生活中的困难。在镇压反革命运动中，徐圣邦立场坚定，旗帜鲜明，对敌斗争绝不手软。在土型枪决了惯匪朱礼功，在小街子庄枪决了恶霸地主张启华，为民除了害，震慑了犯罪。

1952 年 5 月，徐圣邦任濉溪县副县长。他继续保持着实事求是、谦虚谨慎、艰苦奋斗的优良传统和作风。7 月水灾过后，徐圣邦领导全县人民开展生产自救，组织互助组，解决了部分农户劳力不足的困难，帮助军烈属解决包耕代耕问题。通过大搞副业、大面积种植蔬菜等方法，基本解决了广大农民的生活问题。为战胜水灾，全县出现了兴修水利的高潮，徐圣邦抓紧每个生产的空隙时间，动员数万群众，投入到紧张的治淮与农田水利建设中。初步治理了濉、溪、沱 3 条河，接着又整治唐、龙、岱等河，挖大小排水沟渠 1099 条，打塘 7 口，修建涵闸 27 座，打土井 1000 余眼，达到了大雨减灾、小雨无灾的目的。在"三反""五反"运动中，他对贪污、浪费、官僚主义的行为进行了批判，对"五毒"行为狠狠地打击，为形成健康的社会风气和保证经济社会健康发展做出了贡献。

1954 年 7 月，徐圣邦在濉溪县第一届人民代表大会上当选为县长。1955 年，徐圣邦等县领导按照积极发展、稳步前进的方针和自愿互利的原则，采取典型示范、逐步推广的办法，把农业互助合作始终当作一件大事去做。经过全县上下的共同努力，到 1956 年春天，全县有 98% 的农户参加了农业生产合作社，基本实现了对农业的社会主义改造。1956 年 7 月，徐圣邦被组织任命为中共濉溪县委第二书记，他和县委一班人认真贯彻执行党的过渡时期总路线，逐步实现了对手工业和资本主义工商业的社会主义改造。1957 年 1 月，徐圣邦任濉溪县委第二书记兼县长。

1961 年，徐圣邦任中共五河县委第一书记。1970 年 4 月，徐圣邦调任宿县地区新汴河指挥部副指挥，后任水利局局长。在此期间，他积极组织地区水利建设，使宿县地区的水利设施有较大的改善，基本上做到了旱能灌、涝能排。1975 年 11 月，徐圣邦任中共宿县县委书记。

1981 年 10 月，徐圣邦任宿县地区行署副专员。1983 年 9 月，任宿县地区行署顾问。1987 年 12 月离休后，他不顾年事已高，仍然时刻关心着党的事业，关心着人民的生活，利用自己所学的中医技术，经常到农村义务为群众看病。

2000 年 9 月 11 日，徐圣邦离世，享年 80 岁。

濉溪党史上的红色印记

中共濉溪支部陈列馆　位于濉溪县前大街56号院内。有3间西房，里面陈列着中共濉溪支部成立时的文字资料和图片，介绍了濉溪地区第一个党支部的主要任务和开展的重要工作。

中共濉溪支部陈列馆旧址

朱务平烈士故居　位于濉溪县临涣镇朱小楼村，是村子中央的一个院落，门头写着"朱务平故居"，1988年被评为淮北市重点文物保护单位。院子里有3间房屋，一间是烈士生活馆，另外两间是烈士生平资料展览室。故居原来是两层土墙草顶的阁楼，是朱务平和其二弟共居的。老屋后来年久失修坍塌，1995年由濉溪县委、县政府投资重建。

朱务平烈士故居

朱务平烈士纪念馆　位于濉溪县临涣镇嵇康大街西段路北。2018 年 1 月，中共临涣镇党委、镇人民政府决定建设"朱务平烈士纪念馆"，2019 年 4 月 5 日向社会开放，建筑面积 200 平方米。展厅把朱务平的事迹分为少年励志露锋芒、辗转求索探新路、传播薪火促燎原、风雨长淮擎赤旗、坚贞热血励后人等 5 个单元进行展示。

朱务平烈士纪念馆

郑子瑜故居　位于濉溪县老城前大街水巷子南头，是一个东西 18 米，南北 24 米左右的大院。现存 5 间堂楼，6.5 米进深，层高 2.6 米，5 间西楼，5 米进深，层高 2.4 米，木制楼板和屋架，上覆弧形灰瓦。门前有三级台阶，院子低于房子约 0.4 米。院门前有一条沿南城墙内的小路。东楼和大门现已无存。

叶刘湖农民武装暴动旧址　位于濉溪县百善镇叶刘湖村。1930年7月8日拂晓，300多名农民武装开进叶刘湖。上午9时，暴动队伍尚未站稳脚跟，便被临涣、百善的团防队包围。暴动的农民在李军委的率领下立即进入村中炮楼迎击。1000多名团防兵利用青纱帐的掩护，发起了一次次进攻。激战到晚上，暴动队伍弹药将尽。在危急关头，李军委主持召开负责人会议，决定夜间分头突围。

当日晚，由李军委指挥，丁禹畴、赵元俊、徐清汉、陈钦盘、史广敬、赵建五等10多人担任掩护，暴动农民分数路突围。在激烈的战斗中，暴动的农民边打边撤，各自为战，结果队伍被冲散。

叶刘湖暴动失败后，基层党组织和农协会大都遭到破坏，一批优秀中共党员和群众被逮捕和杀害，但叶刘湖暴动点燃的革命火种在濉溪大地蔓延成熊熊烈火。

叶刘湖农民武装暴动旧址

宿涡永边青年救国会旧址　位于濉溪县铁佛镇原古城寺。宿涡永边青年救国会，成立于1938年6月21日，童立刚任会长，高继英、孙光祖、王维朴任执行委员，童振铎任秘书。

1938年12月25日，部分顽固分子混入青救会，勾结一小撮地主分子，突然包围了古城寺，残酷地杀害了会长童立刚、会员童立朝、警卫员

宿涡永边青年救国会旧址

朱绍堂等 3 名青救会人员，制造了骇人听闻的"古城寺惨案"。

新四军四师师部旧址 位于濉溪县前大街 52 号。1945 年 9 月 27 日，新四军四师十一旅三十一团在宿西县总队配合下，攻克濉溪口。至此，宿西县全境解放。

濉溪口解放后，新四军四师师部进驻濉溪口。四师师部旧址现为 3 间二层楼房。主要陈列着当时师部首长用过的军事地图、电话、马灯、单椅以及图书资料等。

淮海战役总前委临涣旧址 位于濉溪县临涣镇临涣集文昌路文昌宫。1948 年 11 月 10 日，刘伯承率中原野战军前线指挥部从豫西东进

新四军四师师部旧址

淮海前线，同陈毅、邓小平会合。11 日，刘伯承、陈毅、邓小平率中野前线指挥部离开永城，到达濉溪县临涣集，中原野战军指挥部就设在临涣文昌宫。当晚，刘伯承、陈毅、邓小平在这里研究部署了中原野战军攻打宿

淮海战役总前委旧址

县和切断津浦铁路徐蚌段的作战方案。11月16日,淮海战役总前委成立,办公地点也设在文昌宫。刘伯承、陈毅、邓小平在这里指挥作战,取得了淮海战役第一阶段的胜利。

旧址前后三进庭院,占地2916平方米,保存完好。后院室内陈列着刘伯承、陈毅、邓小平当年使用过的床、桌子、凳子、提灯、发报机等文物;前院设淮海战役纪念馆和陈列室,展示许多珍贵图片、史料。旧址现为全国重点文物保护单位、安徽省爱国主义教育示范基地。

淮海战役总前委小李家旧址 位于濉溪县韩村镇淮海村。1948年11月23日,为了便于指挥围歼国民党黄维兵团的作战,淮海战役总前委移驻临涣以东7.5公里、浍河北岸的小李家。小李家是个有三四十户人家的

淮海战役总前委小李家旧址

普通小村庄，位于徐（州）宿（县）铁路与徐（州）阜（阳）公路之间，是国民党军"南北对进，打通徐（州）蚌（埠），三路大军会合"的预定地点，每天都有几批国民党军队飞机临空侦察或过往。总前委驻扎在这里，是敌方意料不到的。从11月23日至12月30日，总前委驻扎小李家前后38天，在此指挥了围歼黄维兵团，阻击国民党南北援敌，以及追击、包围国民党杜聿明集团的作战，取得了淮海战役第二阶段的胜利，并为下一步全歼杜聿明集团奠定了坚实的基础。

总前委旧址分村东、村中两处院落：村东一处共有16间草房，前后两进院子，后院的3间东屋与前院的3间堂屋为刘伯承、陈毅、邓小平等几位首长的住所。总前委的办公室设在后院，室内摆放着总前委首长们使用过的大方桌、三抽桌、长条凳等物品。旧址为安徽省省级文物保护单位、安徽省爱国主义教育示范基地。

淮海战役双堆集烈士陵园　位于濉溪县双堆集镇。双堆集歼灭战是淮海战役第二阶段的主要战斗，从1948年11月23日起到12月15日，共计23天，全歼国民党军队4个军、10个师及1个快速纵队，活捉国民党第十二兵团司令黄维。

陵园位于双堆集镇的南面，占地面积10.6万平方米。淮海战役双堆集烈士纪念碑位于陵园中部，碑高22.5米，白色花岗岩砌成。纪念碑座正面镌刻纪念碑文，碑身正面刻有邓小平的亲笔题词："淮海战役烈士永垂

淮海战役双堆集烈士陵园

不朽！"陵园东南部建有淮海战役双堆集歼灭战纪念馆，正面朝北，占地1890多平方米。展厅展出内容共分 8 个部分，以双堆集歼灭战为重点。第一至第七部分为战役展示厅。第八部分为缅怀先烈厅，陈列着 24 位烈士的事迹、遗像和遗物。陵园为全国爱国主义教育示范基地、全国重点烈士纪念建筑物保护单位、安徽省爱国主义教育示范基地。

五铺烈士纪念碑　位于濉溪县五铺中心学校内。五铺是濉溪县革命老区之一，地处濉溪腹地。在血与火的战争年代，五铺人民战斗经历 28 年，全乡有 200 余人参加革命，其中有 70 余名儿女为国捐躯。为缅怀辖区内牺牲的革命先烈，1995 年 10 月 1 日，原濉溪县五铺乡人民政府在原五铺农校院内修建纪念碑。该碑高 9.3 米；底座东西长 2.9 米，南北长 3.15 米，高 0.96 米；碑基东西长 8.8 米，南北长 9.4 米，高 0.5 米；碑身上书"革命烈士永垂不朽"。

由宿西地区早期革命领导人李时庄撰写碑文，五铺中心小学教师赵志勋书写，五铺村村民赵信军镌刻。

五铺烈士纪念碑

临涣烈士陵园 位于濉溪县临涣镇嵇康大街西段路北，坐落在临涣西尚寺旧址之上。陵园里安放着当地英烈、淮海战役英烈遗骸，并设有朱务平烈士纪念馆，是临涣镇一处红色革命教育基地。

临涣烈士陵园

赵汇川将军事迹陈列馆 位于濉溪县孙疃镇刘圩村委会广场旁。该馆展示内容以赵汇川将军的奋斗历程为主线，共分5个板块，展示了赵汇川将军的历史足迹和战斗事迹，收藏了将军60余年戎马生涯中的有关历史资料、生活用品和珍贵图片。通过展示将军革命的一生，反映出中国共产党带领中国人民抗日救国，拯救民族危难，争取自由解放，夺取全国胜利的战斗历程，充分体现了革命先辈英勇奋斗的崇高信念。展馆面积约200平方米，展示图片、实物近百件，另有接待室和多功能放映室。

赵汇川将军事迹陈列馆

后 记

　　《红色濉溪》是由政协濉溪县委员会编纂出版的一本党史普及读物。

　　本书的编写时限为 1919 年五四运动至 1949 年中华人民共和国成立。编写范围主要以濉溪现辖区域为主，鉴于党组织的演变和行政区划的调整，部分内容为县域外的史料。

　　自 2021 年 5 月启动编写工作以来，编撰人员多次组织讨论，研究体例结构，拟定编写提纲，做到既分工协作，又各司其职。本书主要吸收参考了《淮北百年党史》《淮北党史人物》《中国共产党淮北地方史》《红色记忆》《古都煤城淮北市》《濉溪县志》《濉溪革命史》《濉溪战歌》《濉溪区志》《临涣区志》《双堆区志》《铁佛区志》《四铺区志》《南坪区志》等书籍。本着尊重历史，保持原貌的原则，在整理编撰时，只对有关文字内容进行调整、勘误，对重复赘述的内容进行删减，对部分内容标题稍做改动，对原版史料原则上不做删减。本书力求做到史料准确翔实，文字通俗流畅。

　　本书的编写得到了县政协领导的高度重视，得到了有关部门和单位的大力支持，特别是市委党史和地方志研究室、县委党史和地方志研究室给予了精心指导。在此，表示诚挚的感谢。

　　由于编写人员水平和占有资料有限，书中难免出现疏漏和错讹，敬请批评指正。

政协濉溪县委员会

2022 年 5 月